新常态下

民间借贷危机的内在机理及治理路径与对策研究

肖韶峰◎著

RESEARCH ON THE INTERNAL MECHANISM, GOVERNANCE PATH AND COUNTERMEASURE OF THE PRIVATE LENDING CRISIS UNDER THE NEW NORMAL

中国经济出版社
CHINA ECONOMIC PUBLISHING HOUSE
·北京·

图书在版编目（CIP）数据

新常态下民间借贷危机的内在机理及治理路径与对策研究／肖韶峰著. --北京：中国经济出版社，2022.8

ISBN 978－7－5136－7051－7

Ⅰ.①新…　Ⅱ.①肖…　Ⅲ.①民间借贷－法律－研究－中国　Ⅳ.①D923.64

中国版本图书馆 CIP 数据核字（2022）第 150105 号

责任编辑　王　帅
责任印制　马小宾

出版发行　中国经济出版社
印 刷 者　河北宝昌佳彩印刷有限公司
经 销 者　各地新华书店
开　　本　710mm×1000mm　1/16
印　　张　18
字　　数　264 千字
版　　次　2022 年 8 月第 1 版
印　　次　2022 年 8 月第 1 次
定　　价　88.00 元
广告经营许可证　京西工商广字第 8179 号

中国经济出版社　**网址** www.economyph.com　**社址** 北京市东城区安定门外大街 58 号　**邮编** 100011
本版图书如存在印装质量问题，请与本社销售中心联系调换（联系电话：010－57512564）

摘要

自2010年以来，随着“新非公36条”的颁布与司法的松绑，我国民间借贷就进入了高速发展的快车道。同时，因民间借贷所产生的风波与危机自“2011年温州民间借贷危机”开始后几乎从未消减过，直到2018年民间借贷规模开始回落，2020年P2P完全清零之后，民间借贷所引发的风潮、风波和危机才真正消停。纵观我国民间借贷的历史，从未出现过如过去10年那样影响那么广、涉及群体那么多、借贷规模那么大、引发恶性事件那么频繁的情况。分析其逻辑与根源，主要集中在以下五点：第一，长期的金融抑制政策既造成民营企业等主体融资难，又导致居民财富投资无门，再叠加2010年以来的政策鼓励与司法包容，致使长期被压制的民间借贷释放出了极大的发展热情，民间借贷发展开始从地下转为地上，民间借贷的规模急剧增长。第二，民间借贷迅速发展的同时，相应的监督与管理却没有跟上形势的发展变化，民间借贷呈现野蛮式增长，风险急剧增加。第三，熟人社会结构的转变使得传统民间借贷中的“声誉约束”机制面临失效，而新型的约束惩戒机制又尚未建立，引发民间借贷不断违约，甚至是恶意违约，不断提升民间借贷市场的违约风险。第四，民间借贷自身项目的高风险以及借贷的高利率进一步加剧了市场的风险。第五，民间借贷参与方都严重存在素养与能力上的缺陷与不足，进一步加剧借贷风险的上升，同时在危机爆发后又会加剧危机的传染与扩散。比如民间借贷机构盲目追求业务而忽视项目风险控制，甚至机构本身就缺乏人才，缺少风控手段；资金出借人金融素养低，风险意识薄弱，盲从效应、恐慌效应与刚性兑付预期强以及借款机构的严重道德风险，等等。随着民间借贷规模的迅速增加以及借贷风险的急剧攀升，如果再遇到政策的调控或是外生的冲击，那极有可能引发危机的爆发，对经济社会造成冲击，引发地方不稳定。因此，本书研究的目的和意义就在于通过对各地民间借贷风波和危机的梳理，深入探讨其内在机理，分析其传导机制，研究其处理机制；同时总结各地应对和处置民间借贷风波的经验，为地方政府和相关部门防范民间借贷风险、化解危机、稳定地方经济社会提供对策建议。

本书一方面充分借鉴吸收国内外相关研究成果，认真研究、总结和提炼各地的民间借贷危机，另一方面深度参与地方民间借贷危机的处理过程，总结更多实务应对之策，以此更好地研究民间借贷危机的爆发、危机的传染与扩散、危机的处理机制以及危机的应对之策等。

本书的主要内容安排如下：第一部分主要包括研究的背景和意义，相关概念的界定和辨析；民间借贷和民间借贷危机的理论基础与债务危机模型；梳理国内外民间借贷史以及新常态下民间借贷的现状和特征，为后续危机的研究做好铺垫。第二部分主要包括对民间借贷危机史的梳理，分析新常态下民间借贷危机的冲击和影响，探讨民间借贷危机的内在机理与制度性根源，研究民间借贷的传导机制与处理机制，总结提炼过去发生的民间借贷危机的典型案例。第三部分根据机制分析、实证分析、演化博弈分析以及案例分析等得出的结论，提出民间借贷及其危机的治理路径与对策建议。根据本书的理论与实证研究得出：民间借贷规模与金融抑制、影子银行、货币政策、其他投资资产的收益变化以及家庭金融素养等宏微观因素紧密相关。民间借贷危机的爆发则与民间借贷规模和利率、民间借贷项目的风险、数字普惠金融发展（金融抑制）、货币政策的松紧以及房地产市场发展紧密相关；而且民间借贷危机的爆发会呈现出区域性差异特质。为此，我们提出：民间借贷危机治理的重中之重应该体现在对危机的预防上，其次才是注重在危机发生之后的应对处理。要通过金融深化、化解金融抑制、降低民间借贷规模、加强法律与政策的顶层设计推进民间借贷的规范发展；要加强对民间借贷的监测、预警和监管，如限定区域经营、限制规模与利率等；要加强对出资人的金融素养教育以及对借款人与借贷机构的金融伦理与职业素养教育等。危机一旦发生，政府就必须要在第一时间介入处理，找到风险源、斩断风险链条，避免危机和风险的进一步扩散；而在债务违约的处理过程中，必须坚持市场化、法治化的原则，避免政府兜底进而去强化投资人的刚性兑付以及助推借款人的投机意识。但如果市场机制失灵，债务人与平台机构故意逃避责任、逃废债务，投资群体漫天要价扰乱社会秩序，那政府就必须要强势介入处理，让相关主体承担相应的责任与义务。

本书从理论视角对民间借贷危机的内在机理进行了深入探讨，提出了民间借贷债务危机的爆发模型；从制度经济学视角阐述了民间借贷危机爆发的根源；全面梳理和分析了民间借贷危机爆发的传导机制；从动态博弈演化视角分析了民间借贷危机处理机制。这些丰富了民间借贷危机的理论研究，具有一定的理论价值。此外，本书的研究是基于现实问题导向，基于笔者自身丰富的实践经验，为民间借贷的风险防范及危机化解提供富有针对性的解决对策和建议。这是本书相对其他著作独有的优势。当然，研究过程中还存在一些不足，特别是由于民间借贷数据的隐蔽性和不全面性，民间借贷危机数据的敏感性与安全性等，造成了研究数据的不足，致使有些问题难以深入分析。

肖韶峰

2022 年 8 月

目录

第1章　绪论

1.1　研究背景

1.1.1　民间借贷发展的背景变化及分析

新常态下的民间借贷较传统的民间借贷不论在形式、规模、性质，还是用途等方面都出现了显著的不同，而这些不同源于不同的经济社会背景，因此深入探讨民间借贷发展的背景是本书研究的一个重要内容。

1. 民间借贷发展的社会背景及变化

从基层传统社会看，我国是一个乡土社会，是一个基于“地缘、血缘、亲缘”等关系构建的“熟人社会”，成员有共同的纽带和文化，流动性非常低，彼此非常熟悉；而且社会资本形成的“声誉约束”对成员具有非常强的约束力，甚至比法律惩戒更有效。因此，传统的民间借贷违约率非常低，引发的风波很少。但随着经济社会的发展、国家经济的转型、经济地理布局的调整、人口流动等，传统的乡土“熟人社会”格局逐渐被瓦解，社会成员之间不再那么熟悉。此时，传统的“声誉约束”机制逐渐失效，而新的违约惩戒和约束机制尚未建立，加之民间借贷违约事件不断增加，违约率不断攀升，最终导致民间借贷风波与危机的发生越来越频繁。

2. 新常态下经济发展的内外部环境变化

自改革开放以来，特别是加入 WTO 以后，我国经济始终保持快速增长，2009 年成为全球第一大货物出口国，2010 年超越日本成为全球第二大经济体。在相当长的一段时期内，我国经济发展依赖于外向型经济，但自

2008年美国次贷危机爆发并波及全球后，国际市场受到较大制约。同时，在经过较长一段时间的粗放式发展后，中国原有的经济发展模式难以为继，因此我国的经济发展动力和方式一直在进行转变和调整，中央的政策也随着国际政治经济形势的变化而逐步发生改变，如从提出“经济新常态”“由依靠外需向依靠内需转变”“我国经济供给侧结构性改革”“防范化解重大风险、精准脱贫、污染防治三大攻坚战”，到提出“构建以国内大循环为主体、国内国际双循环相互促进的新发展格局”等。当前，中国仍处于经济发展方式转变、经济发展速度下降、内在经济结构调整、内生经济发展动力变更交替、经济区域空间布局进一步优化调整、部分周期性行业产能过剩的阶段，新能源、数字经济、信息技术产业的增长新动能仍未完全接棒，这种周期性+结构性调整的过程，是一个转型与转变的动态演进过程，其对经济社会具有不确定性。因此，这必然导致经济调整转型背景下的民间借贷面临内外部经济调整的风险。

3. 金融抑制与民间借贷发展

长期以来，我国存在较为严重的金融抑制，这引发了两个方面的问题：一是民营企业、中小微企业融资难、融资缺口大；二是金融市场不够完善，金融产品少，居民缺乏投资渠道。

第一，银行等正规金融机构对非国有企业、中小微企业一直存在贷款政策性歧视，大量高效率的民营企业，特别是中小微企业很难通过正规金融机构获得贷款。据调查，2018年，我国规模以上中小微企业共有36.9万户，占企业总数的97.6%；全年实现主营业务收入57.9万亿元，占总收入的56.7%；实现利润3.4万亿元，占总利润的51.6%，但是其中62%的中小微企业未获得过正规金融机构的贷款，这与中小企业在国民经济中的地位很不相配[①]。中小微企业的融资需求为民间借贷的发展提供了需求源泉。

第二，居民财富日益增加，但其投资渠道非常贫乏。自2000年以来，我国城乡居民的收入大幅增加，家庭储蓄存款规模日益加大，但其投资渠

① 资料来源：中国人民银行与银保监会共同发布的2018年中国小微企业金融服务白皮书[EB/OL].(2019-07-01). http://www.gov.cn/xinwen/2019-07/01/content_5404748.htm.

道却特别匮乏。我国的银行存款实际利率长期为负；股票市场是“牛短熊长”，自2010年以来平均收益率只有2.6%，但波动却特别大，风险极高。自2000年以来，比较好的投资渠道是房地产市场，但其过高的价格与普通家庭收入的巨大差距，以及政府的不断调控阻止了绝大部分中小投资者，变成一个只有高收入群体才能进入的市场。总体上，我国家庭缺乏稳健的投资市场，这也为民间借贷的发展提供了巨大的资金来源。

由此可知：金融抑制导致的中小企业对资金的需求及居民家庭财富对投资的需求，为民间借贷发展奠定了坚实的基础，这是民间借贷发展的根本性因素。

4. 民间借贷发展的政策与司法变化

（1）国家对民间借贷发展的相关政策。

自改革开放以来，政府对民间借贷发展的政策处于一个不断动态变化的调整过程中。20世纪80年代，改革开放是一个自我摸索过程，政府持默许态度，但发展到一定阶段之后，随着风险和借贷风波不断爆发，政府开始进行整顿和治理。进入20世纪90年代之后，国家对民间借贷处于严防严控阶段，一系列的法规政策都严格限制民间借贷的发展。进入21世纪以来，随着国家经济发展以及企业和居民对民间资金内生需求的增加，国家逐步放松了对民间借贷的管控。2005年，国务院颁布《国务院关于鼓励支持和引导个体私营等非公有制经济发展的若干意见》，简称“非公36条”，鼓励民间资本进入包括金融领域等在内的垄断领域，但各部委相应的配套政策却并未出台。“非公36条”的颁布对民间资本的进入没有发挥实质性作用，但却推动了民间借贷的发展。2008年，原中国银监会联合中国人民银行出台规定，鼓励小额贷款公司发展。2010年，国务院颁布《国务院关于鼓励和引导民间投资健康发展的若干意见》，简称“新非公36条”①。该政策鼓励和

① 为与2005年“非公36条”进行区别，因此被称作“新非公36条”，这是民间借贷发展的标志性政策文件，在民间借贷的发展历史上具有标志性意义。2005年，国务院虽然公布了“非公36条”，但有关部门的配套政策与措施并未出台。2010年的“新非公36条”是真正推进民营资本进入垄断领域的标志性文件，对于民间借贷而言，无论是从事民间借贷的实务工作者，还是理论研究者，或是政府机关都深知，2010年，对民间借贷具有重要意义，甚至被认定为民间借贷发展的元年。

引导民间资本进入金融等垄断领域。随后，各种形式的民间借贷组织如小额贷款公司、典当行以及融资担保、企业间融资、居间人借贷及 P2P 等陆续在全国范围内飞速发展。但随着民间借贷风险的不断攀升，各种民间借贷危机爆发，国家开始加强对各类民间借贷的管制与整顿。无论是典型的投资理财类公司，还是 P2P，在我国都经历了从初始萌芽到野蛮生长、风险爆发，到行业清理整顿，再到消亡的过程。2020 年 11 月，银保监会宣布，全国实际运营的 P2P 网贷机构全部归零，P2P 网络借贷模式在我国以失败告终。

（2）民间借贷的法律变化。

我国司法领域对民间借贷的解释与审判，自改革开放以来一直在不断发展和完善。1986 年 4 月 12 日，全国人民代表大会通过了《中华人民共和国民法通则》，这是我国首次在法律层面承认了合法民间借贷关系，为我国合法民间借贷发展奠定了法律基础。1988 年，最高人民法院明确规定：民间借贷仅限公民之间，企业和其他组织不能成为借贷主体。1991 年，最高人民法院出台了我国第一份关于民间借贷的司法解释。其中，影响最深远的条款规定：民间借贷利率可以适当高于银行利率，但最高不得超过银行同类贷款利率的 4 倍（包括利率本数），超过此限度的，超过部分不予保护。20 世纪 90 年代，国家出于对金融风险进行防范和控制的目的，出台了一系列如《非法金融机构和金融业务》和《非法集资》的法律法规，严控各类未经审核批准的借贷业务，从而从严控制民间借贷与非法金融业务的发生。1999 年，最高人民法院再次明确“企业以借贷名义向职工或向社会非法集资、企业以借贷名义向社会公众发放贷款的行为应当被认定无效”。2009 年，轰动全国的“吴英案”发生后，社会各界都在呼吁司法松绑民间借贷。2011 年，最高人民法院出台《关于依法妥善审理民间借贷纠纷案件促进经济发展维护社会稳定的通知》，这是民间借贷法律规制理念的重大转变。2015 年 8 月，最高人民法院出台了第二份关于民间借贷的司法解释，其有条件地放宽了企业之间的融资行为，对借贷利率进行了“两线三区”的划分。但随着民间借贷的不断“爆雷”和危机的持续发酵，特别是随着“于欢杀人救母案[①]”等恶性事件的爆发，2020年8月20日，最高人民法院出台了第三份关于民间借贷的司法解释，其明确规定，民间借贷利率不超过4倍贷款市场报价利率（LPR）。总之，我们可以看到，政府政策的放松、管制、收紧、再放松，以及司法对民间借贷的限制与松绑，是导致民间借贷发展波澜起伏的重要原因，也是民间借贷风险积累的潜在原因。

1.1.2 新常态下的民间借贷与传统民间借贷的对比分析

传统民间借贷与新常态下的民间借贷在性质、用途、借贷规模、参与方式、借贷主体、地域范围及资金聚集能力等方面都呈现显著的特征与差异，分析新常态下民间借贷的特征是研究民间借贷危机爆发的重要基础。

第一，民间借贷的功能与性质的对比分析。①民间借贷的用途已由以生活为主型转向以生产为主型，从为了支付家庭偶发性的生活支出，如婚丧嫁娶、建房及就读等支出，转变成为了工商业和企业生产经营的支出。②民间借贷的性质由互助型借贷转变为互利型借贷，趋利性特征十分明显。③随着政策的鼓励与司法的松绑，民间借贷由传统的“地下发展模式”转为“公开发展模式”。在一段时间内，民间借贷的各类机构遍布多个城市，如鄂尔多斯、成都、广州、温州等。

第二，民间借贷的参与主体、参与方式、资金来源、借贷网络及交易边界等都发生了显著的变化。①传统的民间借贷往往是基于熟人式的社会网络建立的，其以个人交易为主体，交易金额小、交易范围窄，往往集中在乡域、县域范围内，很少跨县域；但新常态下的民间借贷往往以投资公司、担保公司、典当行、P2P以及小贷公司等为主体，借贷网络链条更长，而且更为复杂；其聚集资金的能力强，发放的贷款规模大，而且突破资金的县域范围为常态，借贷资金一般在整个省域范围内流动，甚至还有不少比例的资金在全国范围内流动。②新常态下的民间借贷资金来源更为复

① 根据法律文书网以及相关网络资料整理：于欢的母亲苏银霞因企业经营困难，无法偿还债务，被法院列入“失信被执行人名单”后，被迫借入民间高利贷，但因无法按时偿还，被暴力以及侮辱性索债，其子于欢忍无可忍，用刀刺死讨债人员1人，重伤2人，成为2016年轰动全国的刑事案件。该案件虽属刑事案件，但案件背后的原因却是高利贷以及暴力索债。

杂，既有家庭自有资金，也有企业资金，甚至还有部分银行资金；传统的民间借贷资金往往都是个人或家庭资金。③民间借贷市场由完全的封闭型市场向半封闭半开放型市场转变，但仍以相对封闭为主。传统的民间借贷局限在以“三缘”为纽带的狭小市场范围之内，因此，即使爆发危机，其影响范围也很小，不会大幅扩散。而新常态下的民间借贷试图突破传统的地域范围限制，尝试向外域进行市场拓展。一般的投资理财信息咨询公司以市域为主，一部分资金会拓展到省内与省外区域；P2P 形成相对开放的市场，市场范围很大，危机冲击和影响的范围也很大。

1.1.3 民间借贷引发的经济社会风波

自 2011 年温州出现民间借贷危机开始，在全国范围内就持续不断地爆发各种民间借贷风波与危机，如 2011 年鄂尔多斯民间借贷危机、2012 年陕西神木民间借贷风波、2014 年四川民间借贷风波、2015 年“E 租宝”风波及泛亚交易所借贷风波、2016—2018 年 P2P 连续爆雷事件等。这些风波与危机的爆发对经济、金融及社会都产生了强烈的冲击，引发各个市场和领域的连锁反应。

第一，引发区域性、局部性的经济金融风波。2011 年，企业家“跑路”引发的温州民间借贷危机对当地实体经济的冲击、对银行等正规金融系统的冲击非常强烈。当地党委和政府如果不及时出手斩断危机爆发的链条，后果将不堪设想。2015 年，中国股票市场的股灾就是由民间借贷的场外配资强行平仓所引发的，其对中国资本市场的冲击非常巨大；民间借贷背后的影子银行风险，对实体经济的冲击犹如一把利剑。

第二，非法集资事件不断爆发，引发巨大的社会风险与危机。武汉的盛世财富资金断链，涉及金额达 200 多亿元，投资者多达 10 万人；西安民营高校的非法集资金额高达百亿元，投资群众多达 10 万余人；“E 租宝”公司累计放贷金额 900 多亿元，事件爆发前借贷余额达 500 多亿元，涉及全国 31 个省份，参与人数达 90 多万人，且其 90% 的借贷项目均是虚构的。类似的案例数不胜数，并引发巨大的社会危机，给社会稳定带来严重的隐患。2013—2020 年，全国检察机关共审理非法集资类案件 46837 件，其中 2018 年的非法集资案件数量最多，达到 10000 件。非法集资涉及金额总量大，且案件涉及群众面较广，覆盖不同行业、不同地区，一般受害者金额都比较大。据不完全统计，2014 年至今，非法集资案件涉及金额高达 2 万亿元①。

第三，在民间借贷引发的社会暴力和信访等不稳定事件日益增多。自 2011 年以来因高利贷发生的违约事件多达 119526 件②，因高利贷发生的暴力案件多达 5948 起。各地因为民间借贷而导致的群众上访集访事件数量较多。

1.2　研究意义

1.2.1　研究的理论意义

有学者从历史、法律、经济、社会等视角解释民间借贷的存在、法理及渊源；也有学者试图探讨民间借贷的风险及传导，解释温州、鄂尔多斯等地民间借贷危机的爆发，但这些研究都仅局限于对危机外在原因的分析。本书将从理论层面深入分析民间借贷危机的内在机理，构建民间借贷债务危机爆发的理论模型，从正式制度和非正式制度视角探讨危机爆发的深层次原因；深入阐述民间借贷危机的传导机制，以及基于动态博弈演化分析的民间借贷危机的处理机制；运用面板数据对影响民间借贷危机爆发的因素进行实证分析。这些研究丰富了对民间借贷危机理论层面的探讨，填补了相关理论研究的空白，对于更好地认识与剖析民间借贷具有重要的理论意义。

1.2.2　研究的现实意义

第一，本书的研究始于相关负责人在地方工作期间处理民间借贷风波的工作经历，并且长期跟踪当地民间借贷危机矛盾的处理和化解，这是本书立足于现实痛点问题的长期研究，具有鲜明的现实导向意义。

第二，民间借贷是把“双刃剑”，有正向功能，也有负向作用。其作用发挥好了可为当地经济社会发展积聚资源；如果没有引导好，民间借贷反而容易引发巨大的经济社会风险。本书立足于民间借贷的理论与实践，

---

① 资料来源：根据非法集资部际联席会议公告数据及银保监会网站数据整理计算得到。

② 资料来源：依据裁判文书网数据整理得到。

为民间借贷的阳光化、规范化、健康化发展提出思路和建议。因此，本书的研究具有显著的理论与实践价值。

第三，在本书的研究过程中，力图通过对各地民间借贷风波和危机的梳理，深入探讨其内在机理，分析其传导机制，研究危机处理中的各方博弈；结合应对和处置民间借贷风波的经验，为地方政府和相关部门防范民间借贷风险，为危机爆发后高效应对提出策略和思路；为地方政府化解民间借贷危机、稳定地方经济提供宝贵意见和对策。

1.3 相关概念的界定

1.3.1 民间借贷的概念界定

1. 国内外关于民间借贷的概念界定

关于民间借贷，国外学者如 Isachsen（1980）、Kropp（1989）、Krahnen 和 Schmidt（1994）、Atieno（2001）等将其视为非正规金融，是正规金融以外的金融形式①。民间借贷是在经济活动中自发产生的，是脱离国家金融监管体制而存在的金融行为和金融组织；它和正规金融是并存共生的②；它主要依赖于私人的关系而建立，调节的依据不像正规金融那样依靠社会法律，它依靠社会法律以外的体系③。作为一种内生性制度安排，虽然其存在与发展具有一定的合理性，但其发展的不规范性必然导致风险的积累，严重时可引发区域性金融秩序混乱，阻碍民间借贷功能的发挥④。

长期以来，国内学术界对民间借贷概念的界定比较模糊，对其内涵属性界定存在较大争议，甚至对民间借贷的提法也是各式各样。有的称之为“民间金融”，有的称之为“民间融资”，有的称之为“非正规金融”，有

---

① Isachsen A J, Strm S. The hidden economy: The labor market and tax evasion[J]. Scandinavian Journal of Economics, 1980, 82(2): 304 -411.

② Kropp E, et al. Linking self - help groups and banks in developing countries[M]. Escborn: GTZ - Verlag, 1989.

③ Krahnen J P, Schmidt R H. Development finance as institution building: A new approach to poverty - oriented banking[M]. Boulder: Westview Press, 1994.

④ Atieno R. Formal and informal institutions' lending policies and access to credit by small - scale enterprises in Kenya: An empirical assessment[R]. Working Papers, 2001.

的称之为“非正式金融”“灰色金融”“地下金融”等，有的甚至就将其等同于“非法集资”“民间高利贷”等。我国最高人民法院对民间借贷的界定：“民间借贷是指自然人、法人和非法人组织之间进行资金融通的行为。”姜旭朝（1996）指出“民间借贷这种融资活动存在于民间经济中，发生于民间经济主体或者民间经济主体与非民间经济主体之间，民间借贷包含各种直接或间接的融资活动”①；戴建志（1997）认为民间借贷是指公民之间不经国家金融行政主管机关批准或许可，依照约定进行资金借贷的一种民事法律行为②；张军（1997）认为民间借贷是与银行、银行组织以及官方正规的金融制度相对而言的民间自发形成的信用部分，提供民间借贷的部门是非正规的③；中国人民银行广州分行课题组（2002）在对民间借贷的分析中将民间借贷等同于民间金融，并认为民间金融是指游离于经国家有权机关依法批准设立的金融机构之外的所有以盈利为目的的个人与个人、个人与企业、企业与企业之间的资金筹借活动④。

2. 本书对民间借贷概念的界定

本书对民间借贷的界定：它是处于正规金融体系之外，在自然人、法人及非法人组织之间自发形成的资金借贷活动的总称，它往往游离于合法与非法的边缘，是较少受到国家法律法规对资本金、流动性和资本充足率等要求约束的金融活动⑤。它是内生于经济发展活动当中的。民间借贷的形式多种多样，以行为主体作为划分标准来看，它可以分为以下几种：个人从事的民间借贷活动（私人借贷），“准金融机构”从事的民间借贷活动

① 姜旭朝. 中国民间金融研究[M]. 济南：山东人民出版社，1996.

② 戴建志. 民间借贷法律实务[M]. 北京：法律出版社，1997.

③ 张军. 改革后中国农村的非正规金融部门：温州案例[J]. 中国社会科学季刊，1997：20.

④ 中国人民银行广州分行课题组. 从民间借贷到民营金融：产业组织与交易规则[J]. 金融研究，2002(10)：101－109.

⑤ 我国司法体系对于民间借贷主体的认定都是逐步放开的，刚开始只认定个人与个人之间的借贷，后来有条件放开到企业与个人之间，最后才松绑企业与企业之间的借贷。

(小额贷款公司、网络小额贷款公司、典当行以及融资担保公司等)[①]，工商注册的民间借贷中介机构从事的民间借贷活动（投资理财信息中介公司、P2P机构等，我们将这类机构称为“类金融机构居间平台”)，普通工商企业从事的民间借贷活动（地产公司、教育机构等)，未注册机构从事的民间借贷活动（合会、地下钱庄等)。以交易结构来看，民间借贷又可以分为一对一借贷（私人借贷等)，合作式民间借贷（合会、标会、轮会、农村合作基金会等)，居间型民间借贷（个人、P2P以及投资理财信息中介公司为居间人的民间借贷)，直接融资型民间借贷（企业直接吸收资金用于企业发展)，集合投资型民间借贷（私募基金等资金池理财、投资行为以及网络众筹投资行为)，存款机构型民间借贷（融资担保公司、地下钱庄以及居间型公司吸收公众存款用于放贷)。

3. 本书对新常态下民间借贷研究的界定

“新常态”是习近平总书记视察河南时提出的一个重要论述，其主要有三个特点：一是经济增速从高速增长转为中高速增长；二是经济结构要不断优化升级；三是增长动力从要素驱动、投资驱动转向创新驱动。本书所探讨的新常态下的民间借贷，还包括特定的时间节点和窗口，那就是

① 关于为什么将准金融机构纳入民间借贷研究范围的情况说明。部分专家特别是业内人士对此产生争议，争议的主要原因在于最高人民法院对民间借贷的第三次司法解释以及有关批复。根据2020年8月20日最高人民法院发布的《关于审理民间借贷案件适用法律若干问题的规定》：民间借贷，是指自然人、法人和非法人组织之间进行资金融通的行为。经金融监管部门批准设立的从事贷款业务的金融机构及其分支机构，因发放贷款等相关金融业务引发的纠纷，不适用本规定。同时，该司法解释限定了民间借贷的最高利率为4倍LPR。2020年11月9日，最高人民法院《关于新民间借贷司法解释适用范围问题的批复》，明确由地方金融监管部门监管的小额贷款公司、融资担保公司、典当行、融资租赁公司、商业保理公司等七类地方金融组织，属于经金融监管部门批准设立的金融机构，其因从事相关金融业务引发的纠纷，不适用新民间借贷司法解释。批复自2021年1月1日起施行。该司法解释批复明确了小贷公司以及典当行等七类组织机构明确归属监管部门，同时也明确规定该七类组织机构的贷款利率不受4倍LPR规定的限制。据此，业内专家认为司法解释及其批复认定了这七类准金融机构不属于民间借贷，因此民间借贷应当不包括准金融机构的金融贷款行为。但我们在研究中仍需要将小贷公司、典当行以及融资担保公司等纳入本书所研究的民间借贷的研究范围，主要有以下理由：第一，民间借贷的最新司法解释批复更多的只是强调适用范围，但并未明确其法律地位。第二，在我们对相关概念的界定中，民间借贷更多的是相对正规金融体系，即使将这几类准金融机构纳入监管，那也只是纳入非正规金融的监管体系之内，所以仍需将其界定为民间借贷的研究范围。第三，绝大部分学者在研究民间借贷时仍是将其归入研究对象的，实务界不愿意将其界定为民间借贷，主要是因为其借贷利率不愿意受到4倍LPR的限制。

2010年。一是2010年国务院颁布了"新非公36条"，鼓励民间资本进入石油、金融等垄断领域；同时，国务院相关部门出台了配套改革与措施，自此民间资本大量涌入金融领域和民间借贷领域；民间金融机构以各种形式蓬勃发展。二是中国经济自2010年就已开始加快内生结构、动力及增速的调整。因此，本书对新常态下民间借贷的发展在时间上大体界定为2010年以后民间借贷的发展。

1.3.2 相关概念辨析

1. 非法集资的概念及其与民间借贷的关系

1999年，国务院出台的《关于取缔非法金融机构和非法金融业务活动有关问题的通知》明确：非法集资是未得到有关部门批准（包括没有批准权限的部门批准和有审批权限的部门超越权限批准），向社会不特定对象筹集资金，并承诺在一定期限内给予出资人还本付息，并以某种合法形式掩盖非法集资的实质。它主要包括非法吸收公众存款和集资诈骗两种形式。民间借贷是基于人与人之间的信任而自主、自发形成的，因此其通常具有隐蔽性、非监管性的特征，即没有相应的法律法规来规制民间借贷行为，因此很多民间借贷往往在没有法律监管的情况下演化为非法集资。比如，曾经盛行一时的投资理财信息咨询公司以及P2P，作为民间投资的中介机构，其往往在民间借贷的过程中，为促进业务的发展，会承诺还本付息，进而吸引民众的资金形成资金池，造成一种事实上的非法集资行为（非法吸收公众存款）。

从法律界来看，本书可以清晰地认为：区分民间借贷和非法集资的关键在于如何界定特定对象和不特定对象。但在实践当中，民间借贷与非法集资往往是伴随相生的，很难对其进行判定和区分。纵观我国改革开放以来的民间借贷史，民间借贷风潮与危机无不是与非法集资伴随而生的。现实的研究也发现：我国民间借贷与非法集资之间存在一种正反馈演化机制，从而使我国陷入民间借贷与非法集资演化的困境，以至于我国非法集资问题愈演愈烈，成为扰乱我国经济和金融秩序及社会稳定的毒瘤①。

---

① 耿志民，朱亚辉，赵兴盼，等. 民间借贷与非法集资的演化困境及其破解研究[J]. 福建论坛（人文社会科学版），2016(11)：35－42.

2. 民间借贷风险与危机概念的界定

（1）民间借贷风险的概念。

民间借贷风险是指各种可能给民间借贷交易和民间借贷机构带来损失，甚至引发民间借贷危机的可能性，风险积聚到一定程度就会导致危机的爆发。民间借贷风险的来源主要包括经济因素、社会因素、政策因素等。

（2）民间借贷危机的概念。

第一，《新帕尔格雷夫经济学大辞典》关于金融危机的词条引用了Goldsmith（1982）的定义："全部或大部分金融指标——短期利率、资产（包括证券、房地产、土地等）价格、企业破产数量和金融机构倒闭数量的急剧的、短暂的和超周期的恶化。"

第二，陈氚（2019）将民间借贷危机称为"金融社会危机"。具体而言，由于民间借贷的突然瓦解，引发了社会成员的一系列集体行动，这种集体行动指向政府治理，并且存在引发更广泛社会运动的潜在可能性①。方先明等（2017）认为民间金融危机往往伴随着民间金融风险的集中爆发，其导致全局性的金融瘫痪，给社会带来严重损失。民间借贷危机包括民间借贷引发的经济、金融、社会及法律等危机②。

第三，本书所界定的民间借贷危机是一个相对宽泛的概念，是指因民间借贷甚至是非法集资等所引发的社会经济、金融与法律风波或危机。人们有时把民间借贷危机称为民间借贷风波或民间借贷风潮，虽然其在影响的深度、广度等方面存在差异，但本质上是同一个概念。

1.4 国内外研究现状

1.4.1 国外研究现状

对于民间借贷，国外学者主要从理论上解释其存在的内在逻辑和原因。McKinnon（1974）和Shaw（1973）通过研究发展中国家的金融发展

① 陈氚．中国民间金融市场的合法性变迁[M]．北京：中国社会科学出版社，2019：127.

② 方先明，杨波，史兹国．民间金融风险形成、传染和治理机制研究：基于江苏民间金融发展的实践[M]．南京：南京大学出版社，2017：100.

与经济发展的相互促进、相互制约的辩证关系，提出了“金融抑制”理论①。该理论认为，利率管制等原因会导致某些经济主体如中小企业的融资需求无法通过正规金融渠道得到满足，民间借贷应运而生②；Adams 和 Vogel（1986）的研究表明，金融抑制致使正规金融市场出现信贷配给，大批被淘汰的资金需求者只能涌入民间金融市场③。金融抑制理论可以较好地解释发展中国家民间借贷存在的原因，但对于不存在金融抑制的国家的民间借贷的解释却显得苍白无力。因此不少学者从其他角度解释民间借贷。

Stiglitz 和 Weiss（1981）从信息经济学的角度解释民间借贷的内生性。他们认为，在信息不对称的情况下，信贷市场必然存在逆向选择和道德风险。银行不愿意贷款给中小企业，中小企业面临的信贷配给问题越发严重。而民间金融机构拥有信息优势，能够更有效地消除因信息不对称而产生的逆向选择和道德风险，很大程度上满足了中小企业的融资需求。可以说，民间借贷是正规金融的有益补充④。Fry 和 Isaksson（1984）从自选择机制的角度分析了非正规金融的起因问题。他们认为，非正规金融在某种意义上具有私人信息和民间道德规范的自选择机制⑤。Steel 等（1997）认为，内生性民间融资的群体信贷是一种有趣的契约安排，这种方式利用了民间道德规范和私人相互信任，有效解决了信息不对称问题⑥。Hoff 和 Stiglitz（1998）认为，参与者之间的信任是民间金融的基础，但随着涉及

① Rostow W W , McKinnon R I. Money and capital in economic development[J]. American Political Science Review, 1974, 68(4): 1822 - 1824.

② Shaw E S. Financial deepening in economic development[M]. London: Oxford University Press, 1973.

③ Adams D W, Vogel R C. Rural financial markets in low - income countries: Recent controversies and lessons[J]. World Development, 1986, 14(4): 477 - 487.

④ Stiglitz J E, Weiss A. Credit rationing in markets with imperfect information[J]. The American Economic Review, 1981, 71(3): 393 - 410.

⑤ Fry, Isaksson A. The importance of informal finance in kenyan manufacturing [R]. The United Nations Industrial Development Organization Working Paper, 1984.

⑥ Steel W F, Aryeetey E, Hettige H, et al. Informal financial markets under liberalization in four African countries[J]. World Development, 1997, 25(5): 817 - 830.

资金的增加，这种仅基于信任的契约越发脆弱并易出现道德风险①。信息不对称理论在很大程度上解释了发达国家民间借贷存在的原因。

还有学者从交易成本与制度经济学的角度进行相关研究。Woodruff（2001）从交易成本角度解释民间借贷市场的存在及发展问题。民间借贷市场具有灵活的制度安排，交易非常灵活且具有弹性，因而交易成本比正规金融市场要低许多，且效率更高。此外，由于交易者之间具有信息渠道及优势，信息获取成本较低。因此，民间借贷借助灵活的制度安排及更低的交易成本不断地发展②。

关于民间借贷的风险，也有部分文献进行了探讨和分析。Isaksson（1996）指出，贫困地区合作金融的主要缺陷是其容易造成信贷风险和道德风险的集中。Zagaris（2007）总结分析了非正规金融在规避管制、逃税等非法活动中的作用，并证实了非正规金融对社会造成一定程度的负面影响③。

总的来说，国外文献主要侧重于对民间借贷理论层面的分析。由于国外金融体系开放程度相对很高，正规金融规模足够强大，民间借贷只是整个金融体系中的一个有益补充，其体量和规模偏小，即使发生大规模违约事件也难以酿成危机。因此，国外学者很少从借贷危机角度进行相关探讨。

1.4.2 国内研究现状

在我国，民间借贷一直存在，因此研究民间借贷的文献非常丰富，不同学者分别从历史、社会、法律等学科视角对民间借贷展开了多种研究。经过梳理归纳，本书认为，中国国内的文献主要从以下几个层面对民间借贷进行了研究：

第一个层面主要是从民间借贷史的视角进行梳理。秦晖（1990）、潘敏

---

① Hoff K, Stiglitz J E. Moneylenders and bankers: Price - increasing subsidies in a monopolistically competitive market[J]. Journal of Development Economics, 1998, 55(2): 429 - 462.

② Woodruff C. Firm Finance from the Bottom Up: Micro - enterprises in Mexico[J]. Stanford University, 2001(10):5 - 6.

③ Zagaris B. Problems applying traditional anti - money laundering procedures to non - financial transactions, "parallel banking systems" and Islamic financial systems[J]. Journal of Money Laundering Control, 2007, 10(2): 157 - 169.

德（1994）、刘秋根（2000）、李金铮（2000，2003）、俞如先（2010）等分别以不同时间段、不同区域的乡村民间借贷作为研究对象，系统梳理了不同时期、不同区域乡村民间借贷的情况。对汉代以来的民间借贷史的梳理对于本书研究新常态下的民间借贷具有非常重要的启发意义。

第二个层面主要是从信息不对称、交易成本与制度经济学、金融抑制、社会学等理论视角进行梳理。张友俊、文良旭（2002）认为，金融抑制是我国民间借贷产生的主要原因①。张胜林、李英民、王银光（2002）等从制度经济学与交易成本的视角进行解释和实证分析。林毅夫、孙希芳（2005）从信息经济学的角度阐述信息不对称导致的逆向选择与道德风险是民间金融广泛存在的一个根本性的原因②。殷俊华（2006）认为，正规金融的供给不足及民间金融的强烈需求是非正规金融的存在逻辑③。费孝通等从“差序格局”与社会信任等视角阐释民间借贷的逻辑，他们认为，民间借贷是基于乡土社会的人情与信任而存在的④。杨汝岱、陈斌开、朱诗娥（2011）进一步从社会网络视角的社会学角度考察分析了农户间的民间借贷并进行了实证分析⑤。

第三个层面主要是从民间借贷的内生发展视角探讨其发展路径。张杰（2000）从内生性金融制度的角度出发，认为民间借贷是解决中小企业困境的根本出路，其产生和发展是一种必然趋势⑥。王曙光、邓一婷（2007）从经济学和社会学的视角，通过构建模型分析民间金融的内生发展与演进道路，并提出了相关对策和建议⑦。葛立新、张国光、郭新强（2012）提

---

① 张友俊，文良旭．交易、契约机制与自律：合水县民间借贷个案研究[J]．金融研究，2002(4)：125－130.

② 林毅夫，孙希芳．信息、非正规金融与中小企业融资[J]．经济研究，2005(7)：35－44.

③ 殷俊华．金融缺口、非正规金融与农村金融制度改革——沈阳农村民间借贷研究[J]．金融研究，2006(8)：103－110.

④ 费孝通．乡土中国[M]．上海：上海人民出版社，2006.

⑤ 杨汝岱，陈斌开，朱诗娥．基于社会网络视角的农户民间借贷需求行为研究[J]．经济研究，2011，46(11)：116－129.

⑥ 张杰．民营经济的金融困境与融资次序[J]．经济研究，2000(4)：3－10＋78.

⑦ 王曙光，邓一婷．民间金融扩张的内在机理、演进路径与未来趋势研究[J]．金融研究，2007(6)：69－79.

出了一个研究我国民间金融发展的统一理论框架，并在此基础上构建了一个动态的一般均衡模型，详细分析民间金融的内生机制和演化路径，并给出结论和政策建议①。胡金焱、张博（2013）利用2005—2011年中国省际面板数据和动态面板广义矩估计方法，对民间金融如何影响宏观经济增长与产业发展进行了实证研究②。李健、卫平（2015）利用2000—2012年中国省际平衡面板数据，采用间接估算方法和数据包络分析方法（DEA），分别对民间金融发展规模和全要素生产率进行测量，并采用动态面板广义矩估计方法，对民间金融与全要素生产率增长的联系及其中间渠道进行检验③。廖冠民、宋蕾蕾（2020）指出，当地区非正规金融发展水平较高时，地区的资本配置效率与劳动配置效率则更高④。

第四个层面是从民间借贷的风险、传染、不稳定性视角进行分析。林毅夫、孙希芳（2005）提出，在一定地域、人际范围内，地缘、人缘关系可以在一定程度上防范民间借贷风险，但超出特定范围后，这种优势反而成为制约其发展的劣势⑤。曾志敏、叶岚（2012）基于新经济社会学的基本理论框架，探讨社会网络、结构洞与民间借贷风险之间作用机制的理论解释逻辑，对民间借贷风险的形成机理提出三个理论命题⑥。史晋川（2011）认为，人格化的交易方式和人格化的合约机制适应于温州传统的基于"地缘、血缘和亲缘"的民间借贷；未来以法律为基础的非人格化合约执行方式才是民间借贷健康发展的关键⑦。张乐才（2011）从风险共享机制角度探寻了企业资金担保链的风险传染机理，主要分析了担保链的风

① 葛立新，张国光，郭新强．我国民间金融发展的内生机制和演化路径：一个理论分析[J]．金融监管研究，2012(8)：41－55.

② 胡金焱，张博．民间金融、产业发展与经济增长——基于中国省际面板数据的实证分析[J]．中国工业经济，2013(8)：18－30.

③ 李健，卫平．民间金融和全要素生产率增长[J]．南开经济研究，2015(5)：74－91.

④ 廖冠民，宋蕾蕾．非正规金融与资源配置效率[J]．经济科学，2020(3)：60－72.

⑤ 林毅夫，孙希芳．信息、非正规金融与中小企业融资[J]．经济研究，2005(7)：35－44.

⑥ 曾志敏，叶岚．社会网络、结构洞与民间借贷风险——基于吴英案的案例研究[J]．公共管理评论，2012，13(2)：33－48.

⑦ 史晋川．人格化交易与民间金融风险[J]．浙江社会科学，2011(12)：25－26.

险消释机制和风险传染渠道等，并进行了实证分析[①]。卢斌、沈俊、姜祥林（2013）认为，民间借贷通过金融借贷关系网络系统中各相关利益者或各运行环节的相互作用，使金融风险在其相关链条中进行快速传导，并最终演化成系统性风险[②]。吴炳辉、何建敏（2014）认为，民间借贷危机在刚爆发时危害较小，波及范围较窄，但在后段因为信息传播与信息的不确定性会导致其传播速度加快、范围增大、社会破坏性加大[③]。方先明、孙利（2015）提出了民间金融风险传染的渠道主要是主体要素渠道、金融要素渠道及信息渠道[④]。石涛（2017）对民间借贷风险的传染机理、嬗变形式、民间借贷风险的控制机制等进行了深入探讨，分析了民间借贷的传染要素、传染渠道、传染路径，并提出相应的对策建议[⑤]。刘希章、李富有、孙梅艳（2020）剖析了民间金融的内生与外生风险，并深入分析其生成机理，探讨其性态演变研究，提出相应的对策和建议[⑥]。

第五个层面是从民间借贷违约或危机爆发后的各类处理机制视角分析并围绕温州等地出现的民间借贷危机提出对策建议。范建军（2012），段炳德（2012），乔尔（2012），戴新民（2013），蒋俊杰、柯迪（2014），王伟、李海平、戴菊贵（2015）等对温州等地民间借贷危机的形成背景、根源进行了一般性分析并提出相关对策。王洪斌（2013）从市场经济、资本主义兴起的影响入手，分析了近代早期英国社会的民间借贷及债务纠纷如何解决的问题，这对当前我国民间借贷纠纷的解决具有重要的启示和借鉴意义[⑦]。孙福兵、丁骋骋（2013）通过运用社会调查法和历史文献法，

---

① 张乐才．企业资金担保链：风险消释、风险传染与风险共享——基于浙江的案例研究[J]．经济理论与经济管理，2011(10):57－65.

② 卢斌，沈俊，姜祥林．不对称信息条件下民间金融风险传导效应分析[J]．当代经济，2013(17):106－108.

③ 吴炳辉，何建敏．中国利率市场化下的金融风险理论[J]．财经科学，2014(3):1－10.

④ 方先明，孙利．民间金融风险：形成、传染与演化[J]．中央财经大学学报，2015(7):28－34.

⑤ 石涛．民间非正式金融借贷风险：传染、嬗变与控制[J]．湖北经济学院学报，2017，15(4):47－52.

⑥ 刘希章，李富有，孙梅艳．民间金融风险引发因素、生成机理及性态演变[J]．东岳论丛，2020，41(8):91－99.

⑦ 王洪斌．冲突与和解：近代早期英国社会民间信贷及债务纠纷[J]．上海财经大学学报，2013，15(2):10－15＋23.

对温州改革开放以来的三次金融危机（金融风潮）与金融改革进行比较，找到民间金融风潮背后的原因并提出相应的对策[①]。陈志武等（2014）利用清代刑科题本中近5000起案件记录进行定量分析，发现债务人违约越严重、向其讨债越困难，债权人越有可能通过暴力来惩罚债务人[②]。郑勇军、叶志鹏、陈宇峰（2015）构建交易方式—治理模式—金融风险的分析框架，剖析了温州金融危机发生的内在机理，提出人格化交易特征的温州文化是民间金融风险的根源[③]。向静林（2016）尝试从风险转化的角度出发，探讨政府在借贷纠纷出现后如何进行选择，是否会直接介入市场治理，以及介入后的风险转化等问题[④]。向静林、邱泽奇、张翔（2019）探讨了地方金融治理中的风险分担规则的不确定性问题，提出宏观层面的制度矛盾是微观层面规则不确定性的结构性根源[⑤]。纪军令、朱力（2016）提出，随着互联网金融的不断发展，非法集资的形式不断变化，为此，政府需要加强制度建设，运用大数据和资本市场交易工具，推进强制性与诱致性制度变迁[⑥]。丁骋骋（2019）通过田野调查分析及总结民间借贷债务催收市场的四个特征，采用"博弈论"对民间借贷债务催收涉黑隐患的形成机理进行分析[⑦]。

民间借贷危机的爆发既会对经济金融体系造成冲击，也极容易催生社会暴力事件并形成信任危机，甚至引发群众上访集访，导致社会不稳定。因此对这些文献的梳理既有助于读者更好地厘清政府与市场在民间借贷中的关

---

① 孙福兵，丁骋骋．改革开放以来温州的三次金融风潮与金融改革[J]．社会科学战线，2013(10)：54-62.

② 陈志武，彭凯翔，朱礼军．清代中国的量化评估——从命案发生率看社会变迁史[J]．量化历史研究，2014(1)：229-258.

③ 郑勇军，叶志鹏，陈宇峰．关系型治理与温州金融危机的再考察[J]．经济社会体制比较，2015(2)：77-87.

④ 向静林．市场纠纷与政府介入——一个风险转化的解释框架[J]．社会学研究，2016，31(4)：27-51+242-243.

⑤ 向静林，邱泽奇，张翔．风险分担规则何以不确定——地方金融治理的社会学分析[J]．社会学研究，2019，34(3)：48-74+243.

⑥ 纪军令，朱力．何以根治非法集资类社会矛盾[J]．探索与争鸣，2016(11)：83-87.

⑦ 丁骋骋．民间借贷债务催收市场的田野调查与经济解释[J]．财经理论与实践，2019，40(4)：24-31.

系，也有助于本书提出更好的对策和建议，以化解民间借贷的矛盾和危机。

1.4.3　国内外研究综述

总的来说，国外文献主要侧重于从金融抑制、信息不对称、交易成本等理论视角分析民间借贷的存在及逻辑。还有部分国外学者聚焦于民间借贷的风险研究。由于国外金融体系开放程度相对较高，正规金融规模足够大，民间借贷早已转型为正规金融，因此民间借贷风险相对较小，爆发危机的概率相对较低。因此，国外学者就民间借贷危机进行研究的文献特别少。

国内民间借贷的历史悠久，研究民间借贷的文献和成果非常丰富。既有从历史学视角研究汉唐明清民间借贷的，也有从理论视角研究民间借贷的逻辑及存在的，还有的学者从民间借贷功能、作用的视角出发，试图探讨国内民间借贷的内生逻辑及演变路径。当然，近些年，随着国内民间借贷危机的爆发，特别是温州与鄂尔多斯等地民间借贷危机的爆发，国内部分学者试图从理论层面分析民间借贷风险及传染，还有部分学者试图分析民间借贷危机的处理机制。但总的来说，国内学术界对民间借贷危机理论的深度研究还处于空白，对民间借贷危机的实证分析也尚未深入进行。本书基于已有文献，从理论的视角探讨民间借贷危机理论模型的构建、民间借贷危机传导机制的梳理、民间借贷危机的动态博弈机制及民间借贷危机的实证分析，这加强了相关理论的研究，在一定程度上填补了研究的不足，因此具有重要的现实意义和理论意义。

1.5　研究的思路和技术路线

1.5.1　研究的主要内容

本书的研究分为三个部分：第一部分主要包括绪论、理论基础、国内外民间借贷史以及新常态下民间借贷的现状，为后续危机的研究打好坚实的基础。第二部分主要包括对民间借贷危机史的梳理，新常态下民间借贷危机的特征与影响，民间借贷危机的内在机理与制度性根源，民间借贷危机的传导机制与处理机制，民间借贷危机的典型案例分析等。第三部分根据机制分析、实证分析、演化博弈分析以及案例分析等得出的结论，提出民间借贷及其危机的治理路径与对策建议。具体来看，各章的内容如下：

第 1 章，绪论。主要包括研究的背景、意义、相关概念的界定、文献综述、研究的主要内容以及研究的创新与不足。

第 2 章，研究的理论基础。主要从民间借贷以及民间借贷危机的视角探讨本书的理论基础和危机模型。

第 3 章，国内外民间借贷史分析。主要对自古以来的国内民间借贷进行梳理分析，特别是对改革开放以后的民间借贷进行梳理和总结；同时对美国、日本以及我国台湾地区的民间借贷及其转型发展进行总结梳理，提出我国民间借贷发展与转型可借鉴的经验。

第 4 章，新常态下民间借贷的现状分析。主要探讨了民间借贷发展的经济、金融、政策与法律背景，分析了新常态下民间借贷的主要特征，然后从微观与宏观视角对影响民间借贷的因素进行了实证分析。

第 5 章，新常态下民间借贷危机的特征与机理分析。主要梳理了近代以来主要的民间借贷事件与风波，阐述了新常态下民间借贷危机的特征及影响与冲击，分析了民间借贷危机的内在机理，从制度视角剖析了民间借贷危机爆发的深层次原因，最后用省际面板数据对民间借贷危机的影响因素进行了实证分析，并提出了政策解释。

第 6 章，新常态下民间借贷危机的传染机制研究。民间借贷的相对封闭性与区域性特征，导致各地民间借贷的危机爆发都呈现出区域性特征、风险源与传染机制，因此，本章主要结合各地的实际情况，总结和梳理民间借贷危机传染的风险源、传染的载体、传染路径以及不同的传染效应。

第 7 章，民间借贷危机的处理机制——基于演化博弈的分析。主要是基于动态演化博弈理论分析民间借贷出资人、民间借贷机构、借款人以及地方政府在危机中如何与其他参与方进行博弈，并据此提出了对策建议。

第 8 章，民间借贷危机的典型案例。对温州的两次民间借贷危机以及四川 A 市的民间借贷风波的爆发背景、危机概况、危机内在机理及根源进行了阐述分析，并对危机案例进行了总结提炼，以期为民间借贷危机的治理提出现实的可行经验。

第 9 章，民间借贷危机的治理路径及对策。根据前文的分析，总结了民间借贷危机的逻辑，提出了民间借贷危机的治理路径与对策建议。

1.5.2 研究的技术路线

本书研究的技术路线如图1-1所示。

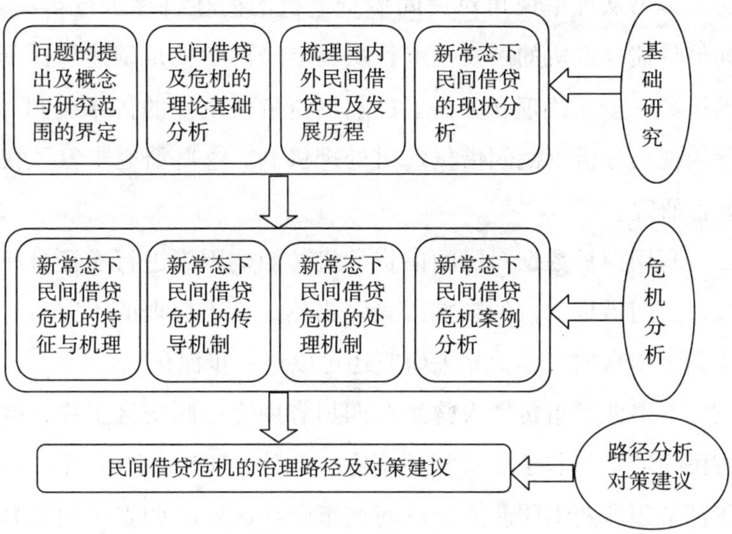

图1-1 本书研究的技术路线

1.6 研究的主要方法

本书综合运用金融经济学、信息经济学与博弈论、新制度经济学、企业经济学、社会学、计量经济学及统计学等相关学科理论，采用定性分析和定量分析、规范分析和实证分析、统计数据与案例分析、比较分析、演化分析与数理分析等方法对民间借贷和民间借贷危机进行研究。本书的课题组在充分借鉴国内外相关研究的成果基础上，通过对我国东西部省份新常态下的民间借贷及危机进行调研分析，主动参与地方民间借贷危机处理过程，以此来更好地深入研究民间借贷，研究民间借贷危机的爆发、危机的扩散、政府对危机的处理机制、危机的理论模型，以及危机的传导途径及机制等内在机理，这可以更好地认识民间借贷、民间借贷危机，并提出科学合理的民间借贷危机治理路径与策略建议。

1.7 研究的创新和不足

1.7.1 研究的创新之处

第一，本书从理论视角对民间借贷危机的内在机理进行了深入探讨，提出民间借贷债务危机的爆发模型；从制度经济学视角阐述了民间借贷危机爆发的根源；全面梳理和分析了民间借贷危机爆发的传导机制。从动态博弈演化的视角分析了民间借贷危机处理机制。这些研究丰富了民间借贷危机的理论研究。

第二，利用面板数据对民间借贷危机的影响因素进行实证分析，从实证层面探讨民间借贷危机的影响因素；当然，由于数据的不完备性，后续如果能找到更丰富的数据，相关研究还可以进一步深化。

第三，本书课题组负责人曾经在四川省南充市顺庆区工作，牵头协调处理地方民间借贷与非法集资相关事宜。此外，2016—2020 年，课题组负责人每年都带领课题组团队成员赴南充市顺庆区跟踪调查民间借贷风波处理等事宜。课题组负责人在南充处理民间借贷风波的工作经历以及自 2016 年以来对南充民间借贷风波处理的持续跟踪研究是本书能够顺利进行研究工作的独特优势。因此，本书的研究成果是基于现实问题导向、基于课题组丰富的实践经验及相对扎实的理论研究的，能为民间借贷的危机防范及化解提供富有针对性和现实性的解决对策和建议。这也是本书相比其他研究具有的创新和优势之处。

1.7.2 研究的不足之处

第一，本书在研究过程中最大的困难与不足，是民间借贷及危机的相关数据不完全、不全面，甚至可能会有较大遗漏。这主要是由于民间借贷的隐私性和隐蔽性，导致本书很难准确统计民间借贷的规模，估算数据可能存在较大偏差。此外，相关数据涉及部分安全和保密问题，比如，形容民间借贷违约与危机的比较好的数据是公安机关立案的各类民间借贷纠纷及相关统计数据，但这一数据涉及国家安全，无法查找，相关部门也无法提供信息。所以在实际过程中，本书只能采用裁判文书网公布的法院判决的相关案件及数据。但裁判文书网的数据涉及近 1000 万件，且涉及大数据安全及保密问题，有关部门严格禁止对这些微观数据进行爬虫挖掘及统计分析，因此本书只能用裁判文书网的宏观数据作为代理指标进行分析。为了解决相关数据不足这一缺陷，本书立足理论，根据现实调研及逻辑找到了相关代理变量来进行描述和分析。

第二，由于相关数据难以统计和获取，本书对民间借贷危机的传染机制的模型化和定量化分析仍不够深入。

第2章 研究的理论基础

2.1 民间借贷的理论基础

2.1.1 金融抑制与民间借贷

1973年，美国经济学家麦金农和肖分别出版了《经济发展中的货币与资本》和《经济发展中的金融深化》，深入探讨分析了发展中国家金融发展与经济增长的关系，提出“金融抑制”和“金融深化”的概念。他们认为，金融体系与经济发展相互影响、相互促进。但在现实中的发展中国家，金融与经济却存在相互抑制的恶性循环。他们把这种情况称为金融抑制①②。在金融抑制政策下，政府加强对金融资源的垄断和控制，将大部分金融资源以相对较低的价格向特定的行业、产业及国有部门倾斜；这既影响了其他行业和产业通过正规金融获取资源，也影响了民营企业，特别是民营中小企业获取金融资源的可能性。这进一步导致居民、非国有部门及中小微企业的资金融通要么依赖于自身的内部融资，要么从民间金融市场获得融资。

我国具有典型的“金融二元主义”框架，长期以来，银行等正规金融机构对国有部门与非国有部门采取截然不同的信贷政策。一方面，国内储蓄无法自由流向高效率的非国有部门，导致非国有部门资金融通不足，阻

---

① McKinnon R I. Money and capital in economic development [J]. American Political Science Review, 1973, 68(4): 1822 - 1824.

② Shaw E S. Financial deepening in economic development[M]. London: Oxford University Press, 1973.

碍其发展；另一方面，大量的信贷资源流向低效的国有部门，既导致国有部门金融资源过剩，又导致其效率低下而产生隐性风险，严重影响了国内金融资源的配置。在这种典型的金融抑制市场中，居民、非国有部门及中小微企业存在着大量的资金需求，但由于信息不对称、所有制与规模歧视等因素的制约，银行正规金融体系极大地降低了对其的贷款意愿。因此，这些微观经济主体只能通过民间金融市场来满足自身资金需求。各种类型的民间金融组织便在国家政策放宽的条件和背景下应运而生，并得到大力发展。正规金融对上述这些主体的供应不足，是民间金融发展的最大动力和原因之一。

此外，在金融压制下，许多中小企业难以从正规金融机构获得资金扶持，因此民间借贷市场上对资金的利率需求弹性极低，供给的原因必然导致微观主体被迫接受过高的资金价格，导致企业经营成本过高；同时，民间借贷事实上承担了正规金融所不愿承担的风险，导致民间借贷的风险过高。这些都是民间借贷积聚了过高的风险的原因①。

2.1.2 信息不对称与民间借贷

以斯蒂格勒、阿罗、阿克洛夫、斯宾塞及斯蒂格利茨等为代表的经济学家开创性地提出并发展了信息经济学。他们深入研究信息的不对称性、不完全性及其决策问题，如阿克洛夫的“旧汽车市场的柠檬理论”、阿罗的“不确定性和医疗保健的福利经济学”等。他们认为，信息是不同于其他商品的，具有公共产品的特性；信息是不完备的，获取信息是需要成本的；经济中存在着严重的信息不对称，并引发逆向选择及道德风险等问题。逆向选择属于事前机会主义行为，是指信息优势方在交易过程中总是趋于做出对自己有利但对对方不利的选择，从而使得市场价格无法反映真实的市场供求状况，致使市场资源配置效率低下。道德风险属于事后机会主义行为，是指在交易双方信息不对称的背景下，经济人享有的收益，却将成本转嫁给他人，使他人承担受损的可能性。道德风险使得信息劣势方

① 李世财．“金融二元主义”框架下民间金融的风险解构[J]．江西社会科学，2013，33(11)：62－65.

利益受损，同时破坏了市场均衡，最终导致市场资源配置低效。

通过上述分析，本书可以得知：正规金融部门在中小微企业及民营企业的借贷市场中存在突出的“信息不对称”，以及由此导致的“逆向选择”和“道德风险”问题，这会严重影响正规金融市场的均衡状态和效率，也是促使民间借贷产生的重要条件和基础。银行等金融机构为中小微企业提供贷款时，由于其生产投资分布散乱、规模小、经营时间短、信息透明度较差且信息不具有公开性，且中小微企业为了获得授信和贷款，往往会夸大自身的经营基础和资信情况，隐藏借款项目的风险而片面强调项目收益，所以银行及其分支机构难以获得足够的信息甄别借款人的风险及特征。与完全信息下的均衡利率相比，该名义利率高于低风险借款人或低风险借款项目相一致的利率，低于高风险借款人或借款项目本应匹配的利率，形成对高风险借款人或借款项目争取贷款的负向激励，并把低风险借款人和借款项目挤出信贷市场。信息不对称造成的逆向选择，增加了高风险借款人和借款项目的比例，导致潜在呆坏账率的上升，且降低金融机构的融资效率。低风险借款人和借款项目由于缺乏资金，从而降低全社会的投资效率。此外，在发放贷款后，银行等金融机构同样需要加强监督力度以防范贷款方将资金投向与用途不符的高风险甚至是投机性项目等道德风险问题，由此导致交易成本增加。

民间借贷是对信息不对称的一种天然解决方式，其交易一般限制在特定的区域范围内，交易的发生往往是基于“三缘”等强社会关系网络，交易成员之间都很了解，熟悉借款人的诚信和经营能力，而且能够多渠道地收集信息，掌握借款项目的风险和收益状况。此外，社会网络对“声誉”的重视形成成员间的自我道德约束，声誉作为社会资本的抵押物替代了有形抵押品，起到制约短期行为和强制履约的作用。因为一旦违约，不仅是在经济上不会再对该成员发起借贷，在区域舆论中也对该成员具有震慑性，有效降低了信息不对称性造成的民间借贷风险①。熟人社会中的区域

① 陈康济．论中国民间借贷发展的机理与治理——基于温州案例的分析[J]．湖南科技大学学报(社会科学版),2014,17(3):108－113.

借贷性特征明显，一旦出现资金链问题，危机影响有限，不会对社会造成巨大的冲击。因此，这些都是民间借贷在解决借贷双方信息不对称方面相对于正规金融的优势，也是民间借贷广泛存在并发展的重要原因①。

当然，民间借贷关系网络的扩大，不再具有完全封闭性质以及信息的完备性，社会网络中的“声誉”约束也极大下降，加之全国征信系统尚不健全及人员流动极大，导致民间借贷容易异化为非法集资或金融诈骗等。因此，民间借贷范围的扩大，会导致民间借贷的优势丧失及风险的不断积聚和增加，一旦资金链出现问题，将造成大量违约，引起社会动荡。

2.1.3 交易成本与民间借贷

交易成本理论由罗纳德·哈里·科斯（R. H. Coase）提出，并经诺斯、德尔曼、张五常、杨小凯、威廉姆森等经济学家进行拓展，有交易分工说、交易合约说、交易维度说、制度成本论、交易行为说等典型观点。交易成本理论是新制度经济学的核心范畴。科斯指出，围绕契约的签订和实施过程，交易成本包括谈判、议价、拟定契约、实施监督以保障契约的条款得以按要求履行多种费用②。也就是说，交易成本由信息搜寻成本、谈判成本、缔约成本、监督成本、违约成本等组成。根据交易发生前后，其可以分为事前交易成本和事后交易成本。事前交易成本包括信息搜寻成本、谈判成本和缔约成本等；事后交易成本包括监督成本和违约成本等。

在熟人社会中，民间借贷的交易规模较小，民间借贷的参与者之间比较了解，与融资活动相关的信息也较容易被获取，所以融资前的信息搜寻成本、谈判成本、缔约成本、监督成本都比较低。此外，因为熟人社会的人情世故等形成的社会资本及其“声誉约束”，导致违约付出的代价及成本极其高昂，因此民间借贷违约率极低。与正规金融机构相比，民间借贷更具有成本优势，因此在正规金融不能发挥作用的地带，民间借贷便应运而生。

---

① 林毅夫，孙希芳．信息、非正规金融与中小企业融资[J]．经济研究，2005(7)：35－44.

② Coase R H. The problem of social cost[J]. Journal of Law and Economics，1960(3)：1－44.

具体而言，正规金融与民间借贷的成本比较有以下几个方面①：

第一，信息搜寻成本。民间借贷交易范围和规模往往较小，是基于“地缘、血缘、亲缘”三缘关系纽带的交易，借贷双方彼此知根知底，交易信息搜寻的成本很低。但银行等金融机构因为不具备信息优势，信息搜寻是一个专项工作，因此，信息搜寻成本相对较高，尤其是借贷规模较小时，其单位成本更高。

第二，交易的谈判和缔约成本。民间借贷交易的谈判和缔约非常简单，可能是个欠条甚至只是个口头约定，因此交易的谈判和缔约成本都很低。但对于银行等金融机构而言，借贷合同的谈判和签约却是一个烦琐的过程。借款人要提出申请，银行等金融机构对借款人进行资信判定和可行性分析；同意放款后，还要与借款人就贷款的具体条款进行磋商等；在磋商达成一致后，还要办理担保、抵押等手续。相比民间借贷，银行等金融机构的谈判和缔约时间长、成本高。

第三，合约执行的监督成本。由于民间借贷的交易范围较小，交易和执行情况的监督是与日常的生产生活联系在一起的，因此其监督成本很低。而银行等正规金融机构需要专人对合约执行情况进行监督，因此其监督成本较高。

第四，违约成本。民间借贷多发生在亲朋好友之间，债务在一定程度上具有无限责任，加上血缘、亲缘和地缘关系等构成的社会资本形成的强大“声誉约束”，其违约的成本极其高昂，违约率很低。即使交易过程中发生违约，也往往会采取双方协商或中间人调解的办法解决，因此交易纠纷的解决成本相对较低。但对于银行等正规金融机构而言，由于交易发生在个人和机构之间或机构和机构之间，债务不具有无限责任；加上借贷双方的信息不对称程度较高，且民间借贷的违约未纳入征信体系，道德风险机制会诱发债务人主动违约。此外，债务纠纷发生之后的诉讼解决机制或其他机制的交易纠纷处理成本也很高。

因此，相对于正规金融机构而言，民间借贷因其特定的交易范围而拥

---

① 钱凯．民间借贷:理论、现实与制度重构[J]．山西财经大学学报,2005(10):123－128.

有的信息优势，使民间借贷的成本和利率相对较低，这为民间借贷的发展提供了重要的空间和土壤。但事实上，民间借贷者虽然以低利率获得资金，但其实际支付的成本并不低，因为民间借贷其实还暗含着隐性成本，这种隐性成本主要包括借钱欠下的人情成本、信息披露成本、附加费用成本及时间成本①等，如果把面子和人情折算成利息的话，利率水平还是蛮高的，只不过其不是以货币形式进行支付而已②。

同时，随着民间借贷范围的扩大、交易网络链条的延长，民间借贷不再具备信息优势，民间借贷的成本显著增加；正规金融机构面临的“逆向选择”和“道德风险”也会在民间借贷中有所体现，此时的民间借贷缺乏正规金融机构的人才与风险防范及控制能力，风险会进一步增加。风险一旦传导开来，会演化成区域性风险，造成社会动荡。

2.2　民间借贷的风险与危机理论基础

2.2.1　社会资本与民间借贷风险

学术界目前对社会资本概念尚无一致的认识和看法，它大体可以分为社会网络、社会规范和信任三个维度。社会资本在信贷领域具有重要影响，本部分具体从社会网络、信任以及社会规范三个维度阐述其与民间借贷的关系。

第一，社会网络是社会资本的重要组成部分，衍生于家庭社群的相互联系。民间借贷通常发生在“熟人社会”，彼此非常了解，信息完备。在一定的社会关系网络范围内，民间借贷具有信息优势；但一旦超出这种地域和人际关系的网络，优势就变成了劣势，民间借贷的风险就会显著增加。

第二，信任与民间借贷。信任一般被分成两类，特殊信任与普遍信任。特殊信任是因为双方彼此之间具有特殊关系，如亲缘关系或血缘关系，是非正式规范约束下的自觉遵守。普遍信任是指建立在正式制度和组

① 匡桦．民间金融高利率成因：一个隐性成本的视角[J]．财经问题研究，2010(2)：48 - 52.

② 姜雅莉．农村民间金融利率浅析[J]．中国农学通报，2005(6)：443 - 444 + 450.

织基础上，受正式制度的强制性约束。我国的传统文化决定了我国的人际关系信任主要来自熟人，普遍信任尚未建立，社会总体信任感低。基于人际关系的特殊信任对民间借贷运行及履约具有重要作用，但同时制约了民间借贷活动的范围，一旦超出特殊信任边界，民间借贷风险随即增加。

第三，社会规范是社会资本的一大要素，是个人面子或声誉、邻里信任等，是一种非正式制度，能够对行为主体产生较强的约束力。这种社会规范形成的“声誉约束”力量非常强大，对传统民间借贷的履约具有强大的约束力。但随着民间借贷主体与形式的日益多样化及复杂化，放贷主体不仅有小额贷款公司、担保公司、典当行等，还有各类居间人（个人居间人、公司类居间人等）、企业法人等。此外，借款人范围更广，借款用途及功能性质都发生了变化，借贷范围远远超出熟人网络。此时，信息扩散受阻，传统的声誉约束作用下降，社会惩罚约束力也大大下降，民间借贷风险随之增加。

总之，社会资本对民间借贷的风险控制尤为重要。借贷双方依托血缘、亲缘、地缘等建立相互信任关系，能够有效降低信息不对称下的高成本；如果借贷双方处于一个较为封闭的关系网络中，关系、信任、声誉等社会资本具有担保作用，可以减少借款人恶意违约行为并降低借贷风险，此时社会资本对成员具有较强的惩戒功能。如果借贷双方处于一个开放的关系网络中，网络成员的流动性强、信息扩展较慢，社会资本具有的惩罚作用随之减弱，此时借款人容易滋生违约行为。

2.2.2 民间借贷的风险机理分析

1. 民间借贷的边际与违约成本分析

从理论上说，民间借贷的交易成本包括事前交易成本如信息搜集成本、谈判成本、缔约成本、监督成本，以及事后交易成本如违约成本等。其中事前交易成本是指民间借贷交易进行中的信息搜集、谈判以及缔约等发生的成本；违约成本是指民间借贷一方违反承诺付出的代价或成本，违约成本也可以说是在交易中发生违约使自身在熟人社会中声誉受损而可能导致的各种潜在的或显性的经济损失。

由于民间借贷市场具有一定的地域性与封闭性，在一定的地域范围内，民间借贷凭借其对贷款人的资信状况、偿债能力、资金投向、经营状况等方面的了解，具备较强的信息不对称处理能力，并且随着借款规模的扩大，边际成本呈下降趋势（见图2－1），这是民间金融相比正规金融所具备的优势。然而这一优势具有一定的局限性，当民间借贷的发展超出该地域范围，借贷的社会网络越来越广、借贷链条越来越长时，民间借贷就会逐渐失去原有的优势，由完全信息向不完全信息，甚至完全不掌握信息进行转变。这就导致民间借贷的信息搜集成本、监督成本及日常管理成本等急剧增加。因此民间借贷范围和规模发展到一定阶段时，就会失去对贷款人信息掌握的独特优势，从而在借贷规模扩大的过程中，贷款的边际成本不断地上升。由此可知，民间借贷的边际贷款成本表现为先降后升的"U"形分布特征[①]（见图2－2）。边际成本的逐渐上升导致民间借贷的利率补偿越来越高。

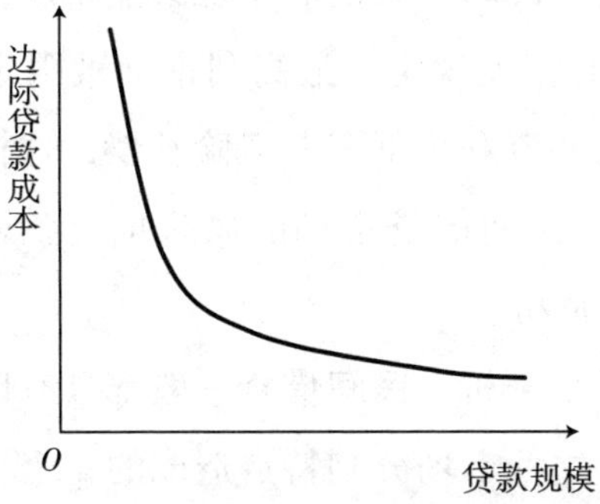

图2－1 借贷规模与边际成本（一）

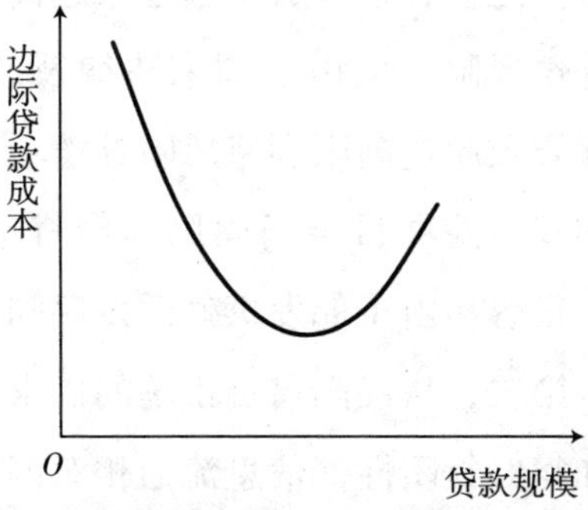

图2－2 借贷规模与边际成本（二）

此外，随着民间借贷的地域范围与社会网络的扩大、民间借贷链条的逐渐拉长，长期形成的社会资本的"声誉约束"严重下降；加上民间借贷违约的信用未纳入正规信用体系约束，导致违约的成本越来越低（见图2－3），违约成本的不断降低会导致违约的风险越来越大。

① 姜旭朝，丁昌锋．民间金融理论分析：范畴、比较与制度变迁[J]．金融研究，2004(8)：100－111.

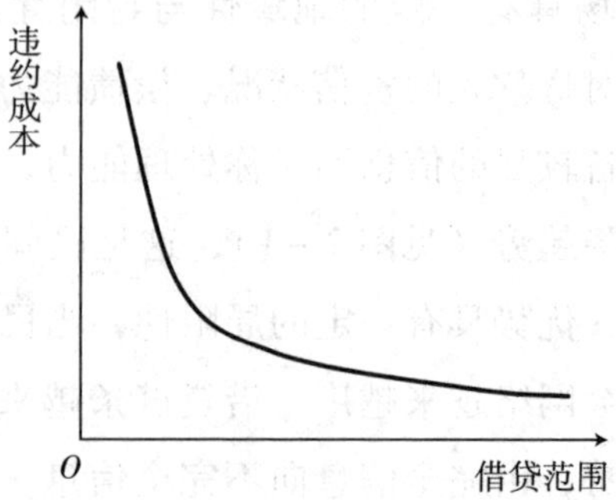

图2-3　违约成本与借贷范围

2. 民间借贷利率风险生成机理

第一，从成本与收益的角度来看，民间借贷的利率水平取决于其成本的高低，即边际成本越高，借贷的利率水平就会越高，这样成本才能得到足够的补偿，市场才能实现均衡。根据上述分析可知，民间借贷在超出一定范围之后，边际成本会越来越高，由此民间借贷的利率也必然不断提高以补偿风险。但由于国家法律及政策的相关规定，最高利率会被限定①，这就导致超过高限利率风险补偿项目的融资利率低于其风险补偿，这样大量的高风险项目会涌向民间借贷市场。民间借贷市场的风险也会急剧增加，很容易由于偶发事件诱发民间借贷危机。

第二，从民间借贷市场的供求关系来分析，民间借贷一般都具有区域性和相对封闭性，信息流通相对困难，这种市场分割特点造成的一个后果就是，利率的形成并不完全由整个市场的供求关系决定，而是由区域内的资金供求关系形成的。进入民间借贷市场的借款人，往往急需或刚需资金，但又很难从正规金融市场获取。因此对于借款人而言，需求曲线近乎是一条垂直线。民间借贷的资金供给起初随着利率的上升会不断增加，但超过法定限制的利率水平后，一部分资金会退出市场，导致供给减少。资

① 1991年，最高人民法院司法解释规定：民间借贷不超过国家规定贷款利率的4倍。2015年，最高人民法院司法解释规定：对民间借贷利率划定两线三区（24%与36%，24%以内是合法的，24%～36%如果是自愿支付的，则是合法的；超过36%的利率则是非法的，不予认定）。2020年的司法解释规定：民间借贷利率不能超过4倍LPR。

金的供不应求，又会导致民间借贷的利率迅速上升。此外，如果国家货币政策趋紧，民营中小企业将很难获得银行等金融机构提供的资金，会导致寻求民间借贷的企业与个体数量出现激增，民间借贷供不应求，进而导致利率迅速攀升。中小企业对民间资金依赖程度加深，甚至出现长期依靠民间资金输血维持经营的情况。持续上升的民间借贷市场的高利率导致企业过高的财务成本，这是不可持续的；如果只是短期的过桥拆借，是可以的，一旦变成期限错配、短借长用，就会形成巨大的风险，企业债务成本会越垒越高，一旦后续资金无法持续就将爆雷，引发危机①。

3. 民间借贷的信用风险机理

民间借贷的信用风险可以分为两个层面：一是缺乏偿还意愿，二是缺乏偿还能力，二者具有本质的区别。本书主要研究和关注第一种情形。这种情形是，随着民间借贷社会网络的扩大、交易范围的拓展、交易链条的拉长，借款者的违约成本会急剧下降、违约倾向增强；同时，我国尚未将民间借贷的违约纳入正规信用约束体系，缺乏对民间借款者强制且有效的约束；二者的相互交织作用很容易引发民间借贷的恶意违约。这种恶意违约会产生“破窗效应”，导致恶意违约的传染，违约率的不断攀升。资金出借人的巨大损失，容易导致社会不稳定隐患，引发社会与法律群体性事件。

4. 民间借贷的道德风险机理

随着民间借贷规模与网络的不断扩大，民间借贷信息由完备走向信息不对称，而信息不对称会引发道德风险。道德风险在民间借贷中体现在以下两个方面：其一，由于对借款人资金投放信息掌握得不及时、不全面，也不能做到及时地监控与防范，借款方会将资金投向高风险项目、高风险市场，甚至是纯粹的投机性市场，如炒房、炒农产品等；还有一部分资金甚至用作高利贷投机，民间资本整体“脱实向虚”，导致巨大的资金风险。其二，传统民间借贷的声誉约束机制严重弱化，加之新征信机制未纳入民

① 刘希章，李富有，孙梅艳．民间金融风险引发因素、生成机理及性态演变[J]．东岳论丛，2020，41(8)：91－99.

间借贷违约，导致赖账违约成本显著下降，违约风险严重飙升，很容易引发民间借贷危机。

5. 民间借贷的流动性风险机理

随着民间借贷网络的扩大，流入的民间资金往往是追求短期收益的，因此借贷的期限通常较短，市场中主体对资金的需求往往都是刚性的，有过桥贷款的、有短期周转的，但也需要长期经营性流动资金；加之货币政策收紧有时会导致市场主体的短期性资金被迫延长；这些情况的出现都会导致借贷资金的长短期限错配。在资金错配和结构失衡的条件下，一旦有投资者预期发生改变或个别借贷者违约事件的出现，很容易触发投资者收回资金的想法，进而导致严重的流动性风险。

2.2.3 金融风险和危机传染理论

金融风险和危机传染是指最初只影响小部分金融机构或者特定区域的小型冲击，最终传染、扩散到整个金融系统继而影响整个经济体系的过程[①]。现有研究文献中，基于债务违约的金融风险和危机传染有两种传染方式，即直接传染和间接传染。

1. 金融风险和危机的直接传染

金融机构之间通过支付系统、互相借贷及互相持有资产等构成直接连接关系[②]。金融机构间债务违约风险的直接传染主要指，一旦系统节点上某个金融机构出现债务违约或延期支付，与其存在直接连接关系的其他金融机构将因此蒙受债务违约或延期支付带来的损失，且这种损失一旦蔓延，有可能引发系统性债务危机[③]。Gai 等（2010）认为，国际金融危机爆发后，金融体系呈现“稳健又脆弱”（robust - yet - fragile）的新特征，金融机构之间的直接联系既可以成为“冲击消化器”，也可以成为“冲击放

① Allen F, Gale D. Financial contagion[J]. Journal of Political Economy,2000(1):1 - 33.

② 巴曙松,左伟,朱元倩. 金融网络及传染对金融稳定的影响[J]. 财经问题研究,2013(2):3 - 11.

③ Kiyotaki N, Moore J. Balance - sheet contagion[J]. The American Economic Review,2002,92(2):46 - 50.

大器”[1]。Acemoglu 等对此的解释是，当债务违约带来的负面冲击低于阈值时，金融机构间的联系越紧密，越有利于冲击在系统内部被消化，系统内部的流动性被有效调动起来共同抵御初始违约带来的负面影响；但当负面冲击超过阈值时，联系越紧密的金融系统反而越脆弱，因为系统内部的流动性即便全部整合也难以平抑负面冲击造成的损失[2]。

2. 金融风险和危机的间接传染

金融机构之间通过持有相同或相似的资产组合而构成间接连接关系[3]。金融机构间债务违约风险的间接传染主要是指，因资产价格的波动或预期的调整引起的风险可能在存在间接连接关系的金融机构之间进行传染、扩散。间接传染有两个主要来源：一是“恐慌性预期效应”；二是“资产价格效应”。前者最典型的例子是银行挤兑，在信息不完全情况下，如果一家银行出现挤兑风潮，公众会倾向于认为其他银行同样存在挤兑风险，从而引发大规模挤兑，导致整个银行体系陷入流动性紧缺危机而濒临崩溃[4]。后者指一些金融机构预期风险可能加剧时，会提前减持资产头寸，从而导致资产价格加速下跌，偿债能力迅速降低，进而促使风险更快地传染、扩散出去[5]。

综上所述，当债务违约的初始冲击在节点上的个别金融机构产生之后，其影响首先以直接传染的方式扩散至系统中与其存在直接连接关系的金融机构，并依次传递下去。当初始冲击规模较小时，紧密连接的金融系统内部可以有效调动流动性且足以平抑初始冲击。当初始冲击规模足够大时，其负面影响通过紧密连接的金融系统传染放大得更快。而在直接传染

---

① Gai P, Kapadia S. Contagion in financial networks[J]. Proceedings of the Royal Society A: Mathematical, Physical and Engineering Science, 2010(466): 2401 - 2423.

② Acemoglu D, Ozdalar A, Tahbaz - Salehi A. System risk and stability in financial networks[J]. American Economic Review, 2015, 105(2): 564 - 608.

③ 巴曙松，左伟，朱元倩. 金融网络及传染对金融稳定的影响[J]. 财经问题研究，2013(2): 3 - 11.

④ Diamond D W, Dybvig P H. Bank runs, deposit insurance, and liquidity[J]. Journal of Political Economy, 1983, 91(3): 401 - 419.

⑤ Giesecke K, Weber S. Cyclical correlations, credit contagion, and portfolio losses[J]. Journal of Banking and Finance, 2003, 28(12): 3009 - 3036.

的同时，一方面，债务违约的初始冲击可能引发恐慌性预期，大量的挤兑和抽贷将使构成间接连接关系的其他机构陷入困境；另一方面，其他机构预期风险上升会提前调整资产头寸进而导致资产价格下滑，进而使金融机构的偿债能力加速恶化。这种债务违约危机的传染同样存在于金融机构与企业、企业与企业及企业与个人之间①。

相比正规金融领域的风险和危机传染，民间借贷危机同样具有传染和扩散效应，也分为直接传染和间接传染。但民间借贷相对更脆弱，自身防范与阻断风险传导的能力更弱，传染过程中信息传递更不客观和不全面，传染的速度会更快，因此其比正规金融更容易引发风波和危机。此外，民间借贷具有相对封闭性，因此不同区域的民间借贷的风险源、传导机制和路径等都存在各自的特点，需要本书认真梳理反思和总结。

2.2.4 马克思主义经济危机理论与民间借贷危机

马克思指出，在简单商品流通中，资本主义生产和消费之间的比例失调会直接造成经济危机。如果只是简单的物与物的交换形式，危机发生的可能性很小。但当货币作为一般等价物进行商品交换时，商品经济得到发展（W－G－W）之后，买卖不一致，就存在生产过剩而引发危机的风险。此外，马克思对资本主义信用制度做了深入剖析。他认为，一方面，信用能够对扩大生产起到促进作用，另一方面，信用也超过资本积累的限额，过度透支消费导致市场的虚假繁荣，这时经济危机很有可能爆发。而且信用制度使收入与消费需求不再保持匹配，生产的盲目扩张会导致爆发全面的经济危机。资本主义再生产周期有危机、萧条、复苏、高涨四个阶段；资本主义经济危机具有周而复始的特点，会不断进行周期循环。

资本主义的基本矛盾是经济危机爆发的根源。马克思主义生产过剩是指相对生产过剩，是相对于大众有限的支付能力的过剩，是指生产和有限的消费发生了矛盾。这种矛盾尖锐到一定的程度就必然爆发经济危机。资本家为了追逐超额利润而长期进行激烈的竞争，盲目地扩大再生产，这就

① Cifuentes R, Ferrucci G, Shin H S. Liquidity risk and contagion [J]. Journal of the European Economic Association, 2005, 3(2/3): 556－566.

会导致社会生产的无政府状态，引发各生产部门比例关系不协调，情况积累到一定程度，就会爆发资本主义经济危机。

随着资本市场的不断活跃和现代金融创新能力的不断升级，股票、期货、债券及其他金融衍生产品的交易规模不断扩大，围绕着资本市场开展的各种经济活动不断兴起，势必导致整个经济的虚拟化。马克思主义政治经济学认为，虚拟资本必须以实体资本为基础，如果虚拟资本脱离了实体资本，或者说脱离了实体资本的支撑，加上没有相应的金融监管体制、机制和措施办法的配套实施，虚拟资本过度膨胀就会冲击实体资本，虚拟经济就会无序发展并逐渐演变成投机经济。

民间借贷危机有时体现在大量的投机性虚拟资本不断涌入各种投机性活动，如炒作各种资产或大宗商品，随后又将资金投入炒作各种农产品；大量的民间借贷资金涌入股票市场，甚至还有大量民间借贷资金直接在高利贷市场进行炒作。在这种情况下，不仅实体资产市场无法支撑民间借贷资本，证券和资金市场也无法支撑民间借贷这一虚拟金融资本的循环，最终会导致泡沫破灭，并通过“多米诺骨牌效应”迅速殃及虚拟资本市场和实体经济。

2.3 民间借贷债务危机理论模型

我国的民间借贷市场为家庭或企业提供了正规金融体系外的资金来源。作为正规金融体系的补充，民间借贷的主体往往是无法从正规金融市场获取资金的企业或个人，其风险水平相对较高。因此，民间借贷在逐步发展壮大的同时，也在迅速地积累风险，严重时会对正规金融市场产生严重的冲击。

由于民间借贷区域性特征非常明显，不同区域民间借贷的主体、借贷网络、借贷链条及借贷规模等通常都存在差异，其借贷危机模式也各不相同，其借贷危机模型也会有较大差异。因此，本书以“小企业—家庭—民间借贷机构”这样一个典型的三部门来构建一个民间借贷的危机模型，考虑货币政策收紧、经济增速下滑等宏观背景，以现实中典型的经济主体行为特征为基础，评估以未来借贷收入为抵押、扩大当前借贷的民间借贷机构的债务可持续性，以及其在经济收缩期发生债务危机的可能性。

为了更好地分析，本书假定民间借贷市场有如下特征：

（1）代表性小企业，通过利用劳动进行生产，并分配所有收益。企业没有储蓄，民间借贷作为企业外部资金来源的一部分。

（2）家庭（个人）是资金供给者，企业为资金需求者。

（3）信贷市场的代表性中介，向企业发放无担保贷款。

（4）民间借贷机构为公司类的借贷居间人。

2.3.1 小企业：借款人收支核算

基于短期生产函数特征，假设竞争性小公司生产同质商品，使用劳动力作为唯一的投入，它通过改变总产量来对商品市场的不均衡做出反应；企业收入和经济周期相关。

当前产量 Q_t［式（2－1）］和价格 P_t［式（2－2）］取决于前一时期的水平和敏感性参数（分别为 φ_Q 和 φ_P）乘以需求缺口。需求缺口［式（2－3）］定义为上一时期总需求和总产出的差除以产出本身。需求缺口衡量过去的实际过度需求或供应。

$$Q_t = Q_{t-1}(1 + \varphi_Q \, gap_{t-1}) \tag{2-1}$$

$$P_t = P_{t-1}(1 + \varphi_P \, gap_{t-1}) \tag{2-2}$$

$$gap_{t-1} = \frac{AD_{t-1} - Q_{t-1}}{Q_{t-1}} \tag{2-3}$$

在每一时期的开始，公司将其在上一期结束时获得的全部收入以工资（$W_{t,h}$）的形式分配给大众。分配过程基于固定的个人收入份额，服从帕累托分配。企业支出［式（2－4）］包括工资和上期贷款偿还（RSG_{t-1}，包括本金和利息）［式（2－5）］，假设贷款利率由三个部分组成，具体内容如式（2－6）所示。

$$E_t^c = W_{t,h} + RSG_{t-1} \tag{2-4}$$

$$RSG_{t-1} = L_{t-1}\ (1 + r_{t-1,c}^L) \tag{2-5}$$

$$r_{t-1,c}^L = \overline{r_{t-1}} + \widehat{r_{t-1}} + r_{t-1,c} \tag{2-6}$$

$\widehat{r_{t-1}}$ 反映贷款机构对企业债务与 GDP 比率的敏感性，$\widehat{r_{t-1}} = \rho \dfrac{det_{t-1}}{GDP_{t-1}}$ 中，

$\overline{r_{t-1}}$ 为央行在每个时期开始时设定的政策利率。央行利率的制定也会对需求缺口做出反应，因此，$\overline{r_{t-1}} = \overline{r_{t-2}} + \varphi_{CB} \times gap_{t-2}$。$r_{t-1,c}$ 为特定借款人的利率，反映特定借款人的风险。

2.3.2　家庭收入和支出：贷款人分析

公司的所有者是家庭 h，他们都为公司工作。家庭收入［式（2－7）］定义为工资（$W_{t,h}$）、企业利润（$\pi_{t,h}$）和上一时期企业债务偿还（RST_{t-1}）的总和。$W_{t,h}$ 为企业产出和价格的增函数。处于经济下行期时，工资收入会下降。

$$Y_t^h = W_{t,h} + \pi_{t,h} + RST_{t-1} \tag{2-7}$$

在获得收入后，家庭根据累进税制纳税，个人可支配收入（Y_{dt}^h）由应纳税额（Y_t^h）减去税收（$T_{t,h}$）得出，如式（2－8）所定义。

$$Y_{dt}^h = Y_t^h - T_{t,h} \tag{2-8}$$

家庭的消费支出基于示范效应和模仿，如式（2－9）所示。

$$C_{t,h} = \mu Y_{dt}^h + \alpha C_{t-1,j} \tag{2-9}$$

家庭 h 的期望消费是其可支配收入（Y_{dt}^h）和 j 的上一时期实际消费的函数，j 是收入表中排在 h 前面的家庭，$j = h + 1$。γ 是一个与永久收入水平或等级无关的参数（Alberto Cardaci，Francesco Saraceno et al.，2016）①，α 为敏感性参数（$0 \leqslant \alpha \leqslant 1$），（当 $\alpha = 1$ 时，h 完全模仿 j 的消费；而 $\alpha = 0$ 时，h 独立于 j 的消费）。进一步地，本书假设消费支出遵从"棘轮效应"，具有刚性的特征。

根据上述分析，本书假设：作为净储蓄部门，家庭在经济收缩时期能够向市场提供的储蓄量呈下降趋势。

2.3.3　经济收缩期的信贷市场：企业、家庭、民间借贷机构

企业实施财务评估，计算其预期支出（所需支出和上期贷款偿还）与其可用的内部资源（过去的存款）之间的差额。如果差额为负，企业有足

① Cardaci A, Saraceno F. Inequality, financialisation and credit booms – a model of two crises[R]. SEP Working Papers, 2016.

够的资源来支付预期的支出。相反，如果差额为正，那么一旦企业陷入负面财务状况，必须通过发行新的债务（ $L_{t,c}$ ）来为其支出融资。

本书假设企业通常是几乎没有存款的。在每个周期的开始，借款企业设定其债务占产出的百分比为 $\frac{\overline{L}_{t,c}}{\overline{Q} \times \overline{P}}$，这一决定遵循反周期规则。这意味着在经济增速下滑时，企业的信贷总量或者说需要偿还的信贷量是不断增长的。

通常，借款机构会根据前一期的需求缺口确定敏感度（ φ_c ），调整该比率的初始值（ $\frac{\overline{L}_{t,c}}{GDP}$ ），则民间借贷机构在供给无约束条件下愿意提供的贷款量为式（2－10）。

$$\frac{L_t^s}{GDP} = \frac{\overline{L}_{t,c}}{GDP} - \varphi_c \times gap_{t-1} \tag{2-10}$$

但市场上的信贷总量取决于家庭部门的储蓄总量。根据式（2－7）、式（2－8）、式（2－9），在经济收缩期，家庭能够向市场提供的储蓄量是下降的。

值得注意的是，目前没有任何机制保证信贷市场处于均衡状态。换句话说，由于信贷需求和供给的形成基于家庭和企业的独立决策，信贷市场可能会发生配给。事实上，如果信贷供给高于需求，那么所有企业都能得到所需的数量。然而，在相反的情况下，所有的申请人都被配给，使得每个企业得到的信贷数量等于 $L_{t,c}^d \times \frac{L_t^s}{L_t^d}$，其中 $L_t^d = \sum_c L_{t,c}^d$。

2.3.4 债务可持续性与危机

本书区分了两种借款人：正常借款人（NB）和财务困境借款人（FDB）。NB 指的是所有拥有足够资源的企业，其可以偿还前一时期的贷款。因此，它进入市场只是为了获得贷款来满足其正常支出。相反，FDB 申请新贷款不仅是为了支出，也是为了进行债务展期。换句话说，FDB 使用新贷款偿还前一笔贷款。

民间借贷机构将最大允许信贷供给设置为总信贷需求的一部分［式

(2-11)]。

$$L_t^s = \gamma_t \sum_c L_{t,c}^d \tag{2-11}$$
$$\gamma_t \in (\gamma_{min}, \gamma_{max})$$

民间借贷机构在模型初始阶段外源性设置 γ_t 的两个边界为 $(\gamma_{min}, \gamma_{max})$，见式（2-12）和式（2-13）。$\gamma_t$ 为系统性风险函数，系统性风险用上一期企业债务与GDP的比率表示。在此，本书引入一个外生参数（阈值）来表示对企业债务与GDP比率水平的敏感性（阈值）。如果这个比率高于（低于）阈值，借款机构就会相应地降低（增加）γ_t。

若 $\frac{debt_{t-1}}{GDP_{t-1}}$ > 阈值，则 γ_t 调整为：

$$\gamma_t = \gamma_{t-1} + \varphi_\gamma(\gamma_{min} - \gamma_{t-1}) \tag{2-12}$$

若 $\frac{debt_{t-1}}{GDP_{t-1}}$ < 阈值，则 γ_t 调整为：

$$\gamma_t = \gamma_{t-1} + \varphi_\gamma(\gamma_{max} - \gamma_{t-1}) \tag{2-13}$$

本书假设贷款是家庭和企业之间的一期债务契约。企业在接下来的一段时间内将偿还 RSG_{t-1}（包括本金和利息）。

灵敏度阈值以及 γ_t 的两个边界反映了民间贷款人的出借意愿及其对系统风险的反应。阈值和 γ_{max} 设置为较高的值，反映了金融化程度高，或民间贷款人的低风险认知，或中介机构道德风险度高。

民间借贷机构以总债务偿还比率为标准，将企业的财务健全性按上升顺序进行排列，然后根据各企业的需求为其提供贷款。如果 $\gamma_t < 1$，则财务状况较差的申请人（即债务偿还比率较高的企业）将在信贷市场上进行定量配给，使其根本得不到贷款。被信用配给的借款人无法偿还之前的贷款，在有限的时间内也不能再申请贷款，其可能破产。

根据上述分析，如果民间借贷中介或者最终贷款人（居民部门）风险认知低，或者借贷中介道德风险程度高（如贷款中介机构资本金水平低下），通常借款机构设置的阈值较高。γ_{max} 高，意味着较多的FDB（财务困境借款人）进入市场，获得贷款。在这一条件下，一旦经济下行，来自居民部门的储蓄下降，民间贷款人最大贷款供给 L_t^s 下降，信贷配给加剧，财务困境借款人大规模违约。民间借贷中介将出现资金缺口 F_{gap} [资金总流入（F_{in}）与资金总流出（F_{out}）之差]。

假设民间借贷机构的资金均来自居民部门的储蓄，进入民间借贷市场的比重为 θ，贷款偿还比率为 δ，则有：

$$F_{in} = \delta RSG_{t-1} + \theta(Y_{dt}^{h} - C_{t,h})(0 \leqslant \delta \leqslant 1, 0 \leqslant \theta \leqslant 1) \tag{2-14}$$

$$F_{out} = RSG_{t-1} + (1-\delta)L_{t-1}^{s} = RSG_{t-1} + \theta(1-\delta)(Y_{d(t-1)}^{h} - C_{t-1,h}) \tag{2-15}$$

$$F_{gap} = \theta(Y_{dt}^{h} - C_{t,h}) - (1-\delta) RSG_{t-1} - \theta(1-\delta)(Y_{d(t-1)}^{h} - C_{t-1,h}) \tag{2-16}$$

临界点偿还率为：

$$\delta^{*} = \frac{RSG_{t-1} + \theta(Y_{d(t-1)}^{h} - C_{t-1,h}) - \theta(Y_{dt}^{h} - C_{t,h})}{RSG_{t-1} + \theta(Y_{d(t-1)}^{h} - C_{t-1,h})} \tag{2-17}$$

RSG_{t-1} 越大，则 δ^{*} 越大。

假设企业债务规模存在如下关系：

$$L_{t}^{d} = L_{t-1}^{d}(1+g) \tag{2-18}$$

其中，g 为债务增长率。

根据式（2-5）、式（2-11）、式（2-18）可得：

$$RSG_{t-1} = \gamma_{t-1}\theta(1+g)(1+r_{t-2,c}^{L})(Y_{d(t-2)}^{h} - C_{t-2,h}) \tag{2-19}$$

一旦 $\delta < \delta^{*}$，借贷中介陷入财务困境，必须依靠扩张借款规模，或政府救助以摆脱困境。排除极致情况下的政府救助，一般地，借贷中介要依靠居民部门的新储蓄流入以维持债务的可持续性。由式（2-7）、式（2-8）、式（2-9）可知，在经济下行期，居民部门的储蓄量是下降的。由于民间借贷市场严重的信息不对称，一旦发生违约事件，家庭部门资产受损，违约信息扩散，居民部门的储蓄流入量为零，甚至发生提前提取资金，庞氏融资不可持续，极易触发危机。

此外，根据式（2-19），当债务比率阈值 γ_{t-1} 高、民间借贷利率水平 $r_{t-2,c}^{L}$ 高、民众风险意识低，那么进入民间借贷市场的储蓄占比 θ 较高，或企业债务累积程度高（债务增速 g 高）时，临界点的偿还率就越高，民间借贷市场就越脆弱。

2.3.5 结论

根据上文模型分析，我们可以得知，三部门模型下我国民间借贷危机触发的主要原因可能包括以下几个方面：

第一，宏观经济周期性波动。企业收入和经济周期相关，与之对应，借款企业债务产出比遵循反周期规则。在经济增速下滑时，企业的信贷总量是不断增长的，但来自居民部门的净储蓄供给是下降的。债务偿还比率较高（财务状况差）的借款申请企业，将在信贷市场上定量配给。被信用配给的借款人出现违约、破产。信贷市场违约率上升将导致贷款中介陷入财务困境，需要依靠居民部门的新储蓄流入以维持债务的可持续性。但因为民间借贷市场严重的信息不对称，违约导致的家庭部门资产损失将引发提款、挤兑的大规模发生，庞氏融资模式不可持续，危机触发。

第二，区域性、结构性外生冲击。当发生不利的区域性、结构性冲击时，借款企业财务状况变差，信贷市场违约率上升，同样会发生借款人违约—最终贷款人挤提—庞氏融资不可持续的链式反应。这一外生性因素在我国区域性的民间借贷危机触发中尤其显著。我国典型的几起地区民间借贷危机案例均与当时的地产调控外生冲击相关。

第三，民间借贷机构的风险认知水平不足，风险管控手段缺失；或者地方政府民间借贷危机处置不当，兜底行为或者监管包容，强化借贷机构道德风险。这二者将导致我国民间借贷机构债务比率阈值设置较高，提升贷款机构的脆弱性。

第四，市场利率环境发生转变。当中央银行收紧货币环境时，政策利率上行；或者由于市场不理性行为等，导致民间借贷市场利率高企。这些将导致临界点偿还率上升，逃脱危机发生的条件更苛刻，危机触发概率上升。

第五，居民金融素养缺失，风险认知差；加之市场上一度广泛出现的“刚性兑付”等错误诱导，民间借贷市场出借人不再局限于资金富裕的个人，扩展到许多普通的个人和家庭，大量低风险居民储蓄进入民间借贷市场。这一变化将推高维持借贷机构债务可持续的临界点偿还率，民间借贷市场的脆弱性上升。一旦发生违约事件，主要依靠居民储蓄流入维持债务可持续的贷款中介就可能陷入财务困境。

第3章 国内外民间借贷史分析

3.1 我国古代民间借贷史

我国民间借贷自古就存在，对古代民间借贷史进行分析可以为当下民间借贷治理提供历史和经验参考。本节主要对我国古代民间借贷的参与主体、借贷形式、借贷利率及借贷特点等进行梳理分析。

3.1.1 我国古代民间借贷参与主体

1. 借款主体

我国古代民间借贷的借款主体主要是农民、小手工生产者和官僚地主阶级，军队在特殊时期也参与民间借贷。农民借入的资金主要用于维持生计；小手工生产者借入的资金主要用于保障生产和处理生产过程中的突发情况；官僚地主阶级借入的资金有的用于维持较高的生活开销，有的用于寻租，有的用于候任期间的生活开销；军队在特殊时期向民间借入的资金主要用于军饷和维持军队各种开销。

2. 放款主体

我国古代民间借贷的放款主体主要是地主、官僚、寺院和放贷机构。地主放款是每逢灾年，地主和富农等农村富有者会收到大量无法抵御灾害的小农的借款请求，从而对小农进行放款；官僚放款在唐代较多，主要是为了获得利息收益，参与主体几乎涵盖各级官员；寺院放款在唐代规模达到鼎盛，不仅是寺院等宗教场所能够放贷，单个僧侣也能进行放款；专营放贷机构自唐代开始大规模发展，宋代规模逐渐扩大，催生了放贷代理经营者阶层。唐代“便物历”放贷情况及对象见表3-1。

表3-1 唐代“便物历”放贷情况及对象①

借方	贷方		
	寺院	僧尼	总计
官吏	16（6.45%）	5（4.46%）	21（5.83%）
百姓	150（60.48%）	97（86.91%）	247（68.61%）
僧道	82（33.06%）	10（8.93%）	92（25.56%）
总计	248（100%）	112（100%）	360（100%）

注：寺院包括各寺及都寺下属机构。

3.1.2 我国古代民间借贷的种类与特点

1. 我国古代民间借贷的种类

我国古代民间借贷形式主要有实物借贷和货币借贷、有息借贷和无息借贷、抵押借贷和信用借贷。实物借贷和货币借贷是从借贷物性质方面进行的划分，最常见的实物借贷是谷物借贷；货币借贷见于农民常借取货币资金用于缴纳赋税或购买粮种，商业手工业和官僚阶级也常常进行货币借贷。有息借贷和无息借贷是根据是否收取利息划分的。生活中由于遭遇变故而进行借贷，通常是向具有血缘关系的亲属或同乡进行的借贷，是不收利息的。常见的借贷收取利息，如明代“农民在乏用之际可向富家借米，借米一石，秋收后还二石。借铜钱或银则五分起息”。抵押借贷和信用借贷是根据保证方式进行的划分。信用借贷不需要物品抵押，但利息通常较高。抵押借贷如唐代“如家里有老者，晚辈不得用奴隶、牲畜、田宅、财务私作为抵押举债②”。

2. 我国古代民间借贷利率的特点

我国古代民间借贷利率的普遍特点是利率高。各朝代民间借贷的最高利率都达到100%。一方面是由古代政府重农抑商的政策导致的最严重问题是抑制了社会的活力，大量的社会劳动力被束缚在农村，而农民却只占

---

① 资料来源：罗彤华．唐代民间借贷之研究[M]．北京：北京大学出版社，2009：30-31.

② 原文引自《唐律疏议·杂律》。

有少量的资源，无法发挥资本发展生产力的作用。另一方面是面对沉重的赋税和自然灾害时，小农为求生存只得借贷①。

3. 我国古代民间借贷的范围

我国古代民间借贷通常在亲友或乡邻间进行，有明显的人缘和地缘特点。首先，亲人间有血缘关系，大致清楚对方的品德和家庭状况，最大可能保障了资金的安全。其次，相比亲友间的借贷，相邻之间日常互动较多，在同一圈子里会产生一种非正式的评价，对某个人品行的评价是十分重要的参考依据，使放款者便于了解借款者，减少违约的风险。

3.1.3　汉唐宋明清的民间借贷

为了能更好地掌握我国民间借贷史，总结梳理我国民间借贷的情况、特征和规律，本书对历史上朝代周期长，且出现过繁荣盛世的汉、唐、宋、明、清五个朝代的民间借贷进行梳理总结（见图3－1）。

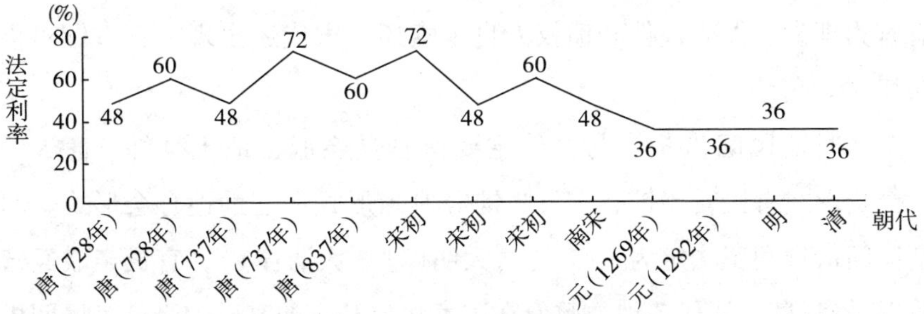

图3－1　古代官方法定借贷利率演化情况

汉代民间借贷的主要参与主体是小农、地主和官僚，小农在自然灾害遭受损失、婚丧嫁娶等重要事件需要资金时向富农地主借入资金；地主和官僚主要出于投资目的借出资金。汉代民间借贷的形式有信用借贷（乡邻间熟识人借贷，需要见证人和担保人）和财产抵押借贷（以房屋和土地作为抵押物）两种。汉代民间借贷在管制方面呈现“因俗制礼”和“因礼化俗”相结合的特点。一方面，汉代民间借贷的官府秩序是根据民间借贷风俗习惯制定的；另一方面，汉代官府通过先制定民间借贷的秩序，进而引

① 雷彦强．中国古代民间借贷利率研究[D]．郑州：郑州大学，2017.

导民间借贷风俗形成。

唐代民间借贷的主要参与主体是商人、寺院和道观、农民和官僚，他们或为了满足消费、赋税上缴，或为了投资周转、求职赴任进行贷款，其以信用借贷、质押借贷、预租、互助等为借贷形式；法定的借贷利率有货币借贷利率和实物借贷利率，其中货币借贷利率按月设定利率标准，实物借贷利率以年利率进行计算。借贷利率根据财政税赋情况、社会稳定等需求而适时进行调整；对民间借贷纠纷处理坚持“民不告，官不究”原则；制定关于官方利率和民间利率最高限额的规定，以及契约履行方式和履行期限的规定。

宋代民间借贷的主要参与主体是农民、小工商业者、官僚、军队，他们或为满足生活需要、赋税上缴，或为维持生产经营、求学任职，或贿赂上级、缓解贫困，以金银首饰、古董字画、衣物等动产和田宅抵押借贷为主要借贷方式。借贷利率沿袭唐代，后期利率有所提高；违约处理方式主要有官为理索、保人代偿和债权人自主索还。宋代还出现了官方针对借贷的法律“青苗法”。

明清时期民间借贷参与主体主要有官员亲戚、地主豪绅、商人、农民；借贷形式有民营当铺、官员当铺等典当形式和互助性合会形式。明清时期民间借贷利率法定为36%（《大明律》《大清律》），官员亲戚经营借贷收10倍利息。清代各地方政府在国家法定利率的基础上降低了民间借贷利率。

3.1.4 我国古代民间借贷总结

1. 我国古代民间借贷形式的演变

古代民间借贷在其性质方面有了突破性的发展。从宋朝开始，民间借贷逐渐向资本性借贷转变，借贷资本与工商业的融合使其带有近代化的雏形，提高了社会生产效率，产生了资本主义萌芽。

由私人放贷到机构放贷。私人业务在中国古代始终存在，但随着商品经济的发展，宋代以后出现了类似预购的借贷行为，这种借贷形式最早出现在手工业领域。私人借贷业务发展到一定程度后，其业务积累和市场占有率达到了一定的程度，最终形成民间借贷产业，即机构放贷。

典当行、钱铺、票号业务的近代化。民间借贷在发展中，典当机构业务逐渐复杂化，不仅从事单一的质典抵押业务，还发展出有息存款业务和钱帖发行业务。北宋钱帖的产生是为了弥补现金的不足，作为货币象征而出现，后成为典当行常用的金融工具，其可以增加资金运营规模，并有了更多近代化的影子。在清代，存款业务首先在钱铺中开始出现，同时钱票开始发行。对于钱铺来说，钱票和放贷业务的结合扩大了其资产的规模和业务的范围，并进行了新的信用扩张，让钱铺等相关机构拥有了近代化的气息。票号经营放贷和汇兑业务，兼营存款业务。但是，汇兑业务因为自身没有获得强有力的信用背书，并没有发展为被大规模使用的信用货币，对社会的积极作用存在一定的局限。

2. 我国古代民间借贷的处理机制

我国古代民间借贷虽然基本都是基于亲缘、血缘及地缘等社会网络和关系，但是违约现象时有发生。古代民间借贷出现违约，通常采用双方协商或中间人居间协调等方式进行处理，比较常见的是让当地德高望重的老者出面协调。官府对借贷违约的处理本着“民不究，官不追”的原则，只要民众不报官，官府就不会介入。

总之，我国古代的民间借贷对于小农来说有一定抵御生产风险的作用，为工商业提供了资金流转渠道，对新的生产方式萌生和生产关系有催化作用，对封建社会剥削与被剥削的矛盾有一定程度的缓解作用。但是，高利贷对农业、商业发展存在一定的负面作用，有时对社会矛盾有一定的激化作用。

3.2　我国近现代民间借贷史

关于我国近现代民间借贷史的内容，本书主要针对 1911—1978 年国内民间借贷情况展开梳理和分析。此外，改革开放以来的民间借贷是本书重点研究的内容，因此本书将其作为一个单独的部分来研究。

1911—1949 年我国先后经历了军阀混战、抗日战争和解放战争，当时经济破碎，无金融体系可言；土地分配不均，自然灾害频发，经济两极分化严重。此时民间借贷规模不大，但范围很广，民间借贷的参与主体主要是农户，民间借贷的形式以传统的私人借贷、典当、商店借贷、钱庄为主。此时民间借贷呈现农户借贷范围广、借贷利率高和私人借贷的作用远大于金融机构的特征。国民党统治时期虽然出台了部分限制高利贷的政策，但其实际执行起来几乎没有起到作用。1949—1953 年，我国对民间借贷持鼓励和适度宽松的态度。一方面，因为我国面临国内战争刚刚结束，一穷二白、百废待兴的局面；另一方面，西方资本主义国家对我国采取政治孤立和经济封锁的政策。民间借贷形式仍然以传统的私人借贷、典当、钱庄、合会为主。1953—1956 年的三大改造时期，国家对民间借贷逐步进行限制、改造。1958—1976 年，国家开始严格禁止民间借贷。

3.3 改革开放以来我国民间借贷史

改革开放至今（1979—2020 年），随着我国经济环境的变化，我国对民间借贷的态度（政策）发生变化，本节从四个时期（阶段）分析我国民间借贷的发展，分别是 20 世纪 80 年代、20 世纪 90 年代、21 世纪前 10 年和 2010 年至今。上述阶段民间借贷的形式不同，政府对民间借贷的政策不同，民间借贷的问题也有不同程度地显现。

3.3.1 20 世纪 80 年代民间借贷发展

20 世纪 80 年代，我国刚开始实施改革开放政策不久，国家在这一时期还在摸索经济发展的道路和方式。此时国家允许公有制以外所有制经济的存在，为民间借贷发展提供了机遇。此时期，我国民间借贷形式除私人借贷外，出现了其他民间借贷形式。钱庄和原本在公有制经济环境下已经被基本消灭的当铺在浙江、陕西等地重新出现。江苏、浙江、福建等地的“会”，如合会、标会、抬会的热潮也不断兴起。但随着民间借贷的发展，问题不断出现。1984 年成立的第一家公开的私人钱庄——方兴钱庄，被界定为非法经营，于1986年被吊销营业执照[①]。1984—1989年，浙江频繁发生“倒会”事件，如1985年浙江乐清“抬会”会案（非法拘禁523起）、1986年苍南“排会”会案（涉案资金2亿元）、1988年浙江乐清“平会”会案（涉案资金3.3亿元，涉案人员15万人）[②]。频繁发生的“倒会”及合会热潮和各种当铺频频挑战国家正规金融（银行）信贷业务的正统地位。因此民间金融有扰乱国家正常金融秩序的嫌疑，国家开始对民间金融展开整治。

我国1986年颁布的《中华人民共和国民法通则》承认了私人借贷的合法性。同年颁布的《中华人民共和国银行管理暂行条例》划分了金融机构的合法性并禁止、取缔了部分金融活动，开始确定合法金融和非法金融的界限，并规定各级地方政府和个人不得设立银行或其他金融机构，不得经营金融业务[③]。1988年颁布的《最高人民法院关于贯彻执行中华人民共和国民法通则若干问题的意见（试行）》规定，民间借贷仅限于公民之间，企业和其他组织不能成为借贷主体[④]。随后，国家采取一系列措施，整顿民间借贷机构。

3.3.2　20世纪90年代民间借贷发展

20世纪90年代，我国民营经济得到长足发展，此时的民间借贷在一定程度上满足了民营经济发展的资金需求。我国的民间借贷形式主要由直接集资、企业集资和农村合作基金会三种方式构成。此时，我国企业非法集资类的民间借贷问题频发。1993年的“沈太福案”，牵涉近20万人、高达十多亿元的高息集资。1994年查处的“邓斌案”，涉案公司非法集资32亿元，涉及12个省份的368家单位[⑤]。非法集资案件频发影响金融稳定，国家开始着手整治。尤其是亚洲金融危机爆发后，国家对金融的整治范围

---

① 陈氚．中国民间金融市场的合法性变迁[M]．北京：中国社会科学出版社，2019：81.

② 丁骋骋．区域性民间金融风潮：中国式金融危机简史（1883—2015）[J]．财经理论与实践，2016，37（3）：2－9.

③ 中华人民共和国银行管理暂行条例[J]．中华人民共和国国务院公报，1986（1）：3－10.

④ 最高人民法院关于贯彻执行《中华人民共和国民法通则》若干问题的意见（试行）[J]．中华人民共和国最高人民法院公报，1988（2）：17－36.

⑤ 陈氚．中国民间金融市场的合法性变迁[M]．北京：中国社会科学出版社，2019：107.

涵盖了所有民间借贷形式。

总的来说，20 世纪 90 年代，国家对民间借贷的整治更加严格。1991 年，最高人民法院出台了我国第一份关于民间借贷的司法解释——《最高人民法院关于人民法院审理借贷案件的若干意见》（以下简称《1991 年司法解释》），对民间借贷最高利率进行了限定，规定民间借贷利率可以适当高于银行利率，但最高不得超过银行同类贷款利率的 4 倍（包括利率本数）；超出此限度的，超过部分不予保护①。20 世纪 90 年代中后期，国家出台了一系列关于非法金融机构的金融业务和非法集资的法律法规，严控各类未经审核批准的借贷业务，从严控制民间借贷与非法金融业务。《中华人民共和国银行法》《中华人民共和国公司法》《关于惩治破坏金融秩序犯罪的决定》等政策法规明确规定“企业不得非法和变相非法吸收公众存款”②。1999 年，《最高人民法院关于如何确认公民与企业之间借贷行为效力问题的批复》意见再次明确“企业以借贷名义向职工或向社会非法集资、企业以借贷名义向社会公众发放贷款的行为应当被认定无效”。1999 年，国家对农村合作基金会进行清理整顿。

3.3.3 21 世纪前 10 年民间借贷发展

加入 WTO 后，我国经济对内、对外进一步开放，民营经济获得快速发展，对民间借贷的内生需求不断增强，但正规金融难以满足民营中小企业的融资需求，国家对民间借贷开始逐步放松。2005 年，国务院颁布《关于鼓励支持和引导个体私营等非公有制经济发展的若干意见》，简称“非公 36 条”，鼓励民间资本进入包括金融等垄断领域，但各部委相应的配套政策并未出台，对民间资本的进入并没有发挥实质性作用，却促进了民间借贷的发展。同年，我国开始进行小额贷款公司试点，2008 年，原中国银监会与中国人民银行发布《关于小贷公司试点的指导意见》，鼓励小额贷款公司发展。2009 年，轰动全国的“吴英”案，引起司法界与学术界对民

① 最高人民法院关于人民法院审理借贷案件的若干意见[J]. 中华人民共和国最高人民法院公报,1991 (3):34 -36.

② 中国金融年鉴编辑部. 中国金融年鉴 1996[M]. 北京:中国金融年鉴编辑部,1996:317.

间借贷完全放松的强烈呼声。2009年，浙江省高级人民法院《关于审理民间借贷纠纷案件若干问题的指导意见》提出，平等保护债权人、债务人的合法权益，这对民间借贷机构是一个松绑信号。

2000—2005年，国家以严格管制、控制金融风险为主。2003年，河北“孙大午非法集资案”就是一个从严控制民间融资的典型案例，虽然当事人孙大午在社会各方的强烈呼吁下，依旧被宣判缓刑，但自2005年之后，国家开始放松对民间借贷的管制，甚至在一定程度上默许并鼓励民间借贷的发展，这期间小额贷款公司、典当行、融资担保公司开始发展。

3.3.4 新常态下民间借贷发展

2010年，国务院颁布《国务院关于鼓励和引导民间投资健康发展的若干意见》，简称“新非公36条”，自此民间借贷进入蓬勃发展阶段。“新非公36条”出台以后，各种新形式的民间借贷如雨后春笋般出现，在随后的几年里，投资理财咨询中介公司、小额贷款公司、融资担保公司、典当行及各类职业放贷人等在全国范围内呈蓬勃发展趋势。同时，随着国家鼓励“互联网+”业务的发展，P2P平台业务也获得快速发展。但随着民间借贷风险的不断攀升，各种形式的爆雷与民间借贷危机的爆发，国家又开始收紧对各类民间借贷的管制与整顿。无论是典型的投资理财类公司，还是P2P，其在我国都经历了从初始萌芽到野蛮生长、风险爆发、行业清理整顿，再到消亡的过程。2018年以后，银保监会出台相关政策，加强对民营中小微企业贷款的指标考核，以及鼓励数字普惠金融的大力发展，民营中小企业获得贷款的方式更加便利，民间借贷业务开始趋于平稳。

“吴英”案后，最高人民法院于2011年出台了《关于依法妥善审理民间借贷纠纷案件促进经济发展维护社会稳定的通知》，这是民间借贷法律规制理念的重大转变。2015年8月，最高人民法院出台了新的司法解释，指出有条件地放宽企业之间的融资行为，有助于缓解企业融资难，以及对借贷利率进行“两线三区”划分。随着民间借贷的不断爆雷和危机的持续发酵，特别是“于欢杀人救母案”等恶性事件的爆发，2020 年 8 月 20 日，最高人民法院颁布了第三份有关民间借贷的司法解释，强调民间借贷利率不超过 4 倍同期 LPR。

3.3.5 改革开放至今我国民间借贷发展的总结

相比较而言，改革开放以来的这 40 多年，是我国民间借贷发展最为丰富的一段时期，不论是民间借贷网络与形式、民间借贷规模，还是暴露出来的各类风波与危机，都是以前任何一个阶段难以相比的。也正因如此，对改革开放以来的民间借贷，特别是新常态以来的民间借贷发展的特点和内在逻辑的梳理，对于研究民间借贷危机的演变、转化与传导，具有特别重要的意义。

总的来说，改革开放以来的民间借贷呈现出如下特点：第一，改革开放以来各个时期民间借贷的发展主要在于我国金融体系的金融抑制；在于居民收入增长与投资渠道缺乏而投资于民间借贷市场；在于各类中小企业等微观主体无法从正规金融渠道筹集资金而求助于民间借贷市场；供需双方的共同要求是民间借贷发展的根源。第二，政府对待民间借贷的总体态度是以防范和控制金融风险为主，民间借贷大部分时间都游离在合法与非法的边缘。从出台的各类法律法规以及司法解释可以看出，其主要是针对非法集资标准的认定，防范各类非法金融活动与非法金融机构；而不是对民间借贷合理合法发展的政策设计与框架制度。直到 2010 年“新非公 36 条”颁布之后，才鼓励各种民间借贷形式的大发展，但也始终缺乏一个身份的认定；此后随着连续不断的民间借贷风波与危机，合理民间借贷与非法集资交织，又陷入清理整顿以防范风险的窠臼当中。第三，政策与司法对民间借贷的认识和认知总的来说处于发展和变化的过程，对其认定亦是越来越宽松。比如，民间借贷的交易主体认定，最初只含括自然人与自然人之间的借贷行为，后面扩展到自然人与企业之间的借贷行为，最后放宽到企业与企业之间的借贷行为。政策上从严格禁止到鼓励包括典当行、融资担保公司以及小额贷款公司等各类参与民间借贷的准金融机构的发展。第四，随着不同阶段的民间借贷周而复始的发展和消亡，各类民间借贷风波也在随波起伏，危机的形式在变，但实质未变。从 20 世纪 80 年代初开始允许探索各类“合会”等民间借贷模式，但当其野蛮发展到一定阶段之后，爆发了各类“合会”风波，引发社会不稳定，政府就开始果断介入治理、整顿和打压，随后各类“合会”消失在历史的长河中。20 世纪 90 年代初，国家对农村合作基金会等各类民间资金互助组织的探索给予鼓励，但由于管理效率低下，与政企不分，90 年代中期开始爆发危机，随后又进入全面的清理整顿直至全部取缔。2010 年以来的投资理财中介信息咨询公司以及 P2P 等网络中介平台的发展无不是追随着“合会”与“农村合作基金会”的足迹，从允许、鼓励到发展高峰直至到全面清理整顿，其生存消亡时间都很短暂，多次发生各类民间借贷风波与危机。

3.4　发达国家和地区民间借贷史

发达国家和地区的正规金融业非常发达，几乎不存在金融抑制的情况，如美国的信用合作社、日本的无尽组织等在早期都属于民间金融体系，但现在都纳入了正规金融体系。因此，研究发达国家和地区的民间金融及其转型发展可为我国民间借贷未来发展提供借鉴参考。

3.4.1　美国民间借贷史

美国民间借贷历史较短，各州的发展历程也不尽相同。美国民间借贷形式有轮转储蓄、小额贷款组织和储蓄贷款协会等。其中轮转储蓄针对移民社区中移民进行信贷支持，小额贷款组织主要面向女性和亚裔等群体发放贷款，储蓄贷款协会是由轮转储蓄和贷款协会的机构发展形成的，此外，美国还积极发展社区银行。

1. 美国轮转储蓄的发展

美国轮转储蓄互助运动开始于 1920 年，主要存在于少数族裔等移民群体当中。因为移民群体的信用程度较低，很难从正规金融获得融资。轮转储蓄互助运动对移民群体融资难困境起到了一定的缓解作用。但是这种民间借贷活动在美国的发展比较缓慢，截至 1995 年，美国储蓄互助社的总资产只占存款类金融机构的 6%。Roscas 组织在美国移民社区中广泛存在，这些移民社区的主体多来自墨西哥、牙买加、韩国等。不同经济能力的移民群体组成的 Roscas 组织的规模不同，贫困移民社区的经济能力较弱，每期缴纳的份额较小，其 Roscas 的规模较小。较为富有的移民社区的经济能力相对较强，每期缴纳的份额相对较大，其 Roscas 的规模较大。

2. 美国储蓄贷款协会的发展

美国的储蓄贷款协会起源于希伯来免息协会，是由类似于轮转储蓄、信贷协会的机构演变而来的。1927 年，美国有超过 500 家类似储蓄贷款的协会，这些协会基本上采取传统的免息贷款模式。但随着美国移民数量的不断增加，这些免息贷款协会不能满足其成员的融资需求，于是免息贷款模式转变为有息贷款模式，储蓄贷款协会应运而生。美国第一家储蓄贷款协会是 1931 年于费城成立的"牛津节俭建筑协会"，其主营业务是住宅抵押贷款，这也是众多美国储蓄贷款协会的主营业务。美国储蓄贷款协会具有明显的民间借贷性质，其组织形式为 2/3 的互助合作制和 1/3 的股份制。其中，互助合作制的资金全部来自协会成员，协会不吸收外部资金。协会的资金用于向协会成员发放有息住房抵押贷款，这在当时填补了商业银行和保险公司的业务空缺。美国储蓄贷款协会的成员也多来自社区群体，同一社区群体组成的协会成员之间熟悉程度较高，能有效地掌握成员的存贷活动和履约情况。美国储蓄贷款协会发展的早期，其注册和购买保险都很自由灵活，在州政府和联邦政府都可注册，联邦保险体系和其他保险体系均可参加，也可以选择不参加保险体系。但是随着规模发展，美国储蓄贷款协会在 1970—1989 年有 2700 多家被兼并，或由政府接管或倒闭。因此，美国于 1989 年通过了《金融机构改革、复兴和实施法案》，设立储蓄贷款监管署对储蓄贷款协会进行监管，并于 1991 年通过《联邦存款保险公司改善法案》进一步加强监管力度。

3. 美国信用社的发展

美国第一家信用社是 1909 年社区公众自发成立的"圣玛丽教区居民信用社"。它在当时是无照经营，同年立法协会颁发特许状。美国的信用社吸纳社员存款，放款对象为本社区低收入人群，社员必须为同一职业、同一组织或同一社区。"二战"后，美国信用社飞速发展，并相继出台取消金融控制法案、贷款利率市场化、政府不加限制等政策支持信用社发展。同时，美国还通过完善对信用社的立法来规范信用社健康发展。起初信用社是各州政府批准成立的，美国于 1909 年出台第一部针对信用社的立法（州级），1934 年颁布《联邦信用社法》，规定了联邦信用社管理局的职能与作用、信用社股份保险（1935 年成立信用社保险公司，为其提供保险）以及中央流动性等具体内容，将信用社纳入到联邦监管体系。并于 1998 年修订《联邦信用社法》的准则与规章，详尽规定有关信用社的内容。同时美国还成立行业自律机构，美国于 1976 年成立联邦信用社全国协会，为其成员提供信息、教育、援助以及有关信用社发展的论坛，影响有关信用社经营发展立法的形成与监管法规的制定。

4. 美国社区银行的发展

为了规范民间借贷发展，美国还积极发展带有民间金融特色的正规金融机构——社区银行来替代民间借贷机构，并为其发展提供条件。美国 1863 年的《国民银行法》为美国社区银行发展提供了充足空间。规定银行最低资本额为 2. 5 万美元，州银行与国民银行实行单一银行制，均不得跨州设立分行。美国社区银行早期总数约为 3000 家，到 20 世纪 30 年代增长到 30000 家。1933 年的格拉斯—斯蒂格尔法案使银行进入分业经营与管理时期，社区银行得以快速发展。此后，美国通过瑞格—尼尔法案、金融服务现代化法案，不断规范社区银行发展，使其发挥积极作用。

5. 美国民间借贷史总结

美国民间借贷的历史虽短，但民间借贷发展较为成熟。各种民间借贷形式的产生均是为了满足不同群体的融资需求。因此内生性是民间借贷产生和发展的根本原因。随着民间借贷形式的多样化，规模扩大，美国联邦政府和州政府都积极对民间借贷进行监督管理。第一，将民间借贷机构合法化。赋予民间借贷机构合法地位，并对不同形式的民间借贷机构进行专门立法。第二，实行联邦政府和州政府对民间借贷机构的双重监管。第三，不断完善立法，利用法律使社会行为规范趋向统一性、合理性、合法性的特点将民间借贷机构组织化。而其他非组织化的影响较小的民间借贷机构则可以法律制度之外的方式对其进行引导和监督。这种民间借贷机构准入形式合法化的过程和监管对象的确定是一脉相承的。第四，美国还积极促进正规金融普惠化以代替民间金融发展。如美国大力发展社区银行，社区银行本质上就是将正规金融服务于社区群体，实现普惠金融的同时占据了一部分原属于民间借贷机构的市场，从而产生一定替代作用。

3.4.2 日本民间借贷史

日本民间借贷的典型形式有互助会、伪轮转储蓄和信贷协会的财务公司、农协系统下的合作金融组织、信用组合和信用金库等。日本最典型的民间借贷形式是合会，在日本政府的引导下，合会逐渐转变为商业银行。日本的民间借贷组织转变为正规金融机构的过程中，日本政府的主导和法律建设起到了关键作用。

1. 日本古代的民间借贷

日本古代的民间借贷形式是“赖母子”。“赖母子”也称为“讲”或“无尽”，它是为当地中小企业和家庭提供融资，由当地民众自发组织，带有救助性质的组织。“赖母子”的成员多为以血缘或地缘为联系的农民，彼此了解程度较高，有均等的融资机会，并相互监督履约情况。“赖母子”为日本农民融资提供了有效途径并持续促进其发展。尤其随着商品经济在农村范围的深入发展，农民对资金的需求量增加，“赖母子”获得进一步发展并在日本全域普及。这是日本“合会”的前身。古代日本对“赖母子”形式的民间借贷的管制相对较少，对其态度比较宽松。

2. 日本近现代的民间借贷

此阶段，日本政府注重对民间借贷的规范管理。在合会管理方面：1896年，日本出台第一个关于“合会”的强制注册条例《赖母子、讲、无尽及类似的申报规定》，规定了“合会”及类似组织的准入标准和申报登记规定。1901年，日本成立第一家公司性质的合会“无尽公司”。1915年，日本制定了《无尽法案》，规定“合会”必须以公司性质注册存在。1916年，日本指示“无尽公司”利率公开化。1968年，日本引导“无尽公司”改为“互助银行”①。1985 年日本开始引导将“互助银行”转变为商业银行。在轮转储蓄的管理方面：19 世纪末，互助会演变成以营利为目的的商业化民间金融组织。日本政府积极引导互助会规范发展并出台《轮转储蓄和信贷协会金融法案》，使大多数互助会联合成为股份公司，规范其发展，要求互助会诚实高效运作。“二战”以后，日本政府为规范“伪轮转储蓄和信贷协会的财富公司”的发展，对《轮转储蓄和信贷协会金融法案》进行了修订，并于 1951 年通过《互助银行法》，意将“互助会”向中小规模银行引导转变，后将大部分“互助会”转变为“互助银行”。1985 年，日本政府倡导“互助银行”转型为商业银行，至 1990 年，日本所有互助银行均转型成为商业银行。另外，日本当时还存在如信用合作、合作金库等形式的民间金融组织。对于这些民间金融组织，日本政府放松监管，引导、鼓励其行业自律，形成稳定的民间借贷网络来支持中小企业发展。日本民间借贷史较为连贯。日本政府积极实行金融深化，通过引导和立法逐步将民间借贷机构向商业银行转变，最终使之成为正规金融。鼓励其他形式民间借贷机构进行行业自律，发挥其应有作用。

3. 日本对民间借贷的监管

初期，日本对民间借贷是很少监管的，但是随着营业性无尽的发展与问题暴露，广岛地区率先开始对其进行规范和监管，随后其他地区也逐渐对营业性无尽进行监管。施行以政府主导、非政府主导的自主合作和行业自律为基础的分类监管模式。如为了对营业性无尽进行统一监管，由日本政府主导，对日本无尽业进行调研，分析无尽业的利弊，并于 1915 年制定了《无尽法案》，规定了无尽的定义、会款金额、合会金最高金额、持续时间、成员数量等内容。日本在“二战”期间对无尽公司的监管要求极高，战后随着日本经济逐渐复苏，日本无尽业协会出于自身发展考虑，要求政府制定新法律，赋予无尽公司小型银行的地位。同时，对大型银行贷款政策不满的中小企业也要求日本政府设立专门银行为中小企业服务。于

① 裴天士. 从民间金融组织到正规金融机构——谈台湾中小企业融资之问题[J]. 东岳论丛，2005(5):53 - 60.

是日本政府考虑到无尽业协会和中小企业的需求，在1951年制定了《互助银行法》，逐渐将无尽公司重组为互助银行。最后再由日本政府主导将互助银行逐步转变成商业银行。

4. 日本民间借贷史总结

无尽（合会）始终是日本最主要的民间借贷形式，其产生是日本内生因素使然。纵观日本民间借贷史可以总结出以下特点：第一，日本的民间借贷由非营利性组织转变为营利性组织。第二，日本政府在对民间借贷的监管和引导民间借贷机构转型上起主导作用。日本政府通过立法确定监管对象，完善立法，加强事后监督，逐步引导民间借贷发挥积极作用。第三，行业协会和行业自律在日本民间借贷机构转型和发展的过程中起着重要作用。无论是无尽协会还是中小企业，都以自身发展为基础，通过行业协会督促政府制定更加符合实际发展的相关法律法规来促使民间借贷健康发展。以上主体共同促使日本民间借贷主要形式的无尽最终转变成商业银行。

3.4.3 我国台湾地区民间借贷史

台湾的民间借贷有合会、地下钱庄、租赁公司、地下投资公司等形式。其中，最主要的形式是合会。台湾的合会经历了不同的发展阶段，合会的性质呈现出由民间金融到正规金融再到民间金融的特点。

1. 台湾民间借贷不同阶段的发展

台湾的“合会”历史久远，在大陆移民开发之时就传入台湾民间社会。在1895年日本割据台湾之前，“摇会”“会仔”等合会形式就在台湾存在，此时台湾“合会”在民间自由发展。直到1895年清政府战败，台湾被迫割让给日本，殖民统治下的日本对台湾民间借贷开始实施管制。1902年，台湾专门针对互助性合会公布《讲会取缔规则》，规定每个合会的会首需在指定部门进行登记，且必须订立一份会书。1913年，日本在台湾成立第一个私营化的无尽公司。1916年，日本将本国制定的《无尽法案》引入台湾，规定“合会”必须以公司形式存在。至此，台湾合会结束自由发展，开始加强对合会的管理。1928年，台湾高等法院发布声明：法律保护个人订立契约的自由。签订契约的合会发展受到法律保护。

随着“二战”的胜利，国民党统治者正式接管台湾之后，台湾于1946年将无尽公司合并成一家国有公司“台湾无尽业股份有限公司”，并于1947年更名为“台湾合会储蓄股份有限公司”。此后，私人投资的合会公司开始出现。1948年，台湾颁布了《台湾省合会储蓄业管理规则》，规定私人经营的合会公司获准在台湾营业，并明确规定了各个公司的经营范围、地区划分，只有国有的合会公司才可以在全岛范围经营合会业务，私人经营的合会公司只能在规定的范围经营。到1973年，台湾1948年规定的所有合会公司改制全部完成。1976年，台湾决定将合会公司转型为中小企业银行，为中小企业提供完整的金融服务。1984年的《台湾合会储蓄业管理条例》肯定了合会的积极作用。但是随着“倒会”频发，台湾当局也加大了管制力度。1995年，台湾合会公司全部完成中小企业银行的转变。1995年以后，民营中小企业银行基本无业务，台湾的“合会”又重新以民间经营为主①。1999年，台湾当局通过了《民法债编》，将合会列为已有民事法律体系规范的对象②。此后台湾的民间借贷纳入法律监管范围之内，发挥其积极作用。

2. 台湾对民间借贷的监管

台湾对民间借贷监管的方式主要是通过制定制度和法律相结合。台湾政府承担监管职能，给予民间借贷非常宽松的监管环境。同时，将民间借贷纳入民法、银行法等法律体系中，如《民法债编》规范了合会的资格、类型、契约和倒会的处理方法等内容。新修订的《银行法》中关于民间金融规范运作的相关规定，使民间借贷参与主体和内部运作都有法可依，降低风险。因此，我国台湾地区的民间借贷从产生开始，就始终处于被政府持续监管的状态。

3. 台湾民间借贷史总结

台湾地区因特殊的历史经历和民间借贷监管政策的变化，其民间借贷

① 胡军，陈建林. 台湾和温州民间金融组织发展历程的比较分析——以合会为视角[J]. 南方金融，2008(8)：36.

② 林诚二. 民法债编各论[M]. 北京：中国人民大学出版社，2007：297.

发展呈现出“民间—正式—民间”的特点。台湾政府在规范民间借贷发展中，发挥了重要支持和引导作用。第一，赋予民间借贷合法地位，并予以立法支持，将民间借贷机构纳入监管。第二，政府在监管民间借贷的同时给予其宽松的监管环境。第三，政府积极引导民间借贷机构向正规金融转型。

3.4.4 发达国家和地区民间借贷史总结

综合美国、日本以及我国台湾地区的民间借贷史分析可以得知：民间借贷是为解决人们生产生活所需资金而普遍存在的。多数是由初期的非营利性组织逐渐演化成营利性组织，并逐渐发展壮大。民间借贷的产生具有内生性，民间借贷的发展具有两面性。各个国家（地区）的情况不同导致民间借贷的形式不同，各国（地区）对于民间借贷的管理方式决定了民间借贷发挥何种作用。总的来看，上述国家（地区）的民间借贷发展历史和政府对民间借贷的管理经验有以下几点，亦可以为我国管理民间借贷提供思路和借鉴。

第一，各个国家（地区）都主动赋予各种民间借贷形式合法地位，并将其纳入法律监管范围。民间借贷的市场从来都不是统一形式，各种类型的民间借贷在市场上的地位和作用各不相同。综观发达国家（地区）对民间借贷的态度和法律监管模式，几乎都赋予民间借贷合法地位，通过立法赋予民间借贷应有的合法权益。进而使不同类型的民间借贷形成各自统一的体系，对不同类型的民间借贷进行分类监管。如日本对“无尽”进行产权改造，美国对储蓄贷款协会进行银行化引导。

第二，各个国家（地区）对民间借贷的监管遵循“宜疏不宜堵，适当干预”的原则。对于民间借贷，各国（地区）并未任其自由发展，亦未单纯抑制。金融效率与经济增长不可能建立在无政府行为的完全自由放任的基础上，民间借贷也是如此。但是如果政府只单纯地抑制民间借贷，那么所增加的民间借贷交易成本最终还是会转移到借贷者身上，并且更容易引发民间借贷问题。政府的适当干预实则是政府对民间借贷监管的适度把握。正如美国、日本和我国台湾地区的民间借贷逐渐向合法化发展的过程，其实都是政府在通过立法适当干预民间借贷，逐步将其引导为正规金融。

第三，充分发挥行业协会和行业自律的作用，采取第三方监管措施。行业协会的建立是为了本行业的长远发展，行业健康长远发展必须行业自律，这是内部监管的方式。政府引导不同类型的民间借贷建立行业协会，真正发挥行业自律作用。美国的储蓄贷款协会、联邦信用社全国协会和日本的无尽协会在各自民间借贷的发展中都发挥重要作用，成为民间借贷自我发展和监督的有效途径。另外，应积极发挥第三方监管力量对民间借贷内部组织结构和资金流向与运作的适当监管和指导作用。

第四，深化正规金融普惠性，限制民间借贷野蛮发展。民间借贷实则是对正规金融的补充，正因为金融抑制，正规金融无法服务全面，所以深化正规金融的普惠性，能够很好地限制民间借贷野蛮发展。美国积极发展社区银行，是因为社区银行的服务对象主要针对以往正规金融很少涉及的借贷群体，而这一群体正是民间借贷的主要参与者。能够在正规金融满足借贷需求，很大程度上降低了民间借贷的参与度。

第 4 章　新常态下民间借贷的现状分析

4.1　民间借贷背景及变化

中国的民间借贷自古以来就有，它在不同时期有不同的特征、功能与性质。我国自改革开放以来，特别是 2010 年以来，民间借贷进入发展的快车道，但 2018 年以后发展逐步趋于平静。究其原因在于，发展的经济金融、社会、法律及政策等发生了显著的变化。如从传统的熟人社会向陌生人社会转变；长期的金融抑制既导致中小企业融资需求无法得到满足，又造成居民家庭财富投资缺乏渠道；“新非公 36 条”的鼓励与司法的松绑极大地推动了民间借贷的快速发展。但民间借贷在高速发展的同时，由于监管的缺失与不足；传统“声誉约束”机制在失效的同时未能构建新的、有效的诚信约束机制；类金融机构盲目追求业务而忽视项目风险控制，或本身风控能力与手段欠缺；出借人的风险意识薄弱与刚性兑付预期，加之借款项目往往本身就是高风险项目，借款人的道德风险与庞氏骗局等，均导致民间借贷风险不断攀升，引发各类民间借贷风波。下面本书具体探讨民间借贷发展的经济社会背景。

4.1.1　民间借贷的社会背景及变化

长期以来，我国都是一个乡土社会，这是一个基于“地缘、血缘、亲缘”等关系构建的熟人社会，成员关系较为密切，彼此都非常熟悉；有多种渠道可掌握成员的动态变化情况，具有经济学意义上的信息完备性。基于“三缘”关系形成的传统民间借贷，其社会资本带来的“声誉约束”对成员具有非常强的约束力，而且这种“声誉约束”往往比法律制裁更有效。因此，这种“声誉约束”机制下的民间借贷违约率非常低。但随着经济社会的发展，国家由农业经济向工业经济转型，经济地理布局出现非常大的调整，如由内陆向沿海集中等；此外，人口出现大幅流动，由内陆向沿海聚集；由农村向城市聚集，特别是向大中城市聚集，社会和家庭结构出现大调整和大变化；传统的乡土社会格局已经不再，熟人社会转变为陌生人社会，社会成员之间不再熟悉，且缺乏共同的纽带，整体进入经济学中的信息不完备，或者说信息不对称。传统的“声誉约束”机制不再，同时，社会的规则和法律机制尚未完善，民间借贷违约未纳入国家征信体制机制，容易助长恶意违约，引发“逆向选择”和“道德风险”等问题，进而导致新常态下民间借贷风险的不断累积，最终引发各类民间借贷风波。

4.1.2　民间借贷发展的经济金融背景及变化

民间借贷的存在与发展不仅与社会背景与结构有关，更重要的是，其作为一种经济形态与经济行为，与经济的发展及资金的供给有着极为密切的关系。我国是一个典型的“金融二元主义”社会，长期以来，金融抑制特别严重，银行等正规金融机构对民营中小微企业存在明显的政策性歧视。同时，我国经济快速发展，百姓收入提高，储蓄存款增加，但投资渠道欠缺；中小企业快速发展，融资需求增加，但正规金融机构的融资安排未能满足其对资金的融资需求。2010 年以来，我国经济发展的内外部环境出现重大变化和调整，这些都为民间借贷的快速发展提供了必要的土壤与空间。

1. 金融抑制与民间借贷

我国存在严重的金融抑制，一方面导致大量的民营中小微企业无法从正规金融机构获得贷款；另一方面，金融市场和金融产品不发达，导致居民财富投资渠道严重缺乏。银行等正规金融机构对国有部门与非国有部门、大型企业与中小微企业存在明显的政策性歧视；大量高效率的民营企业，特别是中小微企业很难通过正规金融机构获得贷款，其为了发展被迫将资金需求投向民间借贷领域。同时，中国经过几十年的改革开放与发展，家庭居民财富积累庞大，但银行存款实际利率长期为负，证券等资产市场尚不健全，导致居民投资渠道极其有限。在民间借贷高收益的诱惑下，许多居民财富流向了民间借贷市场。在需求与供给双重力量的推动下，民间借贷迅速发展。

（1）民间借贷发展的需求分析。

中小微企业在我国经济社会高速发展的过程中起着关键的作用；特别是在提供社会就业机会、促进社会创新及贡献税收等方面做出了不可磨灭的贡献。2018 年，刘鹤副总理在国务院促进中小企业发展工作领导小组会议上提出了“五六七八九”的概述：我国中小微企业贡献了 50% 以上的税收，60% 以上的 GDP，70% 以上的技术创新，80% 以上的城镇劳动就业，以及 90% 以上的企业数量①。但是，与所发挥作用不相匹配的是，中小微企业的融资难、融资贵问题始终未能得到较好的解决。2020 年，博鳌亚洲论坛《小微企业融资发展报告》显示，2018 年，我国规模以上中小企业共有 36.9 万户，占企业总数的 97.6%；全年实现主营业务收入 57.9 万亿元，占全部营业收入的 56.7%；实现利润 3.4 万亿元，占总利润的 51.6%，但是其中 62% 的中小企业未获得过正规金融机构的贷款②，这与中小企业在国民经济中的地位很不相配③。中小企业发展所需的大量融资需求未能从正规金融得到满足，其对民间借贷有着巨大的需求，助力民间借贷的发展。

（2）民间借贷发展的供给分析。

第一，百姓收入不断增加，财富积累巨大，为民间借贷发展提供了潜在的巨额资金来源。改革开放以后，我国经济飞速发展，城乡居民收入水平逐步提高。全国居民人均可支配收入由 2000 年的 3721 元增长到 2020 年的 32188 元，年均增长率为 11.39%（见图 4－1）。同时，随着城乡居民收

① 中国新闻周刊．对外开放首先要对内开放[EB/OL]．(2018－09－03)．https://economy.gmw.cn/2018－09/03/content_3094 5644.htm.

② 樊英．供应链金融缓解中小企业融资难的优势及建议[J]．江苏商论，2021(1)：87－90＋96.

③ 中国政府网．刘鹤主持召开国务院促进中小企业发展工作领导小组第一次会议[EB/OL]．(2018－08－20)．https://www.cs.com.cn/xwzx/hg/201808/t20180820_5860792.html.

入的不断提高，中国家庭储蓄存款不断增加，由 2001 年的 73762.4 亿元增长到 2018 年的 716038.15 亿元，增长近 10 倍，2010 年以来家庭储蓄存款更是迅猛增长（见图 4 -2）。巨大的储蓄存款为民间借贷的发展提供了潜在巨大的资金来源①。

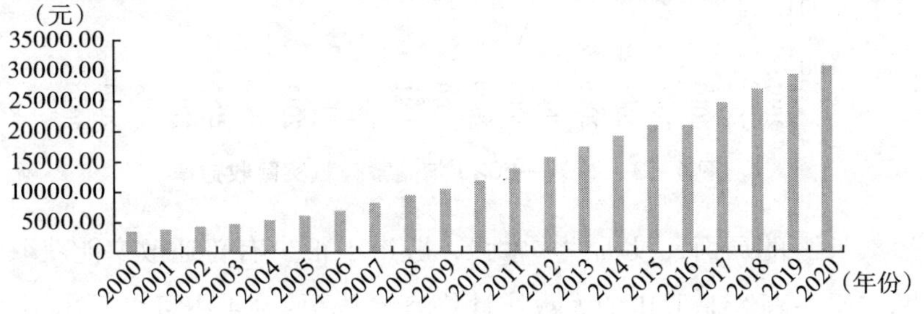

图 4 -1　2000—2020 年全国居民人均可支配收入

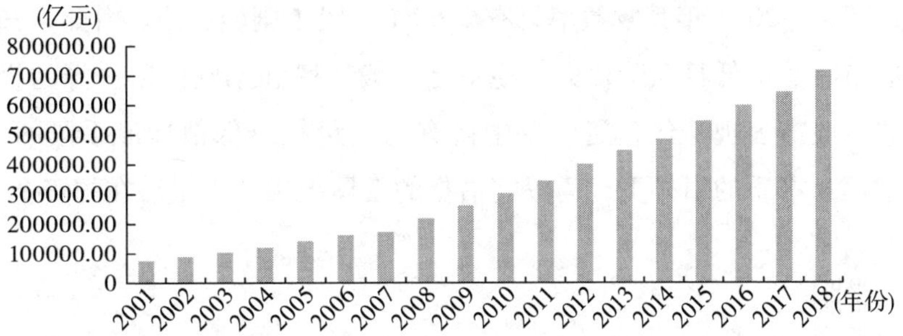

图 4 -2　2001—2018 年中国城乡人民币储蓄存款余额

第二，百姓财富积累不断增加，但投资渠道却异常匮乏，民间借贷为其资金投资提供了可能的渠道。目前，中国居民的投资资产一般限于银行存款、股票市场、房地产市场等。本书接下来对各投资渠道进行分析。

首先，银行存款投资分析。从图 4 -3 中可以看出，2001—2020 年，有超过一半年份的居民储蓄存款的实际收益率为负，居民储蓄存款平均实际收益率为 -0.042%。2010—2020 年更严重，居民储蓄存款平均实际收益率为 -0.42%。实际收益率为负会严重影响家庭存款的保值增值。

其次，股票市场投资分析。从 A 股发展趋势可以看到：A 股一直呈现

① 资料来源：Wind 数据库。

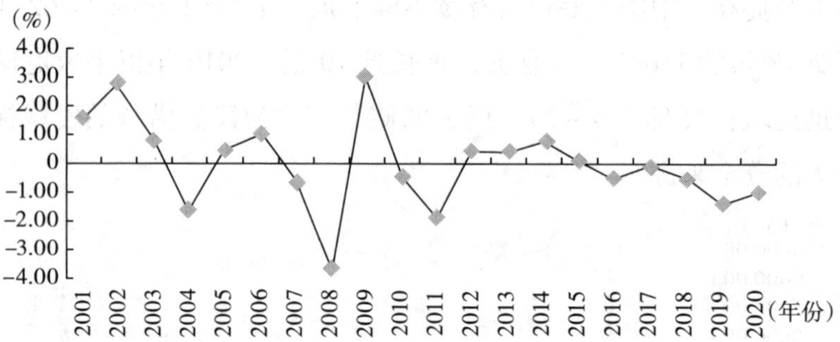

图 4-3　2001—2020 年储蓄存款实际收益率

"牛短熊长"的局面，投机性非常强，股市中很少有普通散户能获取收益，"七赔二平一赢"是股市的大数统计格言。从图 4-4 中可以看出，2000—2020 年，A 股上证指数平均收益率不到 10.00%，但波动非常巨大，风险极高；2010—2020 年其收益率只有 2.60%，股市剧烈震荡。由此可知，中国的股市收益率低且风险很大，绝不是一般居民和家庭可以选择的投资渠道。我国股市表现不佳，居民手中持有的大量缺乏保值增值手段的资金，在资本逐利本质的引导下，为民间借贷的发展提供了大量潜在的资金。

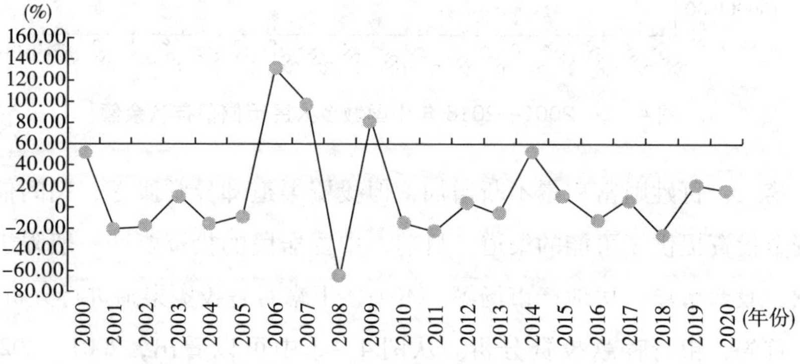

图 4-4　2000—2020 年 A 股上证指数年均收益率

最后，房地产市场投资分析。可以说，房地产市场是 2000—2020 年配置资产的最佳市场，也是各类资金流向的最重要的市场，其中就包括民间借贷资金。但 2000—2020 年房地产的价格涨幅过高，其与一般家庭收入的巨大差距，已经把绝大部分的普通投资者拒之门外。而且市场不断进行调控，如各种"限购"与"限贷"政策，也让一般的投资者失去购买的资格与机会；房地产市场变成一个高收入群体才能进入的市场。由此也可以看出我国居民和家庭缺乏一个相对稳健的投资市场。

长期处于金融抑制下的中小企业的资金需求得不到正规金融机构的满足，同时居民收入的不断增长与投资渠道缺乏的日益矛盾，促使资金需求方与供给方在民间借贷市场实现了很好的匹配与对接，加之政策与司法的松动，民间借贷快速发展。

2. 我国经济发展内外部环境变化

我国自改革开放以来，特别是加入WTO以后，经济始终保持快速增长，2009年成为全球第一大货物出口国，2010年超越日本成为全球第二大经济体。在一段较长的时期内，我国发展依赖于外向型经济。但自2008年美国次贷危机爆发并波及全球以后，外部市场受到较大制约。而且，在经过较长一段时间的"高污染、高能耗、高排放"的粗放式发展后，原有的经济发展模式难以为继，亟须调整。由此，我国经济内生发展动力和方式一直在进行转变和调整，中央的政策也随着国际政治、经济形势的变化而逐步发生变化，如国家从提出"由依靠外需向依靠内需转变"，到提出"我国经济供给侧结构性改革"，再到提出"构建以国内大循环为主体、国内国际双循环相互促进的新发展格局"等。当前，中国处于经济发展方式转变、内在经济结构调整、内生经济发展动力变更交替的时期，经济区域空间布局仍需进一步优化调整，部分周期性行业产能过剩，但新能源、数字经济、信息技术产业的增长新动能未完全接棒。这种周期性+结构性调整的过程，是转型与转变的动态演进过程，这种动态转变演进使经济社会存在巨大的不确定性。因此，新常态下民间借贷的发展伴随着经济内在动力和结构的调整，酝酿着巨大的风险，这也为风波与危机的爆发埋下隐患。

4.1.3 民间借贷政策与法律背景及变化

国家对民间借贷政策与法律的变化是民间借贷繁荣与消亡的最重要的外在力量之一，因此，分析新常态下民间借贷发展的政策和司法背景有着重要的意义。

1. 民间借贷政策及变化

2010年，国务院颁布《国务院关于鼓励和引导民间投资健康发展的若干意见》，简称“新非公36条”。该政策鼓励和引导民间资本进入基础设施、公用事业及金融等垄断领域。包括鼓励民间资本发起或参与设立村镇银行、贷款公司、农村资金互助社等金融机构；放宽村镇银行或社区银行中法人银行最低出资比例的限制。放宽小额贷款公司单一投资者持股比例限制，对小额贷款公司的涉农业务实行与村镇银行同等的财政补贴政策。支持民间资本发起设立信用担保公司；鼓励民间资本发起设立金融中介服务机构，参与证券、保险等金融机构的改组改制。“新非公36条”出台以后，各种新形式的民间借贷如雨后春笋般涌现。为进一步推动民间资本进入实体经济领域，推进民间借贷的阳光化、规范化发展，2012年3月28日，国务院常务会议决定设立温州市金融综合改革试验区，批准了试验区总体方案，提出12项主要任务。2013年10月28日设立的中国人民银行征信中心温州分中心，是民间借贷基础建设的重要内容。2014年3月，浙江省专门为温州市制定出台全国首个地方性金融法规《温州市民间融资管理条例》，从制度上实现了民间借贷的规范化、阳光化、法制化。国家对温州市金融改革的支持在很大程度上鼓舞了全国民间借贷的发展。比如，广州出现小额贷款一条街，成都遍布大街小巷的投资理财公司等。2015年，中国人民银行等十部委联合发布了《关于促进互联网金融健康发展的指导意见》，鼓励P2P健康规范发展。此外，国家对典当行、融资担保、企业间融资等其他民间借贷形式也出台相应的政策鼓励和支持，这些政策的出台鼓励了民间借贷在全国的飞速发展。但出于相应监管的缺乏及民间借贷内生的诸多原因，民间借贷在发展的同时伴随酝酿着巨大的风险，引发了各种形式的民间借贷风波与危机，最终促使国家对各类民间借贷进行清理与整顿。同时，为了更好地解决中小微企业融资难的问题，监管部门推出了信贷指标考核等方式，推动银行等向民营中小微企业融通资金。2015年，银监会提出“三个不低于”；2018年首次提出“两增两控”；2020年提出大力发展数字普惠金融以更好地满足企业的资金需求。随着民间借贷的爆雷与促进中小微企业融资便利的措施的开展，2018 年以后，民间借贷运行逐渐归于平稳。

2. 民间借贷的法律背景及变化

21 世纪初，国家依然从法律层面对非法集资及高利贷等行为予以严厉打击。但随着中国经济的不断发展，城乡居民家庭及企业对资金的融通需求不断增加，但正规金融又因为信息不对称及交易成本等不能满足其市场的融资需求，国家政策与司法开始出现松动，国家相继于 2005 年及 2010 年出台了“非公 36 条”与“新非公 36 条”等政策。特别是 2009 年轰动全国的“吴英案”发生后，社会各界都在呼吁松绑民间借贷。2009 年，浙江省高级人民法院公布的《关于审理民间借贷纠纷案件若干问题的指导意见》提出“平等保护债权人、债务人的合法权益”，这对民间借贷机构是一个松绑信号。2011 年，最高人民法院出台《关于依法妥善审理民间借贷纠纷案件促进经济发展维护社会稳定的通知》，强调既要“依法惩治与民间借贷相关的刑事犯罪，维护金融秩序”，又要“严格适用《中华人民共和国民法通则》《中华人民共和国合同法》等有关法律法规和司法解释的规定，依法认定民间借贷的合同效力，保护合法借贷关系”。这体现了国家维护民间借贷发展秩序和保障民间借贷规范发展两个价值目标的统一，是民间借贷法律规制理念的重大转变。2015 年 8 月，最高人民法院在总结 1991 年司法解释实施经验的基础上，结合我国民间借贷的最新情况，出台了新时期民间借贷的最新司法解释文件。其中，具有创新意义的内容包括：①进一步扩大了借贷主体范围，将法人之间、其他组织之间的资金融通行为纳入民间借贷范围。有条件地放宽企业之间的融资行为，有助于缓解企业融资难。②对借贷利率进行“两线三区”划分，24% 以下属于司法保护区，24% ~36% 的属于自然债务区，高于 36% 的属于无效区，这为民间借贷主体提供了直观、明确的指引。③明确规定了无效民间借贷的五种情形，强化了司法解释的指引作用。随着民间借贷的不断爆雷和危机的持续发酵，特别是“于欢杀人救母案”等恶性事件的爆发，2020 年 8 月 20 日，最高人民法院颁布了《最高人民法院关于修改〈审理民间借贷案件适用法律若干问题的规定〉》，其主要内容有：①企业间经营拆借受保护；②网贷平台仅提供媒介，不担责；③民间借贷合同在五种情形下不担责等；④民间借贷利率不超过 4 倍 LPR。2020 年 11 月，最高人民法院颁布的《关于新民间借贷司法解释适用范围的批复》中明确“小额贷款公司、典当行、融资担保公司、区域性股权市场、商业保理、地方资产管理公司”等七类地方金融组织，属于经金融监管部门批准设立的金融机构，不适用新民间借贷的司法解释，即其贷款利率不受 4 倍 LPR 的约束限制。虽然其贷款利率不受相关司法规定的 4 倍 LPR 限制，但是小额贷款公司及相关组织机构的法律地位仍有待进一步明确。

4.2　新常态下民间借贷的特征

民间借贷发展的经济社会和法律政策背景与之前相比发生了很大的变化，因此它必然呈现与传统民间借贷大不相同的特征，而这些不同的背景与特征是民间借贷风险积聚、危机爆发的重要根源。本书接下来具体分析新常态下民间借贷的特征。

4.2.1　民间借贷的功能与性质

总的来说，新常态下的民间借贷与传统的民间借贷相比，在功能、用途及性质等方面都呈现出不同的特征。

首先，传统民间借贷以农村和家庭借贷为主，主要用途是支付家庭偶发性的生活支出，如婚丧嫁娶、建房及读书等支出。新常态下的民间借贷是家庭借贷与企业借贷共存，用途除了生活性支出外，更主要的是用于家庭工商业开支及企业经营；其形式更多样，如小额贷款公司、投资理财信息咨询公司、P2P、典当行、融资担保公司等；可以由企业直接向特定对象进行资金筹集，或通过企业之间的贷款等多种方式完成资金筹集。

其次，民间借贷性质从传统的互助型借贷转变为互利型借贷。传统的民间借贷大多用于生活性开支，多数起到“帮困济贫”的作用，因此绝大多数借贷是无利息或低利息的。新常态下的民间借贷的性质往往是用于生产，借款方是有利可图的；因此要给予资金出借方一定的回报，这是一种互利型的借贷。新常态下民间借贷的利率往往会根据借款主体、借款用途、借款周期、借款的急缓程度而定。新常态下民间借贷的用途和性质都在发生显著变化，资金借贷的趋利性更强，借贷的规模与风险都会发生显著变化。

再次，民间借贷从“地下隐蔽发展”转为“地上公开发展”。特别是2010 年，国务院颁布“新非公 36 条”以来，国家鼓励民间资本和民间借贷的发展；2009 年浙江“吴英案”引发我国司法对民间借贷的态度由“严惩”转为“包容”，这些都鼓励民间借贷的公开发展。典型的如广州一条街小额贷款公司，成都遍布大街小巷的投资理财公司等。这些中介公司对外公开的身份是“投资咨询”“投资顾问”“投资管理”“财务管理”和“财务顾问”公司等，它们借助正规中介机构的融资行为，或以非正规中介机构为依托进行民间借贷。

最后，民间借贷从完全的封闭性转向半封闭性。传统民间借贷表现出很强的区域性和地方化色彩，其一般会限定在一个特定的区域，以县域为主，有些地方会发展到市域范围①，借贷的链条相对简单。新常态下的民间借贷在一定程度上仍然沿袭着传统民间借贷的特征，但由于其跳出了传统的县域或市域范围，甚至拓展至省域范围，乃至全国范围，其借贷链条更长、借贷关系更复杂，这种开放性会导致其风险更大，一旦发生危机，波及的范围也会更广。

4.2.2　民间借贷的形式

传统民间借贷以熟人之间的借贷为主，偶尔有以个人作为居间人的借贷形态。新常态下的民间借贷不仅包括传统的民间借贷，还有企业间的借贷和企业向特定范围内的集资，还有小额贷款公司、典当行、融资担保公司、小额网络贷款公司，有的是以公司为居间人的借贷形态，如最常见的P2P、财富管理类公司、投资理财信息咨询类公司等，这些都被认为是类金融机构。其资金集聚能力强、借贷范围广，已完全超出传统的地域范围，打破了传统民间借贷的封闭性；这些类金融机构筹集资金的能力、寻

---

① 本书所指的县域是一个县的概念，市域是指地级市的概念。

找项目的能力及匹配资金的能力与传统的借贷形式相比都是不可同日而语的；这都必将推动民间借贷规模的迅速扩大和变化。然而类金融机构最重要的还是金融风险的控制，由于人才的不足以及风控手段和能力的欠缺，这些类金融机构的风险控制能力有限。因此，民间借贷规模在不断发展的同时，其风险也在不断地积累和增加。

1. 小额贷款公司

小额贷款公司是由自然人、企业法人与其他社会组织投资设立的，不吸收公众存款，主要形式为经营小额贷款业务的有限责任公司或股份有限公司。与其他金融机构相比，小额贷款公司的显著特征是“只贷不存”，投资人将其自有资金投放于农村金融市场，通过经营小额贷款业务实现其资本增值，同时促进农村信贷供给。由于小额贷款公司不能吸收存款，其资金只能来自股东缴纳的资本金、捐赠资金及不超过两个银行业金融机构的融入资金。

小额贷款公司与其他农村金融机构一样，要面对缺乏抵押担保、信息不对称、所需资金分散的市场。小额贷款公司作为类金融机构，具有灵活的抵押条件、能够承受更高的贷款风险等优势，相较于银行的信贷业务有更低的准入门槛，很好地契合了中小企业的融资需求，在高效利用富余资金、改善地区金融服务、优化金融市场体系、规范和引导民间融资等方面具有重要作用。

2. 典当行

典当是指典当者抵押动产或不动产给典当行，并支付一定比例的费用，取得当金，在约定的时间内支付利息、本金赎回当物的行为。典当是一种以资产为抵押并在一定时间内有偿借贷融资的借贷方式。相比银行贷款，典当行的优势在于，抵押物的门槛很低，且放款快。因为审批流程较短，典当行能做到即时放款。我国典当行主要服务于中小企业和个体工商户，满足这部分被银行等正规金融机构拒之门外的群体的融资需求，做到拾遗补阙，具有一定的市场空间。

3. 类金融机构的居间平台

类金融机构的居间平台主要被界定为以公司为居间人的民间借贷平台，包括以“投资理财”“财富管理”等为名义的信息咨询有限公司，公司是资金出借方与资金需求方的撮合者。“新非公 36 条”鼓励民间资本设立金融中介服务机构，在其颁布后不久，特别是在 2011—2014 年，以投资理财等为名义的各类投资理财中介信息咨询公司迅猛发展。这类中介平台只能做信息的提供者，做资金双方的居间人撮合交易，但不能形成资金池。这些机构信息渠道广泛，寻找项目能力和聚集匹配资金能力非常强大，可以为广大中小企业及个体工商户等提供快速的资金解决方案，满足其资金需求。但作为类金融机构，其在项目识别、筛选及风险控制方面存在不足，有时很多项目是投资理财公司的自融资项目，还有部分平台违规形成资金池，将资金投于高风险项目甚至直接进行高利贷投机。这些都在导致民间借贷规模迅速发展的同时，不断积聚风险。因此，大部分投资理财信息咨询公司快速发展后就开始不断爆雷，引发民间借贷的风波与危机。

另一个居间平台的主要形式就是 P2P，是一种单个的借贷主体通过互联网进行贷款的新型借贷模式，提供 P2P 网络借贷的中介机构被称为 P2P 网络贷款平台。P2P 网络贷款借贷便利、直接透明、准入门槛低。在互联网技术下，P2P 打破了时间与空间的限制，借款人能随时随地在平台发布借款信息，贷款人也能随时随地浏览借款人发布的信息并做出放贷决策，这大大减少了借贷业务的时间成本，高效地实现借贷主体的投融资目标。监管的缺失导致 P2P 网络贷款平台易诱发骗资等非法活动，隐含较大的信用风险，给投资者带来极大的损失。许多平台为了发展业务，完全忽视风险，导致许多资金与项目期限等不匹配，长用短借等是常态，平台有时完全成为一些股东自融资的平台，甚至出现虚构项目等行为，这些都导致 P2P 在发展过程中积聚了巨大的风险。

2020 年 11 月 27 日，中国银行保险监督管理委员会表示，全国 P2P 贷款机构和平台在 2020 年 11 月中旬全部清零，P2P 从此退出历史舞台。

4. 融资性担保公司

融资性担保公司主要是指可直接从事与货币资金相关担保活动的准金融机构。融资性担保是指担保人与银行业金融机构等债权人约定，当被担保人不履行对债权人负有的融资性债务时，由担保人依法承担合同约定的担保责任的行为。我国融资性担保公司往往服务于那些具有融资需求，而信用水平低于银行等正规金融机构放贷信用标准的群体，即为从银行等正规金融机构借款的客户提供“增信”服务，从中收取一定的费用作为收益。

相比银行等正规金融机构，融资性担保公司对企业资产构成、经营状况等信息的获取具有优势，能够有效识别企业经营风险并利用国家经济形势与相关政策，预测企业的未来发展状况。我国融资担保业有效地缓解中小微企业、“三农”融资难问题，促进我国中小微企业、农村贫困地区的发展及国家经济的增长。

融资性担保公司是持有政府牌照的准金融机构，在实际的经营过程中，这些机构可能在从事合法与非法边缘的民间借贷行为，甚至从银行套取资金投放。四川汇通担保公司实控人跑路引发四川民间借贷危机的爆发就是一个典型事例。

5. 金融科技背景下的网络小额贷款等新形态

金融科技是指如区块链、大数据、智投顾问等以数字为核心的技术被广泛应用于金融业，这些极具“破坏性”和“替代性”的新技术重新定义了金融世界，使金融消费模式发生了重大改变，给金融体系带来了结构性影响。最典型的就是阿里巴巴的网络小额贷款公司，其利用自身大数据的独特优势，对客户信用等级进行评定，以网络小额贷款公司牌照发放贷款；利用大数据风控技术和手段，很好地控制了放贷业务风险，呆坏账率极低、收益很高。但其存在的一个最大隐患就是，主体钻市场监管的空子，自有资本金过低，利用银行信贷资金与资本市场资金，导致杠杆过高、过大，潜在风险隐患非常大。2020 年底，为了更好地加强监管、防范金融风险，监管层果断叫停了蚂蚁金服的 IPO 之旅，要求蚂蚁金服进行自查整改。

4.2.3　民间借贷的社会网络与资金来源

传统的民间借贷是主要依托于熟人的信任关系而建立的一种人格化交易，一般借贷链条很短，都是在熟人圈子范围内的借贷。但新常态下的民间借贷突破了传统的地域范围，其借贷的圈子逐渐由熟人社会向陌生人社会转变，借贷的链条更长、更复杂。简单来说，传统民间借贷可能是A某直接借给熟悉的B某；而新常态下的民间借贷可能是A某通过熟悉的C某将钱借给B某，甚至是C某通过其熟悉的D某再借给B某；甚至还可能是C某通过平台将资金借给完全不熟悉的B某或是某个项目。以本书课题组负责人在南充市顺庆区对当时民间借贷调查的数据分析可以看到，50%～60%的借贷资金是在南充市范围以内；20%～30%的借贷项目是在四川省范围以内但在南充市范围以外；10%～20%的借贷资金是投向全国范围之内。P2P的资金来源和投向范围都以全国范围和全国市场为主，彻底打破了民间借贷的封闭性。从以上分析可以看出，突破传统地域范围、突破熟人社会的民间借贷，其借贷网络关系极为复杂，这也必然导致民间借贷在不断发展的同时带来风险的不断积聚。

此外，民间借贷资金来源更加复杂。据调查，民间借贷一部分来自家庭自有资金，另一部分来自企业自有资金，还有一部分来自银行资金。其中的银行资金包括以下两部分：一部分是合法的银行资金，如小贷公司的贷款就有一部分来自银行，银保监会最新规定，小贷公司杠杆不超过5倍，允许其向银行融资，但不能超过其净资产。此外，小贷公司还可以通过资产证券化从资本市场吸收资金进行放贷。另一部分是银行资金的非法流出，如充当影子银行的某些中小微企业及个人等，部分企业凭借其独特的资源在银行取得贷款后，用于民间放贷；也可能是由家庭或企业从银行获得的抵押贷款，如在高额利息回报的诱惑下，部分家庭抵押房产获得银行贷款，转存给担保机构等民间借贷中介平台，以取得高额利益，这将给银行贷款带来巨大的风险，一旦民间借贷引爆危机将直接传导至正规金融市场。

4.2.4 民间借贷的出借双方特征分析

1. 民间借贷资金出借方特征分析

民间借贷资金出借方大多金融素养水平不高，缺乏对项目风险的识别和判断能力，很多资金出借都是一种盲从，甚至只是听身边人提起或者看到身边人赚钱便把资金进行出借。此外，许多的资金出借方甚至对一些集资活动是否合法无法识别，特别是中老年群体。以四川省南充市民间借贷调查数据为例，从2015年民间借贷资金出借方的统计分析可以看出：从投资者从事职业类型来看，自由职业者、农民和退休人员占比高达80%；在学历层次方面，50%的投资者只具有高中及以下学历水平，而教育背景以及从业经历在很大程度上能够影响一个人对金融、法律等相关知识的学习、对国家宏观经济形势的判断以及对投资市场中潜在风险的识别。据当时数据统计，53.3%的投资者表示完全不了解民间借贷相关法律。市场中多数投资者缺乏相关的知识储备，投资特点倾向于追求短期限、高收益产品。2014年，顺庆区69.9%的投资期限在6个月及以下，12.2%的投资期限处于6~12个月，9.7%的投资期限处于1~2年，只有2.8%的投资期限在2年以上。另外，63.3%的借贷月利率达到1.5%~2%，36.7%的借贷月利率位于1%~1.5%，即一分至一分五厘①。根据网贷之家对P2P综合收益率的统计，2013年，P2P行业综合收益率达到21.25%，其他年份也均远远高于同期的银行存款利率，可见投资人过分关注收益率高低、风险控制意识薄弱，对市场中的风险缺少敬畏感②。

中国自古以来就有“欠债还钱，天经地义”的说法，这导致投资者普遍持有刚性兑付心理；投资失败本是市场中常见的事情，而民间借贷市场投资者却缺乏对投资失败的理性认识，出现资金损失只希望政府等相关部门出面解决问题，投资前缺乏审慎态度，并没有做好面对投资失败的准备。

---

① 资料来源：笔者根据课题组对南充市民间借贷的调研数据整理计算得出。

② 资料来源：网贷之家，https://www.wdzj.com。

2. 民间借贷借款方特征分析

民间借贷市场中借款方往往是被正规金融机构拒之门外的居民或企业，通常而言，这部分群体在正规金融机构的信用评级处于较低水平，或者未来到期足额还款难度较大。因此，这部分群体或项目风险本身就比较大，他们往往付出更高的成本通过民间借贷市场满足资金需求，但借款成本的增加提高了借款方到期足额还本付息的难度。为如约履行还款义务，从民间借贷市场中流出的资金往往被迫投向收益率更高的领域。而高收益伴随着高风险，未来能否到期足额还本付息存在很大的不确定性，甚至还有出现恶意违约行为的可能性。由于无法对借款方资金的使用状况进行统一系统监管，导致"借新债还旧债""庞氏骗局"在民间借贷市场中时有发生，信息不对称加大了投资人交易中的道德风险，会危害投资资金安全。

另外，不少企业通过民间借贷市场进行非法集资。根据非法集资部际联席会议统计，2015 年我国非法集资案件高达 6000 起，涉案金额同比增长 900 亿元。2016—2017 年案件数量和涉案金额实现小幅下降，2018 年非法集资案件高达 10000 起，较 2017 年增加 4948 起，涨幅约 97.94%。2019 年非法集资涉案金额达到峰值 5434.2 亿元，同比增长 2434.2 亿元，涨幅约 81.14%。可见民间借贷市场企业非法集资数量众多、涉案金额庞大①。这些数据都能充分反映借款方的行为特征与民间借贷的新特征。

4.2.5　民间借贷的规模分析

2010 年以来，随着政策的鼓励和司法的松绑，我国各种形式的民间借贷飞速发展，民间借贷的规模大幅增长，其在推动经济发展的同时，也在积聚着风险与危机。本书以小额贷款公司等四种主要形式的民间借贷为对象进行分析。

1. 小额贷款公司的借贷规模分析

2010 年底，我国小额贷款公司的贷款余额只有 1975.08 亿元。在之后

① 资料来源：非法集资部际联席会议。

的几年里，小额贷款公司业务迅猛发展，并一直保持高速增长态势。2014年底，小额贷款余额近9420.38亿元，涨幅约为376.96%。2015—2016年，P2P呈现蓬勃发展的态势，对小额贷款公司业务有一定的“挤出效应”，因此，我国小额贷款公司贷款余额呈小幅下降态势。但P2P行业乱象频出，2017年我国小额贷款公司贷款余额又开始增加，达到峰值9799.49亿元。之后随着政策的收紧与银行监管考核的要求，加之经济增速的下滑，我国小额贷款公司贷款余额进入下降通道。2020年底数据统计显示，我国小额贷款公司贷款余额为8887.54亿元[①]（见图4-5）。

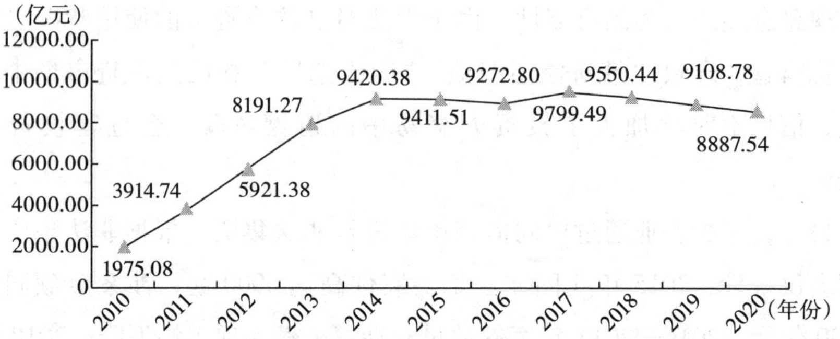

图4-5　2010—2020年小额贷款公司贷款余额

从小额贷款公司的数量、从业人员数量及实收资本等视角来看，《中国金融统计年鉴》（2011—2021）数据显示，2015年之前小额贷款机构的数量及从业人员数量呈递增趋势，但2015年之后，在宏观经济下行的大环境下，商业银行等传统金融机构开始下沉到中小企业市场，借力“互联网+”发展的互联网金融对小额贷款公司市场的业务形成挤压，在前堵后截下，发展本就参差不齐的小额贷款公司行业经历了一场“大洗牌”，小额贷款的机构数量及从业人员数量平稳下降[②]，如图4-6所示。

从资本的规模来看，小额贷款企业的实收资本和贷款余额在2010—2014年呈快速增长态势，2015年后总体虽然有下降趋势，但表现平稳（见图4-7）。可见商业银行等传统金融机构的贷款业务借助“互联网+”

① 资料来源：Wind数据库。

② 资料来源：《中国金融统计年鉴》（2011—2021）。

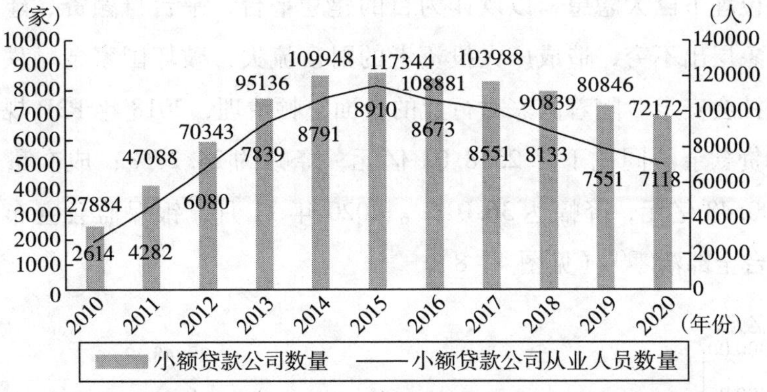

图 4-6　2010—2020 年小额贷款公司数量与从业人员数量

进入中小企业市场，虽然对小额贷款公司市场的业务形成挤压，但因为商业银行的贷款审批严格、周期长，小额贷款企业的资本规模并没有出现大幅萎缩。

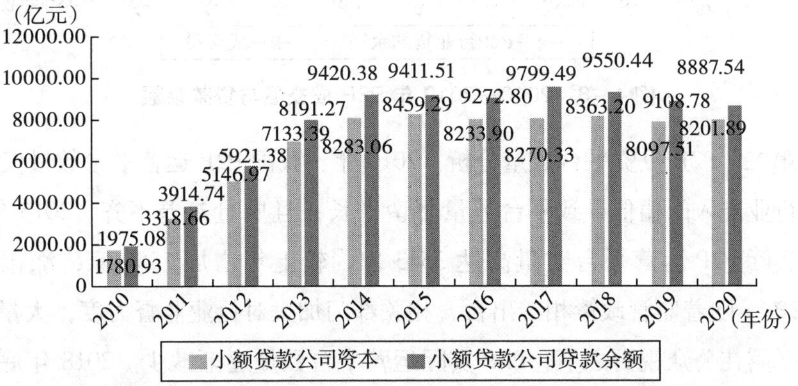

图 4-7　2010—2020 年小额贷款公司实收资本与贷款余额

2. P2P 网络贷款平台的借贷规模分析

第一，P2P 借贷规模分析。Wind 数据库统计显示，2010 年我国 P2P 贷款余额仅为 0.6 亿元，随着政策的鼓励与放松，之后几年 P2P 实现“井喷式”增长。2014 年，P2P 贷款余额为 1036 亿元，相比 2010 年增长近 1800 倍；2015—2017 年，我国 P2P 规模持续大幅增长，其中 2017 年底 P2P 贷款余额与成交量均达到峰值，贷款余额高达 10417.68 亿元。但由于监管缺位埋下巨大隐患，以欺诈为目的建立平台、平台自融资、建立资金池等乱象层出不穷，造成广大投资者的财富流失，破坏国家金融秩序，甚至危害社会安定。随着国家对行业的全面整顿清理，2018 年 P2P 规模大幅缩减，贷款余额同比下降 2528. 03 亿元，降幅约 24. 27%；成交量同比下降 10100. 48 亿元，降幅达 36. 01%。2020 年 11 月，银保监会宣布，我国 P2P 平台全部清零①（见图 4 –8）。

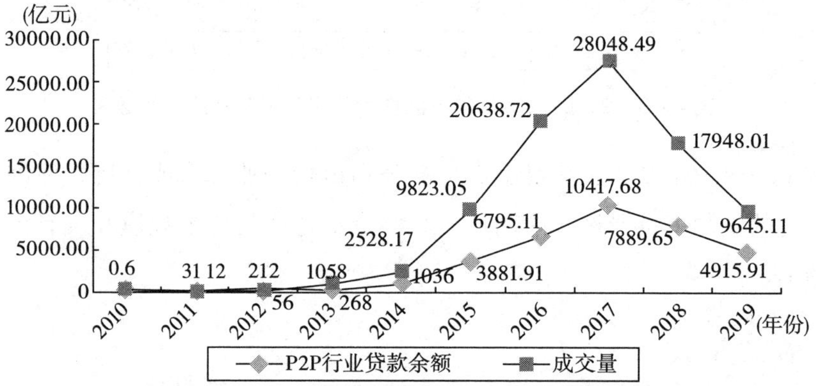

图 4 –8　2010—2019 年 P2P 成交量与贷款余额

第二，P2P 投资平台数量分析。2010 年，我国 P2P 运营平台数量仅为 10 家。行业准入门槛低导致平台数量野蛮增长，且质量参差不齐。2015 年底，我国实际 P2P 运营平台数量高达 3543 家，较上年增加 1253 家，涨幅高达 54. 72%。随着监管政策相继出台，相关部门加大对行业监督力度，大量问题平台暴露在公众视野之下，P2P 实际运营平台数量逐渐减少。2018 年底，实际运营平台数量为 1075 家，较上年减少 1339 家，降幅约为 55. 47%。P2P 爆雷潮导致投资者财富严重流失，破坏国家金融秩序，危害社会安定。2020 年 11 月中旬，P2P 实际运营平台数量归零②（见图 4 –9）。

第三，P2P 投融资人数分析。我国 P2P 平台投融资人数分别从 2013 年的 25 万人与 15 万人增加到 2017 年的 1713 万人与 2243 万人，分别增长近 70 倍与 150 倍；资金广泛分布于全国各地，投入各行各业。2018 年后因国

①② 资料来源：Wind 数据库。

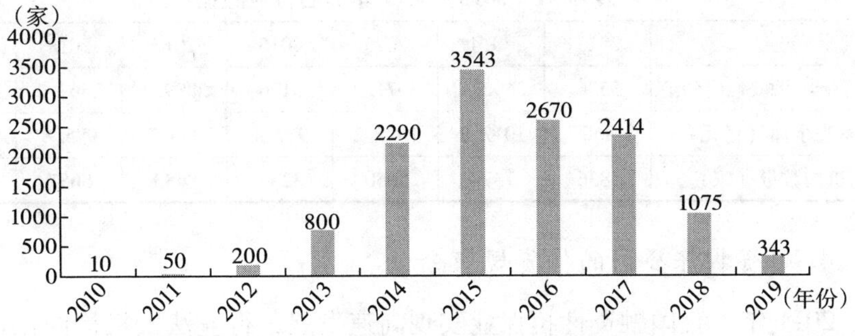

图 4－9　2010—2019 年 P2P 运营平台数量

家管制趋严，投融资人数出现下滑[①]（见图 4－10）。

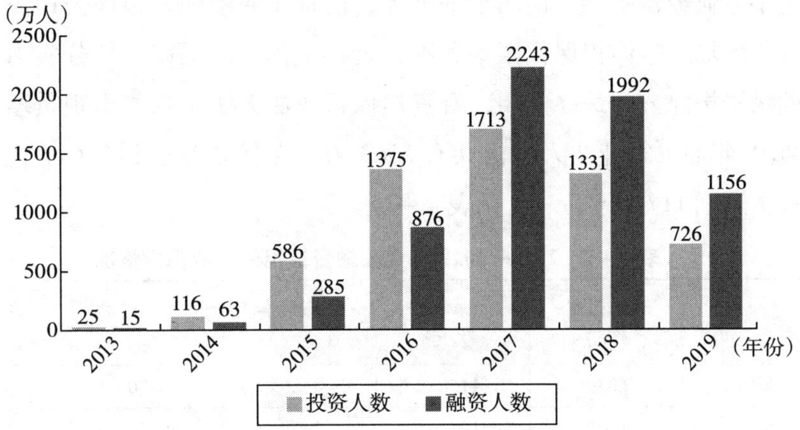

图 4－10　2013—2019 年 P2P 投融资人数对比

3. 典当行的借贷规模分析

据统计，2013—2018 年，典当行数量从 6836 家增加到 8657 家，2019 年小幅下降到 8397 家。典当总额从 2014 年的 3692. 1 亿元下降到 2019 年的 2860. 5 亿元。典当余额在 2013—2019 年大体保持稳定，略有浮动。2019 年全国典当行业企业资产总额为 2860. 5 亿元，典当余额为 992. 86 亿元，典当余额占全行业典当总额的 34. 7%[②]（见表 4－1）。

① 资料来源：网贷之家，https://www. wdzj. com。
② 资料来源：中华人民共和国商务部，https://www. mofcom. gov. cn。

表 4-1　2013—2019 年典当行业数据

年份	2013	2014	2015	2016	2017	2018	2019
全行业典当总额（亿元）	3336	3692.1	3671.9	3176	2899.7	2863.2	2860.5
典当余额（亿元）	866	1012.7	1025.2	957.3	963.7	985.8	992.86
机构数量（家）	6836	7574	8050	8280	8483	8657	8397

4. 融资担保公司的借贷规模分析

2011 年，我国融资性担保业实现高速发展，行业法人机构同比增长约 39.3%，在保余额同比增长 66.2%，实收资本同比增长 63.7%。然而随着 2012 年之后我国经济下行压力的增加，融资担保业发展状况并不理想。由于中小企业经营困难、信用水平下降，信贷业务中融资担保公司需要承担的风险增加，整体担保代偿率和不良贷款率都不断提高，部分实力相对薄弱的融资担保公司最终倒闭，融资担保行业法人机构数量出现负增长。截至 2019 年底，行业法人机构共有 5562 家，在保余额达到 27017 亿元，实收资本达到 11745 亿元①（见表 4-2）。

表 4-2　2010—2019 年全国融资性担保行业基本情况

年份	机构数量（家）	在保余额（亿元）	实收资本（亿元）	担保代偿率（%）	不良贷款率（%）
2010	6030	11503	4506	0.70	0.04
2011	8402	19120	7378	0.50	0.80
2012	8590	21704	8282	1.30	1.29
2013	8185	25700	8793	1.60	2.24
2014	7898	27400	9255	1.90	—
2015	7340	27300	—	2.17	—
2016	8402	—	—	—	—
2017	8025	—	—	—	—
2018	6758	—	—	—	—
2019	5562	27017	11745	—	—

① 资料来源：中国银行保险监督管理委员会，http://www.cbirc.gov.cn。

5. 民间借贷总体规模分析

以小额借贷、P2P 及典当贷款余额之和来衡量我国总体民间借贷贷款余额规模，虽然并不是国内民间借贷一个真实情况的反映，但与国内民间借贷规模走势大体一致。2010—2017 年，我国民间借贷规模不断扩大，总体贷款余额一直处于上升通道。相较 2010 年，2017 年总体贷款余额增长 2 万多亿元。2018 年作为一个分水岭，2018 年后，民间借贷贷款余额出现大幅下降，民间借贷规模缩小①；民间借贷开始趋于平稳并回归到传统的民间借贷模式（见图 4－11）。

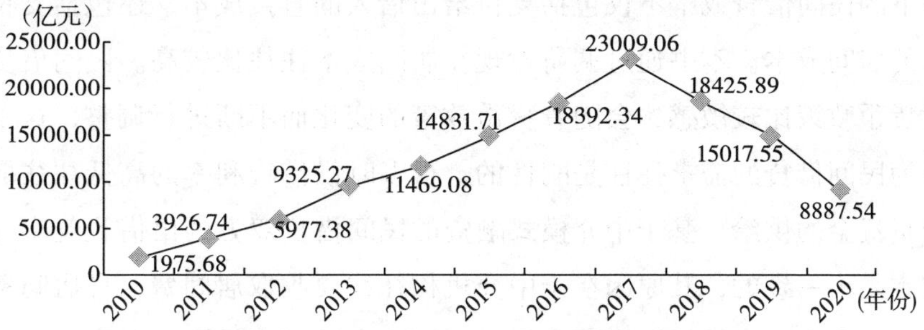

图 4－11　2010—2020 年民间借贷贷款规模

总的来说，2018 年以来，随着民间借贷的各种风险与危机的爆发，大量的资金正从民间借贷市场撤出，甚至很多资金至今仍在追偿中。根据本书对成都市民间借贷市场的调查，目前成都绝大部分小额贷款公司几乎都处于关门停业状态，因主要忙着处理之前的贷款项目与资金回收，只有极少部分小额贷款公司，由于风控措施得当，仍在继续经营。各类类金融机构的民间借贷公司，包括 P2P、投资理财公司、财富管理公司等在政府的清理整顿下，全部消失殆尽，典当行、融资担保公司也是举步维艰。究其原因主要有以下几点：①自 2010 年“新非公 36 条”及相关配套政策出台后，各种类型的民间借贷爆雷几乎没有停止过，从投资理财类公司，到各类隐形担保公司的民间借贷，再到 P2P 等各类类金融公司的借贷爆雷，导致大量的民间借贷参与者损失惨重，大量民间借贷资金被迫退出该市场。②银保监会

---

① 资料来源：笔者根据 Wind 数据库综合计算而得。

对银行等正规金融机构的信贷监管提出明确的政策目标要求，迫使各类银行向中小微企业放贷，来自正规金融机构的资金筹集降低了企业等市场主体对民间借贷资金的需求。③银行等正规金融机构大力发展数字普惠金融，直接推出手机银行 APP 等各类数字银行服务模式，通过大数据风控，直接实现线上信用放款，因此通过银行等正规金融机构实现贷款的便利性也导致了这一部分主体对民间借贷市场资金需求的下降。

4.2.6 民间借贷的利率分析

民间借贷支付的利率成本对借款人而言分为隐性成本和显性成本。新常态下的民间借贷成本不仅包括支付给出借人的直接成本，还包括支付给平台的居间成本。本书通过调研发现，居间成本往往比较高。民间借贷利率对货币政策比较敏感，会随着货币政策的变化而不断进行调整，这主要是因为民间借贷的需求往往是刚性的，很多时候借贷利率的高低往往取决于借贷资金的供给。基于中介模式融资的民间借贷双方的出借收益率与借款成本是不一致的，其原因在于中介机构往往要收取居间费，且居间费率不低。笔者在南充的经历和调查显示，南充市顺庆区投资理财中介咨询公司收取的居间费用月息在 1% 左右，折算成年化收益在 12% 左右，这对企业而言是非常高的。资金出借人收到的月息在 1.3% ~1.5%，其合计的企业资金拆借成本年化在 27.6% ~30%。此外，P2P 公司收取的借贷双方的中介费率也不低，一般为年化收益 3% ~10%。不同的公司、不同的项目、不同的资金紧缺程度都会影响居间费率。

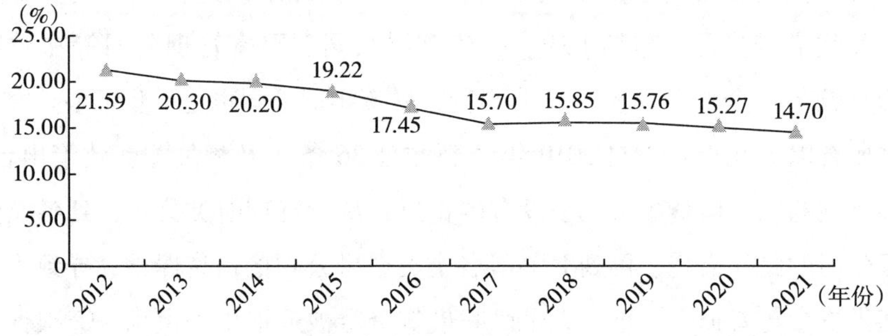

图 4-12 2012—2021 年温州地区民间融资综合利率

根据图4－12数据分析可以看到，温州地区民间借贷的综合利率水平2012年维持在年化20%多的水平，然后逐步下降，随后一直维持在15%左右的水平，但这相对于基准贷款利率水平来说还是很高的，而且这个成本还没有包含居间费率或中间人成本。此外，本书分析了全国的民间借贷利率水平，总体趋势与温州地区民间借贷利率相差不多，比温州借贷利率水平略低一些（见图4－13）。当然，对于P2P而言，由于其经营成本是相对透明、开放和具有竞争性的，导致P2P的借贷利率水平更低一些，2016—2019年维持在10%左右（见图4－14）。

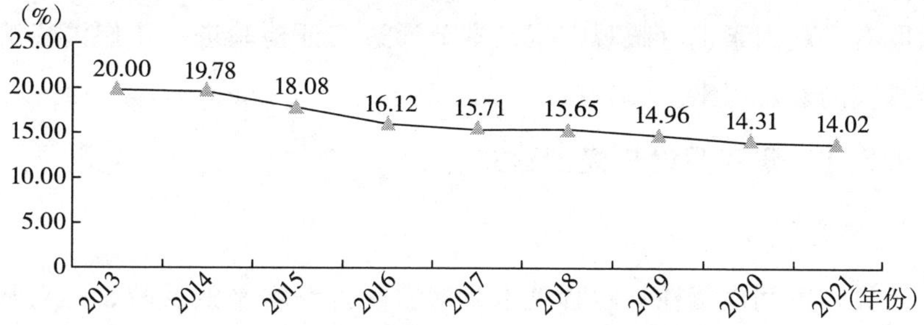

图4－13　2013—2021年全国地区性民间借贷综合利率指数

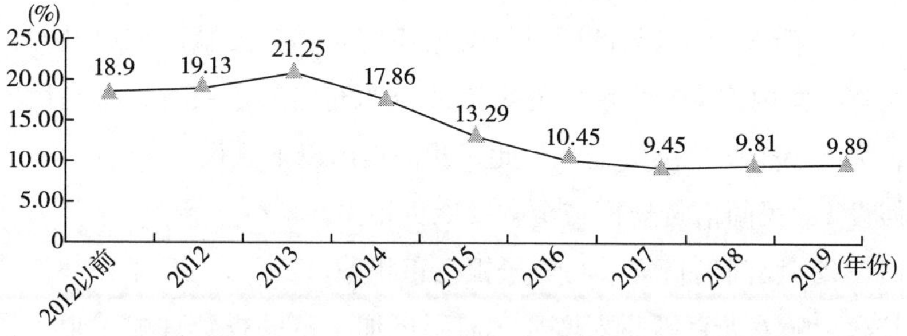

图4－14　截至2019年中国P2P网贷行业综合收益率变化情况

民间借贷的成本基本是国家贷款利率的3～4倍（见图4－15），成本非常高；且本书研究的成本没有考虑借贷中的隐性成本，如居间成本，如果考虑居间成本，企业的借贷成本往往是国家基准贷款利率的4～5倍。

4.3　民间借贷宏观影响因素的实证分析

根据前文对新常态下民间借贷的梳理，我们可知影响民间借贷规模的

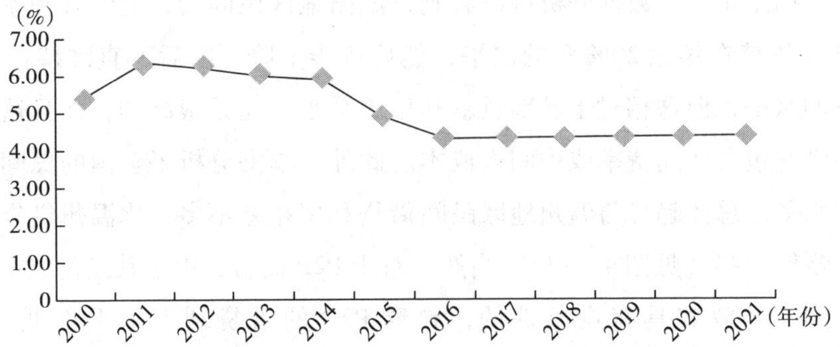

图4-15　2010—2021年人民币平均年贷款利率情况

因素既有宏观因素也有微观因素，本节通过实证检验进一步厘清影响民间借贷规模的宏观因素。

4.3.1　研究假设与模型建立

1. 研究假设

首先，民间借贷在一定程度上是对金融抑制水平的反映，是对从正规金融获得资金难易程度的反映。如果破除金融抑制，进行金融深化，那中小企业与个体工商户等微观主体获取资金将变得更容易，对民间借贷的需求就会呈现下降趋势。与此同时，根据我们对相关文献研究以及对民间借贷的调查，国内许多有资源、有渠道的企业充当影子银行，参与民间借贷市场，为中小企业提供资金。为此，我们提出以下假设：

假设1：民间借贷规模与金融发展负相关。

假设2：民间借贷规模与影子银行正相关。

其次，随着老百姓收入增加，需要更加丰富的投资理财渠道。民间借贷也作为一种家庭居民投资方式，与股票、地产、银行存款等资产收益变化紧密相关，一般而言，哪种资产收益更高，资金便会流向哪个市场。为此，我们提出以下假设：

假设3：民间借贷规模与股票收益、地产投资收益以及居民存款收益负相关。

假设4：民间借贷规模与民间借贷收益呈正相关关系。

再次，民间借贷对货币政策的变化很敏感，当货币政策由松变紧时，造成正规金融信贷资金供给减少，进一步加大中小微企业和家庭从正规金融体系融资的难度。最终，更多的微观主体将被迫转向民间借贷市场，促使民间借贷规模增加。为此，我们提出以下假设：

假设5：货币政策收紧会导致民间借贷规模增加。

最后，当宏观经济增长态势向好，市场中微观主体普遍保持乐观预期时，企业进一步增加投资，扩大生产规模；对于家庭而言，稳定而可观的未来收入预期也将促进居民消费与投资。经济主体对资金需求也将不断增长，进而促进民间借贷市场规模扩张。为此，我们提出以下假设：

假设6：经济增长会导致民间借贷规模增加，反之则下降。

2. 计量模型建立

根据我们的理论分析与实践调查分析：①民间借贷在一定程度上是对金融抑制水平的反映，是对从正规金融获得资金难易程度的反映。如果数字普惠金融发展很好，中小企业等微观主体获取资金更容易，对民间借贷的需求就会显著下降。②民间借贷作为一种财富投资渠道，它与股票、房地产等其他资产存在明显的可替代关系。③民间借贷对货币政策的变化很敏感，当货币政策由松变紧时，很多企业会从民间借贷市场寻求资金。④当经济不断增长时，对资金的需求便会不断增长，民间借贷的规模自然也会不断增长。由此，我们考虑以下变量如全国各项贷款增量、小微企业贷款增量、住房价格涨幅、上证指数收益率、货币政策松紧、存款实际收益率、GDP增速以及民间借贷利率将可能对民间借贷规模产生影响。因此，构建模型如下：

$$S_t = \beta_0 + \beta_1 CL_t + \beta_2 BL_t + \beta_3 HP_{t-2} + \beta_4 SI_t + \beta_5 MP_{t-2} + \beta_6 AR_t + \beta_7 GDP_t + \beta_8 PR_{t-2} + \beta_9 FDI_t + \varepsilon_t \qquad (4-1)$$

上述计量方程中，各符号的含义如下：下标 t 表示时间（2011—2020年，每年4个季度），S 表示民间借贷规模；CL、BL、HP、SI、MP、AR、GDP、PR、FDI 分别表示全国各项贷款增量、小微企业贷款增量、住房价格涨幅、上证指数收益率、货币政策松紧、存款实际收益率、GDP增速、民间借贷利率、金融发展指数；β_0 是常数项，β_1、β_2、β_3、β_4、β_5、β_6、β_7、β_8、β_9 分别代表各解释变量的系数，ε 是随机误差项。

4.3.2 变量说明与数据来源

1. 被解释变量

民间借贷规模增量（S）选取。

互联网金融大力发展之前，民间资金主要通过小额信贷与投资理财等形式进入民间借贷市场。随着以P2P为代表的“互联网+金融”大力发展，大量其他形式的民间借贷资金通过P2P的形式进入民间借贷市场。另外，根据笔者的实地调查，P2P借贷市场规模走势能很好反映我国民间借贷市场规模的真实走势。同时，受制于投资理财公司数据难以获取，本书最终选取小额信贷公司信贷规模与P2P借贷规模增量之和作为衡量我国民间借贷市场规模的代理指标。

统计数据显示，2017年12月之前，我国小额借贷与P2P网络借贷总体规模一直处于上升阶段，2017年6月相比3月增加近1514.41亿元，借贷规模实现最大增长。此时，P2P在国内各领域、各群体中依旧盛行，我国民间借贷总体规模也达到峰值。但由于我国P2P发展过程中存在监管缺位现象，投资人金融素养低下，再叠加“羊群效应”与平台的道德风险，导致2018年P2P平台陆续大规模“爆雷”，有关部门随即针对P2P开展一系列清理整顿，逐步引导平台转型或退出，自此之后我国民间借贷规模大幅度缩减。

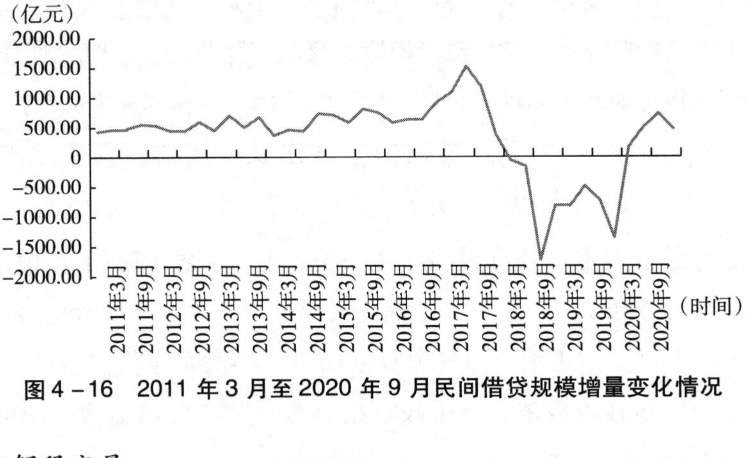

图4-16 2011年3月至2020年9月民间借贷规模增量变化情况

2. 解释变量

（1）全国各项贷款增量（CL）选取。

若中小微企业能更多从正规金融渠道中获取资金，则其进入民间借贷市场的可能性将大大降低。正规金融贷款与民间借贷呈替代关系，同时，民间借贷可作为正规金融的有益补充，满足被正规金融机构拒之门外的中小微企业及“弱势群体”的资金需求。因此，本书选取全国各项贷款增量，来衡量正规金融体系信贷规模，探究其对民间借贷规模的影响。

（2）小微企业贷款增量（*BL*）选取。

一方面，小微企业贷款与民间借贷具有替代效应，当小微企业能够从正规金融机构获取贷款时，其对民间借贷的需求将会大幅降低；另一方面，受制于银行等正规金融机构信贷配给严重以及小微企业自身资产状况、财务状况、内部审计制度和发展前景等情况的不同，并非所有小微企业都能顺利从正规金融渠道获得融资。在正规金融信贷资源供需极其不平衡的情况下，部分有能力从正规金融机构获取资金的小微企业开始扮演“影子银行”角色，将从正规金融渠道融得的资金投向民间借贷市场，从中获取利差。因此，本书引入小微企业贷款增量，研究其对民间借贷规模的影响。

（3）住房价格涨幅（*HP*）选取。

住房价格与民间借贷有着密切的联系。随着国家对房地产行业的调控，地产企业通过银行等正规金融机构获取周转资金难度加大；为缓解流动性危机，民间借贷成为大量地产企业的融资方式，大量民间借贷市场资金流向房地产行业。高额的融资成本也成为影响住房价格涨幅的重要因素。因此，本书引入住房价格涨幅指标反映地产市场的冷热好坏；同时，考虑住房价格涨幅对民间借贷市场规模的影响具有一定的滞后效应，对指标进行滞后2期处理，研究其对民间借贷规模的影响。

（4）上证指数收益率（*SI*）选取。

由于资本的逐利性，不同投资渠道收益率的高低将影响资本的流向。因此，当资本市场行情走势向好或其他投资渠道收益率提高时，将造成资本从民间借贷市场流出，反之亦然。因此，本书选取上证指数收益率作为资本市场投资收益的代理变量，探究其对民间借贷规模的影响。

（5）货币政策松紧（*MP*）选取。

通常情况下，央行对货币政策的调整将直接影响流通中的货币总量，并反映到货币资金的使用成本中，进而影响将扩散到民间借贷市场中。本书选取金融机构超额存款准备金率反映货币政策松紧，同时，考虑到货币政策生效存在一定时滞，对指标进行滞后2期处理，从而探究货币政策松紧程度对于民间借贷规模的影响。

（6）存款实际收益率（*AR*）选取。

存款实际收益率是影响资金流向的重要因素，当实际利率较低时，易导致资金从正规金融机构流出，投向民间借贷等其他市场。本书选取一年期存款利率（*r*）减去物价指数（*CPI*）用以衡量存款实际利率，进而研究存款实际利率对民间借贷规模的影响。

（7）GDP增速（*GDP*）选取。

宏观经济发展态势优劣在一定程度上能反映正规金融体系对信贷需求的满足程度。经济发展向好阶段，正规金融满足程度较高导致对民间借贷需求降低。本书选取GDP增速衡量宏观经济增长状况，进一步探究其对民间借贷规模的影响。

（8）民间借贷利率（*PR*）选取。

民间借贷利率往往是居民投资于民间借贷市场考量的最重要因素之一，直接影响民间资本投资于民间借贷市场的收益情况。民间借贷利率的升高，往往伴随着民间资本的流入，从而导致民间借贷规模的扩大。同时，利率升高而吸引民间资本的流入往往具有一定的滞后性。因此，选取民间借贷利率滞后2期指标作为解释变量，具有重要意义。

（9）金融发展指数（*FDI*）选取。

通常而言，金融抑制程度的加深会加大中小微企业等弱势群体进入正规金融的难度，进而推动民间借贷市场规模的进一步扩张。因此，本书以金融机构贷款余额占GDP的比重构造金融发展指数，作为金融抑制的衡量指标，探究其对民间借贷规模的影响。

3. 数据来源

本书以2011—2020年为样本区间，囊括了各项指标10年间季度时间序列数据，样本观察值共计 40 个。通过 STATA 软件运用 OLS + 异方差自相关稳健标准误（HAC）方法研究各解释变量对民间借贷规模的影响。各指标数据主要来源于网贷之家官网统计数据、中国人民银行公布数据以及万得数据库。

4.3.3　变量的描述性统计与平稳性分析

1. 变量的描述性统计

主要变量的描述性统计如表 4 – 3 所示。

表 4 – 3　主要变量的描述性统计

变量	变量说明	观测值数量	均值	标准差	最小值	最大值
S	民间借贷规模增量	40	342.765	657.104	–1733.24	1514.41
CL	全国各项贷款增量	40	29545.74	13047.276	14368.805	74756.618
SI	上证指数收益率	40	0.012	0.116	–0.286	0.368
AR	存款实际收益率	40	–0.758	1.285	–4.209	1.076
BL	小微企业贷款增量	40	7406.7	4162.469	–3800	20000
PR	民间借贷利率	40	18.36	3.103	14.497	25
GDP	GDP 增速	40	0.298	0.658	–0.766	1.14
MP	货币政策松紧	40	1.943	0.470	0.8	3.3
HP	住房价格涨幅	40	0.013	0.016	–0.023	0.068
FDI	金融发展指数	40	0.186	0.059	0.095	0.346

资料来源：网贷之家官网统计数据、中国人民银行公布数据以及万得数据库。

2. 变量的平稳性检验结果分析

变量平稳性检验结果如表 4 – 4 所示。

表 4 – 4　变量平稳性检验结果

变量	检验形式	ADF 统计量	1% 临界值	5% 临界值	10% 临界值
S	(0, 0, 0)	–1.923	–2.638	–1.950	–1.606
HP	(1, 0, 1)	–3.141	–3.662	–2.964	–2.614
PR	(1, 1, 1)	–2.738	–4.260	–3.548	–3.209

续表

变量	检验形式	ADF 统计量	1%临界值	5%临界值	10%临界值
BL	(1, 1, 1)	-4.727	-4.260	-3.548	-3.209
GDP	(1, 1, 1)	-5.134	-4.260	-3.548	-3.209
AR	(0, 0, 0)	-2.920	-2.638	-1.950	-1.606
MP	(1, 0, 1)	-3.096	-3.662	-2.964	-2.614
CL	(1, 1, 1)	-3.885	-4.260	-3.548	-3.209
SI	(0, 0, 0)	-6.119	-2.638	-1.950	-1.606
FDI	(1, 0, 1)	-2.684	-3.662	-2.964	-2.614
PR (*hp*)	(1, 0, 1)	-3.175	-3.662	-2.964	-2.614
BL (*hp*)	(1, 0, 1)	-4.909	-3.662	-2.964	-2.614
GDP (*hp*)	(1, 0, 1)	-5.760	-3.662	-2.964	-2.614
CL (*hp*)	(1, 0, 1)	-4.605	-3.662	-2.964	-2.614

在对被解释变量和解释变量用虚拟变量法进行季节性调整后，分别进行 ADF 单位根检验；由于民间借贷利率、小微企业贷款增量、GDP 增速以及全国各项贷款增量变量趋势平稳，因此使用 HP 滤波退势后再次进行 ADF 单位根检验，处理后变量均拒绝存在单位根的原假设。因此，模型中涉及变量均为平稳时间序列变量。

4.3.4 回归分析与解释

本书通过 OLS 估计模型参数，并使用异方差—自相关一致估计法（HAC）对 t 统计量的标准误进行修正，回归结果如表 4-5 所示。

表 4-5 民间借贷规模影响因素回归结果

项目	模型（1）	模型（2）	模型（3）	模型（4）
	S	*S*	*S*	*S*
CL (*hp*)	-0.055***	-0.055***	-0.0575***	-0.0528***
	(-3.16)	(-3.22)	(-4.85)	(-4.08)
SI	-1553.728***	-1533.114***	-1268***	-979.3*
	(-3.34)	(-3.10)	(-2.78)	(-1.91)
AR	413.870***	418.959***	370.1***	386.2***
	(7.99)	(6.78)	(10.01)	(8.85)

续表

项目	模型（1）	模型（2）	模型（3）	模型（4）
	S	S	S	S
BL（hp）	0.190*** （6.20）	0.191*** （6.45）	0.189*** （8.50）	0.170*** （6.22）
PR（hp）	127.500** （2.36）	130.464** （2.23）	116.0** （2.70）	122.5*** （3.68）
GDP（hp）		-777.958 （-0.40）	-515.5 （-0.28）	-185.8 （-0.11）
MP			402.5* （1.96）	494.0** （2.29）
HP				7518** （2.27）
FDI				1345 （0.79）
常数项	596.501*** （7.61）	600.091*** （7.58）	-236.7 （-0.52）	-776.2 （-1.18）
样本容量	35	35	35	35
F 统计量	38.38	29.31	48.85	33.27

注：解释变量括号外数字表示系数，括号内数字表示 t 检验统计量，*、**、*** 分别表示变量通过 10%、5%、1% 水平上的显著性检验。

全国各项贷款增量在四个回归模型中系数均为负且显著，结果表明，民间借贷规模与全国贷款余额增量呈负相关关系，说明正规金融满足程度越大，即正规金融机构贷款规模越大，企业资金融通需求程度满足越好，民间借贷的需求与规模就会下降。假设 1 得到部分验证。

金融发展指数为本节选取的金融抑制程度衡量指标，相关系数为正且不显著。假设 1 未能得到验证。主要原因可能是传统的金融发展指数未能很好地衡量我国金融抑制的程度，即正规金融机构贷款等融资满足 GDP 增长需要时，可能更多的是满足国有大中型企业的融资需要，而不是民营企业发展融资需求的增长。因此，随着金融发展指数的增加，金融抑制的程度不仅没有减轻，反而可能加重，这也与我们对中小企业融资调查的感受相符。

小微企业贷款增量在以上回归结果中系数均为正且显著。小微企业贷款增加的同时，民间借贷规模也将进一步扩大。我们可知，小微企业获得的贷款规模越大，金融抑制情况越弱，正规金融对小微企业的满足程度大，那民间借贷规模应该减少，但为什么民间借贷规模反而增大了，说明部分中小微企业很有可能在其中扮演“影子银行”的角色，其将从正规金融机构获得的贷款投向民间借贷市场，促使民间借贷规模增加。假设 2 得到验证。“影子银行”的证实也给我们提出警告：民间借贷市场的大幅违约必将对正规金融体系造成严重冲击。为此，银行等正规金融机构必须用信息化的工具和手段做好资金流向的监控，确保贷出资金与使用用途保持一致。

住房价格涨幅系数为正且显著。说明住房价格上涨，地产市场向好，就越能吸引民间借贷资金投向房地产市场。我们这里用的是滞后 2 期数据，也反映地产市场价格传导到民间借贷市场有一个过程，这与我们对房地产市场以及民间借贷市场的调查结果相印证。假设 3 得到验证。

上证指数收益率在以上回归中系数均为负且显著。结果表明，股票市场行情向好，更多资金是流向股票市场而不是民间借贷市场，民间借贷规模显著下降。假设 3 进一步得到证实。

存款实际收益率在回归结果中系数为正且显著。结果表明，实际利率上升时，民间借贷规模将上升，假设 3 在这未能得到验证。主要原因在于：我们计算的存款实际收益率是用存款利率减去通货膨胀率，按理来说，实际利率上升会导致流向民间借贷的资金回流银行存款市场。但我国存款实际收益率绝大部分时候是负利率，即使当它处于上升阶段的时候，存款实际收益率大部分时候也是负利率，负利率很难吸引资金投向存款市场。事实上，实际存款收益率上升的实质是资金紧张的表现，资金紧张那必然会导致许多企业无法从正规金融机构融通资金，其资金需求也被迫转向民间借贷市场；因此，民间借贷规模必然上升。

民间借贷利率在以上回归中系数均为正且显著。说明随着居民对于资产保值增值的意愿愈加强烈，但现实中我国金融市场投资渠道相对匮乏，当民间借贷市场利率越高，即民间借贷市场投资回报率越高时，更多的民间资本将涌入民间借贷市场寻求投资机会，进而推动民间借贷市场规模扩张。假设4得到验证。

货币政策松紧回归系数为负且不显著，如果将货币政策滞后2期做回归分析，得到相关系数为正且显著，恰恰说明货币政策对民间借贷的作用显著，货币政策的效果传递本身就存在一个过程，假设5得到证实。

宏观经济增速系数为负但不显著，经济增速较好时发生危机的可能性要降低；经济增长乏力时各种风险容易暴露，发生危机的可能性要大一些。假设6未能得到验证，可能的原因在于经济发展向好时对资金的需求可能通过其他渠道得到满足，也有可能经济发展向好的更大推力来自政府与国企的推动，因而其并没有增加对民间借贷的需求。

4.4 民间借贷微观影响因素的实证分析

上节主要分析了影响民间借贷规模的宏观因素，家庭作为民间借贷产生的重要微观主体之一，本节将重点探讨家庭参与民间借贷的行为特征及其内在逻辑对民间借贷规模的影响。

4.4.1 研究假设与模型建立

1. 研究假设

首先，传统民间借贷的功能和用途一般以生活及互助为主，而新常态下的民间借贷功能更多的是生产与投资，参与方更多地将民间借贷市场视为投资渠道的有益补充。因此，市场中的民间借贷利率往往是投资者最关注的指标之一。民间借贷利率的提高，将吸引更多的家庭将闲置资金投入市场以寻求获利机会。此外，在借贷决策过程中，家庭除了考虑直接的显性成本之外，还会考虑“人情债”等隐性成本。基于以上分析，我们提出如下假设：

假设1：民间借贷利率的提高将促进家庭民间借贷规模扩张。

假设2：家庭民间借贷规模等与隐性成本相关。

其次，不同家庭成员在学历水平、知识储备、生活阅历等方面存在差异，特别是对于金融知识、投资逻辑以及投资风险理解的不同，将直接影响家庭的投资决策。金融素养较高的家庭，看见市场中较高投资回报率的同时，也能客观审慎分析投资决策的风险所在；面对金融市场中的投资机会，有较强的能力自主地做出决断，有效避免“羊群效应”的干扰。同理，金融素养较高的家庭在民间借贷市场中能够理性认识机会背后蕴含的风险，进而影响家庭民间借贷规模。此外，家庭在民间借贷市场中对于交易中不确定性甚至风险的处理方式，即风控意识和方式也是影响家庭涉足民间借贷市场的重要因素之一。对于风控意识强烈的家庭而言，会尽量以具有法律效力合同的形式明确双方责任与义务，不确定性及突发事件造成利益损失的概率降低，提高家庭进入民间借贷市场频率。基于以上分析，提出如下假设：

假设3：金融素养水平对家庭民间借贷规模扩张有一定抑制作用。

再次，近年来，传统民间借贷往往限于小范围内的亲朋好友等；新常态下的民间借贷形式多样，渠道多样，如小贷公司、投资理财公司以及网贷平台等，较传统借款渠道而言，其集聚了雄厚的资金规模以足额满足融资方大额资金需求，也能很好规避传统渠道借款而伴生的“人情债”，为家庭通过民间借贷市场融资带来了更多便利。因此，本节提出以下假设：

假设4：新型借款渠道的兴起将扩大家庭民间借贷规模。

最后，家庭资产规模、负债状况以及消费水平等经济金融状况的差异也将对其在银行等正规金融机构的信用评级具有一定影响，进而影响其通过正规金融融资难易程度以及家庭民间借贷规模。

2. 计量模型建立

（1）研究家庭民间借贷规模的影响因素时，基于相关理论研究，本书先从传统的因素进行分析，考虑民间借贷利率、家庭金融素养水平以及家庭经济状况对其有不同程度影响，故建立基准模型如下：

$$S_i = \beta_0 + \beta_1 IR_i + \beta_2 F_i + \beta_3 TA_i + \beta_4 TB_i + \beta_5 TI_i + \beta_6 TC_i + \varepsilon_i \quad (4-2)$$

上述计量方程中，各符号的含义如下：下标 i 表示不同家庭、S 代表家庭民间借贷规模、IR 代表民间借贷加权利率、F 代表家庭金融素养、TA 代表家庭总资产、TB 代表家庭总负债、TI 代表家庭总收入、TC 代表家庭总消费，β_1、β_2、β_3、β_4、β_5、β_6 表示各解释变量所对应的系数，ε 代表随机扰动项。

（2）考虑到民间借贷背景的变化、民间借贷方式的变化以及家庭金融素养对民间借贷风险的控制影响等，本书考虑加入家庭借贷渠道、家庭缔约形式以及是否采取抵押担保的借款，得到计量模型（4-3）：

$$S_i = \beta_0 + \beta_1 IR_i + \beta_2 F_i + \beta_3 TA_i + \beta_4 TB_i + \beta_5 TI_i + \beta_6 TC_i + \beta_7 C_i + \beta_8 CM_i + \beta_9 M_i + \varepsilon_i \quad (4-3)$$

其中，C 代表家庭借款渠道、CM 代表缔约形式、M 代表是否采取抵押担保方式；β_0 为常数项，β_7、β_8、β_9 表示各解释变量所对应的系数。

（3）新常态下民间借贷渠道对家庭民间资金需求提供了更多的选择以及更大的规模，本书假定传统借款渠道 C 取值为0，新型借款渠道 C 取值为1；我们认为家庭民间借贷规模、民间借贷加权利率、家庭金融素养水平以及家庭资产状况将影响家庭借款渠道决策；同时，引入缔约方式和是否采取抵押担保方式指标衡量家庭对交易不确定的警惕程度以及交易潜在风险的把控，因此，得到计量模型（4-4）：

$$Probit(C_i = 1) = \beta_0 + \beta_1 S_i + \beta_2 IR_i + \beta_3 F_i + \beta_4 TA_i + \beta_5 CM_i + \beta_6 M_i + \varepsilon_i \quad (4-4)$$

（4）研究民间借贷缔约形式的影响因素时，假定口头缔约 CM 取值为0，书面缔约 CM 取值为1；家庭民间借贷规模、民间借贷利率以及家庭金融素养水平对家庭借贷缔约方式的选择具有重要影响；同时，考虑到不同家庭资产积累、日常开支、对风险厌恶程度、借款渠道偏好的差异，引入家庭总资产、总负债、总消费、家庭借款渠道以及是否采取抵押担保的借款，得到计量模型（4-5）：

$$Probit(CM_i = 1) = \beta_0 + \beta_1 S_i + \beta_2 IR_i + \beta_3 F_i + \beta_4 TA_i + \beta_5 TB_i + \beta_6 TC_i + \beta_7 C_i + \beta_8 M_i + \varepsilon_i \quad (4-5)$$

4.4.2 变量说明与数据来源

1. 变量说明

（1）民间借贷规模（S）选取

根据调查问卷表，家庭民间借贷区分为经营性家庭民间借贷、家庭汽车民间借贷、家庭住房民间借贷、家庭教育民间借贷、家庭民间借出款五部分，以家庭民间借贷五部分总和的自然对数作为衡量家庭民间借贷规模的指标。

（2）金融素养（F）选取

本书利用统计调查问卷表中关于金融素养相关问题的回答，采取因子分析法构建金融素养指标，不同年份涉及的具体问题具有差异。

（3）民间借贷加权利率（IR）选取

根据调查问卷表，本书将家庭民间借贷区分为经营性家庭民间借贷、家庭汽车民间借贷、家庭住房民间借贷、家庭教育民间借贷、家庭民间借出款五部分，分别以各自民间借款规模为权数求得加总后的民间借贷加权利率。

（4）总收入（TI）选取

根据家庭金融问卷调查表中各项收入加总取自然对数得到。

（5）总资产（TA）选取

根据家庭金融问卷调查表中各项资产加总取自然对数得到。

（6）总负债（TB）选取

根据家庭金融问卷调查表中各项负债加总取自然对数得到。

（7）总消费（TC）选取

根据家庭金融问卷调查表中家庭各项消费加总取自然对数得到。

（8）家庭借款渠道（C）选取

在问卷调查表中，上述五部分民间借贷都有其各自的借款渠道，如父母/公婆/岳父母、子女、兄弟姐妹、其他亲属、朋友/同事（含邻里）、小额贷款公司、有合作关系的人或机构（含工作单位、村居委）、网络借款平台等渠道，本书将前述五种借款渠道归类为传统民间借款渠道，以 C 赋值为0来表示；将剩余三种借款渠道归类为新型民间借款渠道，以 C 赋值为1来表示。

（9）家庭民间借贷的缔约方式（CM）选取

在问卷调查表中，缔约形式主要有口头、书面等，并以 CM 赋值为0来表示口头缔约，以 CM 赋值为1来表示书面缔约。

（10）是否采取抵押担保方式（M）选取

在问卷调查表中，担保方式有抵押、质押、担保、预付保证金等，本书将采取了上述抵押担保方式的借款家庭认为违约概率较小，并以 M 赋值为 0 来表示无抵押的借款家庭，以 M 赋值为 1 来表示有抵押的借款家庭。

2. 数据来源

本书研究的数据来自中国家庭金融调查（China Household Finance Survey，CHFS）。目前公布的 2011 年、2013 年、2015 年、2017 年数据中，由于每个年度调查指标维度存在差异，经对比，2015 年数据指标较为全面，样本缺失值较少。因此，本书选取 2015 年的家庭微观金融数据进行实证研究。

3. 变量的描述性统计

主要变量的描述性统计如表 4－6 所示。

表 4－6　主要变量的描述性统计

变量	变量说明	观测值数量	均值	标准差	最小值	最大值
S	民间借贷规模	10238	63725.488	413425.35	0	28000000
IR	民间借贷加权利率	5699	0.574	2.952	0	24
TI	总收入	10453	94277.113	247864.76	－800000	5000000
F	金融素养	9231	0	0.93	－1.588	2.527
C	家庭借款渠道	10139	0.043	0.202	0	1
TA	总资产	10453	1092462.7	2136769	100	20000000
M	是否采取抵押担保方式	10453	0.004	0.063	0	1
CM	缔约方式	10453	0.112	0.316	0	1
TB	总负债	6626	164908.4	422420.61	0	5000000
TC	总消费	10453	72183.62	88955.007	1148	1000000

4.4.3　回归结果分析与解释

表 4－7　家庭民间借贷规模影响因素回归结果

项目	模型（1）	模型（2）	模型（3）	模型（4）
	S	*S*	*S*	*S*
IR	0.0554***	0.0534***	0.0450***	0.0441***
	(6.11)	(5.66)	(4.51)	(4.41)
F	－0.112***	－0.114***	－0.118***	－0.117***
	(－4.80)	(－4.71)	(－4.82)	(－4.79)

续表

项目	模型（1）	模型（2）	模型（3）	模型（4）
	S	S	S	S
TA	0. 194 *** (9. 66)	0. 194 *** (9. 70)	0. 186 *** (9. 27)	0. 186 *** (9. 26)
TB	0. 430 *** (19. 59)	0. 429 *** (20. 54)	0. 430 *** (20. 60)	0. 430 *** (20. 56)
TI	0. 00125 (0. 08)	-0. 00307 (-0. 19)	-0. 00276 (-0. 17)	-0. 00239 (-0. 14)
TC	-0. 000622 (-0. 0257)	0. 00154 (0. 06)	-0. 0055 (-0. 21)	-0. 0058 (-0. 22)
C		0. 135 (0. 92)	0. 0941 (-0. 66)	0. 0843 (0. 59)
CM			0. 294 ** (2. 46)	0. 286 ** (2. 38)
M				0. 32 (1. 18)
常数项	3. 546 *** (12. 26)	3. 589 *** (12. 33)	3. 731 *** (12. 92)	3. 739 *** (12. 96)
样本容量	3275	3111	3111	3111
F 统计量	189. 25	167. 52	147. 38	132. 09
R^2	0. 38	0. 377	0. 379	0. 38

注：解释变量括号外数字表示系数，括号内数字表示 t 检验统计量，*、**、*** 分别表示变量通过了 10%、5%、1% 水平上的显著性检验。

本书通过 OLS 估计模型参数，分析家庭民间借贷规模影响因素。同时，因为样本量为微观调查数据，为控制潜在异方差问题对 OLS 估计量的有效性及 t 检验的影响，因此，本书使用异方差稳健的标准误。

从表 4 -7 回归结果可以看出，民间借贷利率、家庭金融素养水平、家庭资产负债水平以及缔约方式会显著影响家庭民间借贷规模。

民间借贷利率系数为正且显著，说明由于资本的逐利性，民间借贷市场收益率的提高将吸引家庭居民闲置资本流入民间借贷领域，家庭民间借贷规模具有递增趋势。假设 1 得到证实。

家庭金融素养系数为负且显著，说明随着家庭整体金融素养的提升，在面对民间借贷市场高额收益率的诱惑时，能清醒识别市场中与高额收益率并存的风险，权衡各方利弊，不盲目、不从众，家庭民间借贷规模相应缩小。假设 3 得到证实。

缔约形式的选择作为家庭在民间借贷交易中控制风险的手段之一，与家庭民间借贷规模呈显著正相关关系。说明当其他因素不变时，选择书面缔约形式的家庭在民间借贷中能有效规避部分不确定因素，提高预期收益的可得性，进一步扩大家庭民间借贷规模。假设 3 进一步得到证实。

家庭总资产系数为正且显著，说明随着总资产的提高，家庭闲置资本数量增多，由于投资渠道的匮乏，一部分资本将进入民间借贷市场，导致家庭民间借贷规模扩大。

总负债系数为正且显著，说明当家庭负债规模较大时，将更难以从正规金融机构获取需求资金，从而转向民间借贷市场，民间借贷规模进一步扩大。

表 4－8　家庭借款渠道影响因素回归分析

项目	模型（1）	模型（2）	模型（3）	模型（4）
	C	*C*	*C*	*C*
S	0. 0848 *** (2. 97)	0. 0905 *** (2. 74)	0. 0785 ** (2. 50)	0. 0747 ** (2. 38)
IR	0. 0619 *** (9. 61)	0. 0616 *** (9. 32)	0. 0460 *** (6. 20)	0. 0441 *** (5. 91)
F		－0. 0703 * (－1. 76)	－0. 0943 ** (－2. 36)	－0. 0897 ** (－2. 25)
TA		0. 0503 * (1. 74)	0. 0203 (0. 70)	0. 0184 (0. 64)
CM			0. 579 *** (6. 30)	0. 564 *** (6. 11)
M				0. 768 *** (2. 58)
常数项	－2. 743 *** (－8. 76)	－3. 471 *** (－8. 63)	－3. 035 *** (－7. 63)	－2. 973 *** (－7. 49)

续表

项目	模型（1）	模型（2）	模型（3）	模型（4）
	C	C	C	C
样本容量	5491	4911	4911	4911
Wald chi^2	130.99	141.58	188.25	190.61
伪 R^2	0.0686	0.0827	0.1055	0.1098

注：解释变量括号外数字表示系数，括号内数字表示 z 检验统计量，*、**、*** 分别表示变量通过了 10%、5%、1% 水平上的显著性检验。

在考虑到家庭面临不同借款渠道选择时，本书将借款渠道分类为传统民间借款渠道（$C=0$）和新型民间借款渠道（$C=1$），并进行 Probit 回归分析。通过表 4－8 回归结果可以看出，家庭民间借贷规模、民间借贷利率、金融素养水平、总资产、缔约方式及是否采取抵押担保方式对家庭借款渠道选择有显著影响。民间借贷规模对借款渠道具有显著正向影响；家庭民间借贷规模越大，对资金的需求量越大，从单一的传统民间借贷渠道难以满足，进而转向新型民间借贷渠道。假设 4 从另外一个视角得到验证。

民间借贷加权利率对借款渠道具有正向影响，当民间借贷利率处于较高水平时，民间借贷往往倾向于通过新型渠道来完成。一方面，当民间借贷利率较高时，对亲朋好友的低利率借款意味着机会成本较高；另一方面，对资金借入人而言，以高利率通过传统渠道向亲朋好友借款除了利率较高之外，还要承担“人情债”等隐性成本。这可能促使双方最终都选择新型渠道去撮合交易。假设 2 从另外一个视角得到验证。

金融素养指标对借款渠道具有负向影响，当金融素养指标较高时更加倾向于传统民间借款渠道解决资金需求。这也从侧面说明了家庭金融素养在民间借贷决策中的关键作用，假设 3 从另外一个视角得到验证。

缔约方式与是否采取抵押担保方式借款对借款渠道均具有正向影响，书面缔约与抵押担保借款都能在很大程度上控制借贷风险，降低民间借贷交易中暗含的不确定性，避免社会人情关系在传统借贷渠道中给出借人带来的不安全感。这都是风险意识较强、金融素养较高的表现。这里的结果再次表明：家庭金融素养在民间借贷决策中的关键作用，假设 3 再次得到验证。

表 4-9　家庭缔约方式影响因素回归结果

项目	模型（1）	模型（2）	模型（3）	模型（4）
	CM	*CM*	*CM*	*CM*
S	0.075 （1.61）	0.0746 （1.64）	0.0672 （1.56）	0.0641 （1.48）
IR	0.101*** （10.22）	0.102*** （10.21）	0.0912*** （8.50）	0.0892*** （8.38）
F	0.116*** （2.67）	0.102** （2.33）	0.115*** （2.58）	0.120*** （2.67）
TA	0.314*** （8.84）	0.254*** （6.70）	0.251*** （6.48）	0.250*** （6.45）
TB	-0.0522* （-1.75）	-0.0613** （-2.09）	-0.0603** （-2.06）	-0.0609** （-2.08）
TC		0.175*** （3.56）	0.170*** （3.38）	0.167*** （3.30）
C			0.722*** （5.21）	0.684*** （4.82）
M				0.917*** （2.71）
常数项	-6.094*** （-13.08）	-7.117*** （-13.07）	-6.967*** （-12.91）	-6.891*** （-12.72）
样本容量	3494	3494	3323	3323
Wald chi^2	296.05	308.24	290.38	297.57
伪 R^2	0.2194	0.2266	0.2412	0.2451

注：解释变量括号外数字表示系数，括号内数字表示 *z* 检验统计量，*、**、*** 分别表示变量通过了 10%、5%、1% 水平上的显著性检验。

在考虑到不同家庭对于民间借贷风险的识别时，将缔约合同的形式分类为口头缔约（*CM* =0）和签订书面合同（*CM* =1）进行 Probit 回归分析。

通过表 4-9 回归结果可以看出，家庭金融素养对缔约方式具有正向影响，家庭金融素养越高，越重视对风险的识别与控制，越倾向以书面合同形式达成借贷交易。民间借贷利率对缔约方式有正向影响，民间借贷利率越高，意味着融资方需承担的成本越高，导致融资方违约的可能性增大，为降低交易中潜在的不确定性，家庭更加倾向于通过签订书面合同的形式达成借贷交易，这其实也是家庭金融素养的体现。假设3从两个方面得到验证。

家庭借款渠道对缔约方式具有正向影响，通过新型民间借贷渠道融资时，失去血缘、亲缘约束，出借人更加重视运用合同形式约束双方权利与义务。家庭是否采取抵押担保方式对缔约方式具有正向影响，采取抵押担保方式的家庭更注重风险控制，因此也更倾向于签订书面合同规避风险。这里再次验证了金融素养在民间借贷决策中的关键作用，假设3进一步得到验证。

家庭总资产以及总消费对缔约方式具有正向影响，两个指标均能反映家庭经济状况，随着家庭经济状况向好，资产规模不断积累，倒逼家庭层面不断提高自身金融素养，提高法律风险意识，注重合同缔约方式的正式性与合理性。总负债对缔约方式具有负向影响，可能的原因在于，其自身处于较高的负债水平，可能存在多笔借款，为便于借款免去一定的借款程序，通过口头订立合同的形式简化流程。

4.5 本章小结

我国已经由“熟人社会”向“陌生人社会”转变，而且长期的金融抑制引发民间资金供需双方的巨大矛盾，2010年以来的政策鼓励与法律包容，使民间借贷发展的经济社会背景已经出现了深刻的变化，致使新常态下的民间借贷与传统民间借贷显著不同。这些差异不仅体现在借贷功能与性质的差异上和借贷网络与借贷形式的不同上，还体现在民间借贷交易双方的特性差异上，最重要的是体现在民间借贷规模与借贷风险的巨大差异上。由此，探讨新常态下民间借贷的这些特质可对我们研究民间借贷风险与危机打下重要基础。

当然，我们不仅在理论与性质上对新常态民间借贷进行了阐述分析，还通过实证分析验证了影响民间借贷规模的宏观因素与微观因素。从宏观视角来看，民间借贷规模与金融抑制、影子银行、相关资产收益以及货币政策紧密相关；从微观视角来看，民间借贷与家庭金融素养、民间借贷利率与相关隐性成本、借款渠道以及家庭金融资产负债等情况紧密相关。民间借贷往往是风险与危机爆发的最重要因素之一，分析影响民间借贷规模的因素对我们分析民间借贷风险与危机有着重要的意义。

第5章　新常态下民间借贷危机的特征与机理分析

5.1　我国民间借贷危机史的分析

我国民间借贷历史源远流长，但直到近代，由于西方世界的经济金融冲击及民间借贷范围的扩大，我国才真正开始出现民间借贷的风波，但真正大的风波与危机主要还是自改革开放以来才出现的。新中国成立之后的很长一段时间内，我国实行严格的计划经济，民间借贷曾被禁止，直到改革开放以后，随着民营经济的迅速发展和政府对非正式金融管制的松绑，民间借贷市场才再次活跃。因此，本部分主要分析19世纪末到20世纪初及改革开放以来我国的民间借贷风波和危机事件。

5.1.1　我国近代早期民间借贷风波与危机情况

清末至中华人民共和国成立前，随着外商金融机构的进驻，我国原有的金融机构业务逐渐复杂化，加之战争影响，我国的国库空虚，国有银行独立性差，风控管理欠缺，民间借贷市场活跃。这一时期，民间借贷市场发生过多起借贷危机事件（见表5－1）。

表5－1　近代早期民间借贷风波事件

年份	地区	事件
1883	上海（后传至镇江、宁波、汉口）	阜康雪记钱庄宣告停业，外国银行和山西票号收缩银根，上海大批钱庄倒闭
1897	上海	贴票钱庄利息越来越高，最终难以兑付，引发存户挤兑，贴票钱庄倒闭引发风波
1910	上海	橡胶公司股价泡沫破裂，市场恐慌，钱庄倒闭

1883 年，上海大批钱庄倒闭，主要是由于在中法战争的背景下，东南沿海的商人在恐慌情绪下到钱庄提款，只提不存导致钱庄资金流动紧张，同时倒闭的商铺牵连到放贷的钱庄，民众恐慌挤兑。1897 年的贴票风潮源于钱庄在利益驱使下道德缺失，出高利息吸收社会存款，滥发贴票，到期无法兑现支付现银，引发破产。1910 年的“橡皮”股票风波，民众、钱庄、票号面对高收益的诱惑，纷纷参与橡胶股票的投机炒作，无视风险，在国际橡胶价格下跌、股价泡沫破裂后损失惨重。1931 年，日夜银行的倒闭是由于民众受到不良信息影响，产生恐慌情绪造成严重的挤兑①。

纵观近代我国民间借贷危机事件的爆发，既有宏观环境的因素，如受到资本主义国家经济危机转嫁的冲击、白银外流、国内金融流动性枯竭，也有民众缺乏金融素养，投机性强，助长资产泡沫，非理性行为人易受信息影响，产生恐慌情绪而引发群体性事件。这些制度和非制度的因素都给予本书研究启发。

5.1.2　20 世纪 80 年代的民间借贷风波

该阶段的危机表现为从 1984 年起，浙江温州地区先后出现的三次合会风潮。合会（“摇会”“轮会”“标会”等的统称）是一种民间金融互助组织形式，其历史可以追溯到唐宋时期。改革开放后，由于民营经济与个体发展的需要，加之政府放松管制，合会在我国江浙一带又开始盛行，它为 20 世纪 80 年代温州民营经济的崛起提供了有力的资金支持。1984 年，温州出现了全国第一家私人钱庄——“方兴钱庄”，其 5 年时间吸纳的存款超过 1000 万元，产生利润 100 万元。1985—1986 年，温州乐清“抬会”盛行，三个大的抬会会款发生额都在亿元以上，总投入资金超过 22 亿元，会额 10 万元以上的抬会总参与人数超过 20 万人。1986 年初，乐清“抬会”倒会前夕是“排会”发展的高峰期。据统计，平阳参与“排会”的人数约 17 万人，涉及资金为 10399 万元。改革开放初期，合会主要以熟人圈中“互助会”的形式出现，不以营利为目的，主要解决人们的生活资金

① 丁骋骋．区域性民间金融风潮：中国式金融危机简史（1883—2015）[J]．财经理论与实践，2016，37(3)：2－9.

需求。随着经济社会发展，互助性合会转为经营性合会，参与资金除生活消费外，主要用于生产经营，此时利率一般略高于银行利率。随着合会规模的扩大，合会演变为大规模、多形式、高利率的“抬会”“排会”等，甚至资金投向完全脱离生产经营的“会套会”形式①。合会主要基于血缘、亲缘、地缘的社会网络，自发形成，具有隐蔽性而不受监管，且口头和非正规契约得不到法律保护，隐藏巨大的风险。

1984 年，乐清县“合会”资金周转不灵、支付困难，并很快发展为倒会风潮，涉及民众 367 户，涉及金额 110 万元。1985—1986 年的“抬会危机”中，温州全市有 63 人自杀，200 人潜逃，近 1000 人被非法关押，8 万多户家庭破产，金额达 2 亿元。1988 年，以“平会”“银背”为导火索的危机涉及资金在 1 亿元以上②。

浙江温州“合会”风波的爆发，其原因是多方面的，既有经济的波动起伏、宏观政策的不稳定，也有政府对待民间借贷的政策的转变，以及对其管制、打压、清理和整顿等。1984—1987 年，中央宏观调控政策的波动，导致经济大幅波动，对民营企业造成冲击，引发其偿付能力急剧下降。此外，国家对民间借贷的态度在刚开始是鼓励尝试和探索，如 1984 年，中央一号文件提到，允许农民和集体的资金自由地或有组织地流动，并鼓励农民向各种企业投资入股；随后在严厉打击“投机倒把”中，“温州抬会事件”的郑乐芬被判处死刑；1985 年国务院进行价格“双轨制”改革，一批“投机倒把”案得到平反③；1986 年 1 月国务院出台《中华人民共和国银行管理暂行条例》规定：个人不得设立银行或其他金融机构，不得经营金融业务。在这样的政策背景下，民间自办的钱庄、合会等金融组织先后被取缔和打击，民间借贷机构遭到重创，出现了偿付危机④。

当然，20 世纪 80 年代的温州合会风波是一个纯粹的民间借贷事件，

---

① 丁骋骋．区域性民间金融风潮：中国式金融危机简史（1883—2015）[J]．财经理论与实践，2016，37（3）：2－9.

② 王育华．乐清县民间金融风潮的透视和思考[J]．上海金融，1989（2）：18－21＋1.

③ 法治周末．历史尘埃中的“投机倒把罪”[EB/OL]．（2018－08－15）[2021－12－12]．https://page.om.qq.com/page/OfTb TK7bxDC6I X78bNLTA2Hw0.

④ 王育华．乐清县民间金融风潮的透视和思考[J]．上海金融，1989（2）：18－21＋1.

除受上述政策因素影响外，倒会风潮的发生还有更深层次因素，即标息的高涨，容易导致资金链断裂。这既有标会[①]会员对标息会一直上涨的非理性的预期的原因，也有部分会员道德缺失，"假抢标"吸引会员资金、推高标息，使标息大大超过一般企业生产经营者的承受能力，致使资金投向完全脱离生产搞庞氏融资游戏的原因。此外，参与者对风险认识不足，缺乏理性，"从众效应"使民众在恐慌情绪下涌向会首或银背挤兑，导致或加速危机的爆发与传播[②]。

5.1.3　20 世纪 90 年代的民间借贷风波

1. *农村合作基金会挤兑风潮*

农村合作基金会发端于 1984 年，作为社区内的资金互助组织，根据 1993 年《国务院关于金融体制改革的决定》，其不得办理存贷款业务。在中央政府的鼓励和试点下，农村合作基金会融资规模迅速增大，截至 1996 年正式整顿之前，全国已有 2.1 万个乡级和 2.4 万个村级农村合作基金会，融资规模约为 1500 亿元[③]。但由于政企不分、管理混乱，基金会甚至成为乡镇政府的资金来源。1995 年开始，合作基金会的大量不良资产开始集中暴露，各地普遍发生兑付危机，局部地区甚至出现挤兑风波。1996 年国务院出台的《关于农村金融体制改革的决定》提出，开始对农村合作基金会进行整顿。由于风险日积月累，加上当时的国内外经济发展环境，1998 年在四川、河北等地出现大规模挤兑事件，引发严重不良社会影响[④]。1999 年 1 月，国务院发布 3 号文件，完全取缔农村合作基金会，"两社一会"全部退出，部分基金会整合归并为商业银行、农信社，其余全部清盘。直到 2001 年，整顿工作才基本完成，农村合作基金会造成的影响基本得到化解。

农村合作基金会从成立到消亡，是我国民间金融阳光化发展的一次尝

---

① 标会：用投标竞争办法决定会脚收款次序的合会称为标会。张翔，邹传伟．标会会案的发生机制[J]．金融研究，2007（11）：129－142.

② 张翔，邹传伟．标会会案的发生机制[J]．金融研究，2007（11）：129－142.

③④ 韩俊．中国经济改革 30 年（农村经济卷）[M]．重庆：重庆大学出版社，2008：191－192.

试，经历了10余年时间。农村合作基金会的发展，为农村经济的发展提供了动力，但由于行政过度干预，其甚至直接成为当地政府的钱袋子。此外，由于其投机性严重，资金超越互助范围后存在追求高额利润违规办理存贷款业务的情况。加之监管政策的落后和风险控制手段的缺失，使基金会的坏账不断积累，最终爆发兑付危机，并且农村基金会与中央的政策相冲突，最终导致农村合作基金会的消亡。

2. 非法集资案件爆发

20世纪80年代末到90年代初期，在国家金融严管、民间金融中介被严格整顿时，民间融资活动非常活跃，出现企业民间直接融资的高峰。在这一时期，政府和国有企业曾向社会公众集资，修建公共设施等①。这种新的直接集资形式，处于当时法律的真空地带，直到1993年，国家相继出台《关于清理有偿集资活动坚决制止乱集资问题的通知》《关于坚决制止乱集资和加强债券发行管理的通知》等整治非法集资行为的相关政策后，“非法集资”行为才受到严厉的打击。1993年的“沈太福案”，牵涉近20万人高达十多亿元的高息集资，成为我国改革开放后的“非法集资第一案”。1994年的无锡“邓斌案”，6年共集资32亿元，遍及全国12个省市的368家单位，涉案200余人。

农村合作基金会和非法集资都曾存在于我国经济活动中，农村合作基金会从成立到1999年1月被全部取缔，历经10年时间；其在改革试点下迅速发展，但因有效监管的缺失，在发展中难以避免道德风险滋生和违规经营、非法活动，最终在政府稳定农村金融和社会秩序下被“一刀切”。

5.1.4 21世纪初的民间借贷风波

这一时期，民营企业快速发展，民营企业的融资困境与非法集资案件也备受关注，如河北“孙大午案”曾轰动一时。孙大午创立的大午集团是从1985年的小型养殖场逐渐发展起来的，1995年已经是全国500家最大私营企业之一。2003年，孙大午因涉嫌参与非法集资被拘留，涉及3000

① 陈氚．中国民间金融市场的合法性变迁[M]．北京：中国社会科学出版社，2019：107.

多户农民，金额1.8亿多元。随后，孙大午被判刑4年，并处以罚金10万元，在这之前大午集团仅得到过两笔银行贷款。另一起在社会上引发较大影响的是“吴英案”，吴英利用本色集团，以投资、合伙为名，向11人非法集资7.7亿余元。2007年，吴英被依法逮捕，经过历时5年的审判，在2012年以集资诈骗罪被判处死刑。此案件引起了国内经济学界、法学界的激烈讨论，最终在社会各界的呼吁下，吴英被改判死缓。在我国金融体系的金融抑制背景下，企业从银行贷款很难，特别是民营企业，它们的发展也需要资金的支持，在正规金融很难融资的情况下，被迫转向求助于民间借贷。2005年之前，国家出于对金融风险的防范，一直对民间借贷等民间金融活动进行严格管控，这就使得民间金融的发展与我们经济社会的发展不适应，社会各界也借“吴英案”呼吁司法与政策对民间借贷松绑。

5.1.5　新常态以来的民间借贷危机

2010年以来，民间借贷危机的爆发出现持续时间较长、影响范围较广的特点。以温州民间借贷危机爆发为起点，以P2P的清零暂时告一段落。

第一个阶段是2011年。2011年4月起，温州市有90多家企业由于无力偿还巨额债务而倒闭。随后，从温州到鄂尔多斯、河南、江苏、陕西等地均出现了高利贷崩盘、担保公司链条断裂、非法集资的现象，范围遍布大半个中国，涉及资金数额仅媒体曝光的就高达数万亿元（见表5-2）。

表5-2　2010年以后的民间借贷危机事件①

年份	地区	事件
2011	浙江温州	江南皮革董事长黄鹤跑路，温州地区资金链断裂，跑路的企业多达234家，触发温州金融改革试点
2011	内蒙古鄂尔多斯	2011年9月，中富房地产开发有限公司法定代表人王福金自缢，上千人围堵集资人公司，并到政府上访；随着煤价下跌与地产的调控，危机迅速蔓延，资金规模超过2000亿元
2012	陕西神木	房姐“龚爱爱事件”，2012年底民间借贷市场崩盘；民众恐慌，聚访县政府
2014	湖南娄底	2014年危机爆发以来，娄底查处非法集资案件189件，涉案金额超过300亿元

① 资料来源：笔者根据课题组调研和收集的资料整理而得。

续表

年份	地区	事件
2014	四川成都、南充等地	2014 年四川汇通担保有限公司高管跑路，四川民间借贷问题迅速蔓延，南充市受波及，全市 53 家（顺庆区 42 家）投资理财类公司难以兑付本息，爆发民间借贷风波
2014	全国	2014 年 7 月起，“e 租宝”非法吸收资金 762 亿元，涉及的投资人遍布全国 31 个省份，达 115 万余人
2015	云南昆明	昆明泛亚有色金属交易所理财产品集资诈骗，涉及 20 个省份、22 万名投资者，金额超过 430 亿元，民众上访
2016	全国	2016 年 4 月 5 日，涉嫌非法吸储和集资诈骗的“中晋系”关联公司被上海警方查处，国太集团非法集资共计 400 亿余元，案发时未兑付本金共计 48 亿余元，涉及 1.2 万余名集资参与人
2017	全国	钱宝网实际控制人于 2017 年 12 月 26 日向南京市公安机关投案自首，截至案发，钱宝网未兑付资金数额超过 300 亿元
2018	全国	2018 年 6 月开始，P2P 网贷行业爆雷事件频繁发生，短短 50 天内，163 家 P2P 网贷平台发生爆雷事件

第二个阶段表现在，互联网金融开始发展后不断暴露的问题和危机，特别是民间借贷中介 P2P 行业的爆雷。2013 年末，行业首次出现集中挤兑，随后 P2P 行业出现了两次爆雷，每次间隔时间 1 年左右①，具体内容如图 5 - 1 所示。

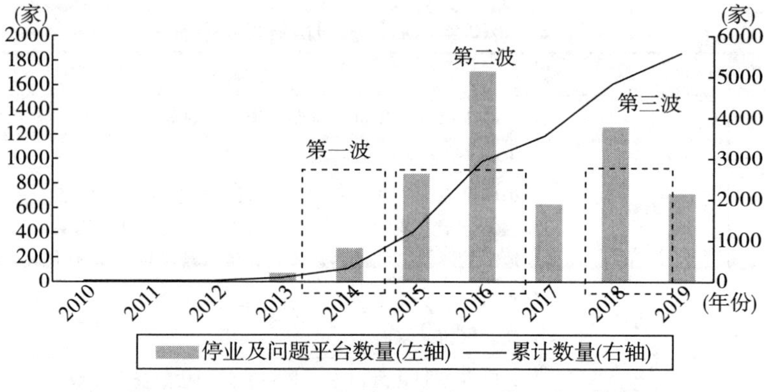

图 5 - 1　2010—2019 年 P2P 行业的三次爆雷潮

① 资料来源：Wind 数据库。

P2P 网络借贷作为最具代表性的互联网金融模式之一，自 2007 年我国第一家 P2P 借贷网站——拍拍贷成立至今，历经了萌芽期、野蛮扩张期及整顿规范和清退期。据统计，自 2007 年以来有 1 万多家 P2P 上线，高峰时共有 5000 多家同时运营，年交易规模约 3 万亿元，坏账损失率极高[①]。2013 年起，平台开始大面积出现提现困难、停业、跑路等问题，有的甚至涉嫌非法吸收公众存款或集资诈骗被立案调查。2014 年有停业及问题的平台数量为 275 家，较 2013 年的 76 家同比增长 262%；2015 年停业及问题平台数量为 896 家，同 2014 年相比增长 226%。

2018 年，随着善林金融、连壁金融相继出现问题，P2P 行业经历了第二次大规模的爆雷，全年停业及问题平台总计 1279 家，同比增长 43.5%。2018 年底，全国累计停业及问题平台达到 5409 家，其中问题平台为 2661 家[②]。通过能够反映网民主动搜索次数的百度指数，如图 5－2 所示，在 P2P 的三次爆雷时期，含有“互联网金融”“P2P”或“民间借贷”关键词的百度搜索量相对其他时期均有所增加，特别是 2018 年 P2P 的爆雷事件，更是将其关注度推向历史峰值，百度指数显示的舆情动态反映出这些事件在社会上影响广泛。

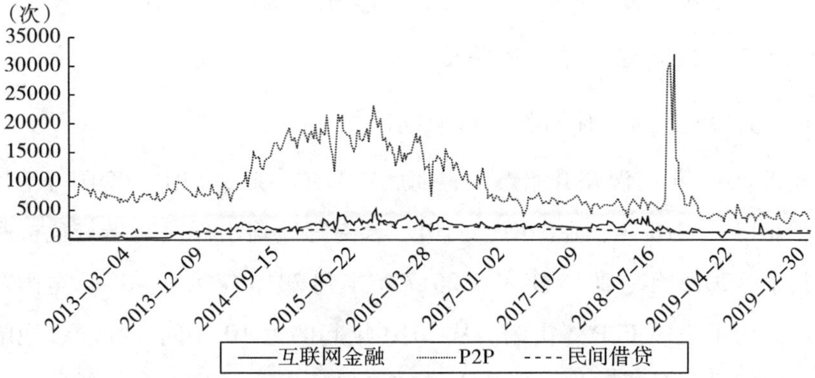

图 5－2　百度指数新闻头条关键词搜索统计

① 郭树清．金融科技发展、挑战与监管[N]．中国银行保险报，2020－12－09(001)．

② 王海梅．2018 年全国各地 P2P 发展报告：该地收益率最高[EB/OL]．(2019－01－13)[2021－11－28]．https://baijiaha o. baidu. com/s? id＝1622546662841156470&wfr＝spider&for＝pc/.

2010年以来发生的民间借贷危机，由于受互联网科技发展和金融创新的影响，民间借贷机构的形式呈多样化，如网络小额贷款公司、网络众筹、P2P等，导致危机的成因、规模和影响更加复杂。这些影响有宏观货币政策收紧对中小企业资金链的冲击；有去产能、去库存、去杠杆政策下楼市、煤炭、股市资产价格下跌引发的投机资金套牢和企业资金链断裂影响；有P2P网络借贷行业缺乏合理引导和规范，诸多平台利用制度、政策和监管漏洞进行违规操作积累风险的影响；有金融素养缺失下民众要求政府兜底的群体性事件和因社会道德缺失而发生的集资诈骗，诸如云南泛亚、e租宝等重大案件，社会影响极其恶劣。

5.2 新常态下民间借贷危机特征及影响与冲击分析

中小企业在我国经济发展中的占比增加，对资金的需求量更大，互联网普及使资金流通突破区域限制，普惠金融政策鼓励民间借贷支持实体经济，在这一背景下的民间借贷危机呈现新的特征：危机持续时间长，涉及区域广泛；资金规模巨大，涉及人数众多；高利贷现象突出；企业倒闭数量多，并通过多种途径突破民间借贷市场，传染至正规金融市场乃至实体经济，引发恶性社会事件和非法集资案件，严重影响社会稳定。

5.2.1 民间借贷危机的特征

1. 危机爆发持续时间长，影响范围广

危机2011年在温州开始爆发，随后在鄂尔多斯、神木、安阳等地接连爆发；2014—2018年，在湖南、四川、云南等地均出现民间借贷危机和风波。其中，2013年、2015年末和2017年末到2018年第三季度，全国范围内先后经历了三波P2P爆雷潮。从2010年起的近10年间，我国各地陆续爆发的民间借贷危机事件，形式由借贷偿付危机到借贷中介兑付危机、非法集资诈骗。直到2018年左右，相关立法逐渐完善、监管政策出台，以及贴近群众、贴近实际的防诈骗法制宣传引导，民间借贷爆雷事件才逐渐停息。这一期间的民间借贷危机摆脱了时间和空间的束缚，表现出全国多地区持续爆发的特征。

2. 危机涉及资金规模大、人数多

传统的民间借贷活动一般出现在“熟人社会”，出现债务纠纷时的影响也是局部的。新常态下的民间借贷危机涉及的资金规模大主要源于两个方面：一是单笔借贷资金的规模大，资金用途不像过去仅限于家庭生活开支，而是用于生产经营，金额动辄几百万元、几千万元。2011 年，我国民间借贷市场融资规模超过 4 万亿元，为银行表内贷款规模的 10% ~20%[①]。2011 年，温州民间借贷资本规模达到 1100 亿元；内蒙古鄂尔多斯民间借贷资本至少在 2000 亿元以上。二是受互联网、大数据、云计算等新兴科技对民间金融体系的影响，投资公司、担保公司、典当行、P2P 及小贷公司等放贷主体具有较强的资金聚集能力，发放资金规模大，且借贷活动不再局限于某个地区。提供资金的主体人包括自然人、企业法人、商业银行、风险投资基金等，涉及的借贷资金规模更大，关系更复杂。四川南充顺庆区的民间借贷危机中，涉及资金近 100 亿元、集资参与人 10 万余人。2015 年的“e 租宝”庞氏骗局非法吸收资金 762 亿元，涉及的投资人遍布全国 31 个省份，达 115 万余人。昆明泛亚有色金属交易所理财产品集资诈骗，涉及 20 个省份、22 万名投资者，金额超过 430 亿元。2016 年 4 月 5 日，“中晋系”国太集团非法集资共计 400 亿元，案发时未兑付本金共计 48 亿余元，涉及 1.2 万余名集资参与人。2018 年 2 月，上海旌逸集团资金链断裂，案发时非法集资达 131 亿多元，到 2019 年初仍有 47 亿多元资金未兑付，涉及人员达到 1.9 万人。2020 年 7 月，微贷网因涉嫌非法集资被杭州市公安局立案调查，微贷网“良性退出”失败，超 11 万投资人受波及，71 亿元无法偿还。截至 2020 年 6 月，P2P 网贷平台还有出借人的 8000 多亿元没有回收[②]。在互联网的普及下，民间借贷活动中的风险已不是少数人之间的经济债务纠纷，而是通过连锁和关系网络影响大量社会群体的事件。

---

① 中国社会科学院．2012 年社会蓝皮书[M]．北京：社会科学文献出版社，2012.

② 和讯网．P2P 清零未了局：谁来为 8000 亿坏账买单？专家发话了[EB/OL]．(2020-12-01)[2021-12-09]．https://baijiahao.baidu.com/s?id=1684866394514580315&wfr=spider&for=pc.

3. 民间借贷往往呈现高利贷特征

民间借贷危机的爆发往往伴随着借贷资金的高成本，一方面表现为资本需求旺盛和逐利性的推动。2011 年，面对出口下降和流动性紧缩，中小企业很难从正规金融市场获得资金，不得不依靠民间借贷，而此时温州制造业的平均利润率：1980 年为 30%、1990 年为 15%、2002 年为 5%、2011 年为 3%[①]；而小贷公司的贷款利率为 12% ~18%，民间借贷的利率为 20% ~60%，有些甚至高达 180%。鄂尔多斯民间借贷危机中，从事房地产开发的中富公司据债权人初步统计，涉及借贷资金总额约为 2.6 亿元，每月仅需支付的利息就高达 789 万元，中富公司因无法归还民间借贷本息而停止运营[②]。2014 年南充市的借贷风波中，企业支付出借人的资金成本月息在 1.3% ~1.5%，加上支付给投资理财公司 1% 左右的居间成本，年化利率高达 30%，部分投资理财公司甚至违规设置资金池，非法出借高利贷，折合年息为 40% ~50%。企业经营难以支撑贷款利率，民间金融市场中畸高的回报率吸引更多逐利性的资本涌入，甚至一些企业摒弃了利润低廉的实体经济，转向通过发放高利贷来牟利。截止到 2011 年 6 月，温州民间借贷利率超过历史最高值，折合成民间借贷综合利率水平为 24.4%（见图 5 -3）。

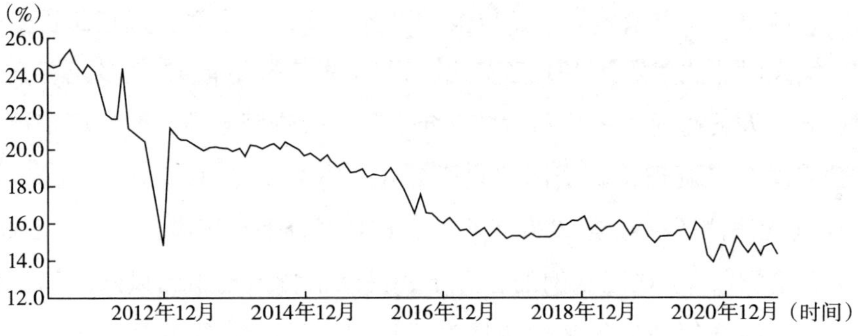

图 5 -3　2011—2021 年温州民间借贷综合利率走势

---

① 许经勇，任柏强．温州民间借贷危机与温州金融综合改革的深层思考[J]．农村金融研究，2012(8)：23 -26.

② 中央党校第 12 期中青二班二支部调研组，李国俭，文学国．地方政府怎样规制民间借贷？——来自鄂尔多斯市的调研报告[J]．中国社会科学院研究生院学报，2012(6)：23 -31.

另一方面表现在互联网金融P2P等行业在高额的经营成本下寻求高利贷出路。由于主流P2P平台的投资者收益在年化16% ~20%[①]，加上平台自身运营成本，超过了24%的红线，经营高利贷成为平台的一种选择。高利率还催生了中晋系、e租宝、钱宝网等大型非法集资的“庞氏骗局”案件。截至2017年底，创始人向公安机关投案时，南京钱宝网以年化收益率20% ~60%的高额回报为诱饵非法集资500亿元。

4. 跑路企业与问题平台多

2011年，温州民间借贷危机爆发，跑路的企业多达234家；2014年四川省南充市顺庆区全区的借贷问题中，涉及投资理财公司45家，占全市投资理财公司的83.3%。在P2P爆雷风潮中，2014—2016年，跑路平台占问题平台的比例高达64.6%。2018年6月后每月新增的问题平台数量、停业及转型平台数量更是刷新了单月新增的历史最高纪录。如表5-3所示，根据网贷之家的统计，2018年7月新增问题平台200家，环比增长177.8%；8月新增问题平台111家，远远超出前6个月问题平台的数量。

表5-3 2011—2020年问题平台类型分布

年份	提现困难（家）	经侦介入（家）	延期兑付（家）	网站关闭（家）	跑路（家）
2011	0	0	0	0	5
2012	0	0	0	0	4
2013	66	0	0	0	6
2014	122	5	0	0	138
2015	284	15	0	0	566
2016	167	6	0	1	392
2017	150	9	0	1	65
2018	184	308	101	66	41
2019	10	47	81	94	2
2020	1	7	0	0	0

① 资料来源：网贷之家研究中心，https://www.wdzj.com。

5. 危机爆发依旧以区域性为主

传统的民间借贷往往是在一个相对封闭的市场中进行，新常态下的民间借贷已经突破传统地域范围，但终究还是以一定地域范围为主，还是一个区块化市场，并没有形成一个统一市场。从危机爆发的地域来看，民间借贷危机在2014年前很少出现省际、城际传导的状况，温州、鄂尔多斯、河南安阳、陕西神木等地爆发的危机，均在城市区域内，虽然有部分温州民间炒楼资金流向外地，但都不是引发危机的根源性原因。2015年，南充爆发的民间借贷风波，虽然受到四川民间借贷问题的波及，但风险没有再扩大，危机主要限定在南充市范围内，经地方政府快速介入处理，释放风险并维护社会稳定，没有形成真正意义上的危机。从危机爆发的市场来看，依托互联网的P2P平台虽然在全国范围内进行经营，参与的投资者遍布全国，但仅发生在P2P行业的爆雷事件，没有传染到正规金融市场，具有局部性，即使在2015年，场外配资被认为是股市剧烈波动的导火索之一，但在监管层的救市政策下，风险也没有向外扩散和传导。这一时期，我国防范、化解重大风险的能力明显增强，各金融子市场平稳运行，民间借贷没有引发大面积的系统性危机。

6. 危机与矛盾化解时间长

由于经济社会背景的变化，民间借贷的功能、性质及其特征显著变化，由此引发的危机，其背后成因的复杂性和深远性非传统民间借贷所引发的风波所能相提并论，其背后涉及的利益、链条，涉及的群众规模、借贷金额及所引发的社会矛盾等是非常复杂的。因此，政府介入危机处理的难度明显增大，处理危机和化解矛盾的时间也会很长。2014年，四川汇通担保公司跑路引发的四川民间借贷风波，从对其集资诈骗、非法吸存等开始调查到初审历经五年多的时间，到2019年底才进行一审宣判。“汇通担保案”波及大量南充民间借贷问题，2014—2021年，南充市顺庆区政府一直在介入处理追赃挽损、缓解群众矛盾，目前，矛盾化解工作依旧在进行中。

2014—2019年，面对社会上P2P、现金贷、校园贷等互联网金融的乱象和“爆雷”，监管部门陆续出台了近 60 项监管政策，为 P2P 借贷平台划定多条红线，从限额、禁止担保或承诺保本保息到禁止平台自融、限定资金来源等，要求平台健康发展，并对不合规平台进行整顿等。2015 年中旬，“爆雷”的 e 租宝，同年年底进行立案，投资者在 2019 年才收到部分退款。在全面清退之前，虽然国家陆续出台了各种监管、取缔政策（见表 5－4），但金融素养低且逐利性强的民众仍抱有侥幸心理，参与各种民间借贷平台甚至非法集资。历经数年，P2P 才最终于 2020 年底清零。

表 5－4　2014—2020 年针对 P2P 等网贷出台的重要监管政策

发布时间	发布机构	政策名称	主要内容
2014 年 3 月	最高人民法院、最高人民检察院、公安部	《关于办理非法集资刑事案件适用法律若干问题的意见》	为 P2P 借贷平台划定四条红线，不得提供担保，不得设资金池，不得非法吸收公众存款
2015 年 7 月	中国人民银行等 10 部门	《关于促进互联网金融健康发展的指导意见》	网络借贷业务由银监会负责监管
2016 年 2 月	国务院	《关于进一步做好防范和处置非法集资工作的意见》	尽快完善互联网金融相关规范
2017 年 12 月	中国人民银行、银监会	《关于规范整顿“现金贷”业务的通知》	整顿网络小贷机构，限制其杠杆率
2018 年 5 月	银保监会、公安部、国家市场监督管理总局、中国人民银行	《关于规范民间借贷行为维护经济金融秩序有关事项的通知》	明确信贷规则，规范民间借贷资金来源，严厉打击非法集资和非法催收
2019 年 1 月	互联网金融风险专项整治工作领导小组办公室、P2P 网贷风险专项整治工作领导小组	《关于做好网贷机构分类处置和风险防范工作的意见》	除部分严格合规的在营机构外，其余能退尽退、应关尽关，加大整治工作的力度和速度
2020 年 11 月	中国银保监会、中国人民银行	《网络小额贷款业务管理暂行办法》征求意见	限定杠杆最高为净资产的 5 倍；在单笔联合贷款中，经营网络小额贷款业务的小额贷款公司的出资比例不得低于 30%

5.2.2 民间借贷危机的冲击与影响

1. 对金融领域的冲击

首先，民间借贷危机对金融领域的冲击主要表现在证券市场和银行信贷市场。在证券市场，2015 年股市火热时期，证券公司的两融业务门槛过高，一般散户不符合条件，无法满足那些追求高收益投机者想要加大几倍杠杆的欲望，民间借贷资金推动场外配资公司崛起。民间借贷资金的进入使市场上的资金流动加快，投机资金涌入股市推动资产价格上涨，最高的场外配资规模约为 1.8 万亿元[①]，这增加了金融系统的脆弱性。由图 5－4 可见，2015 年我国股市三大指数波动剧烈。

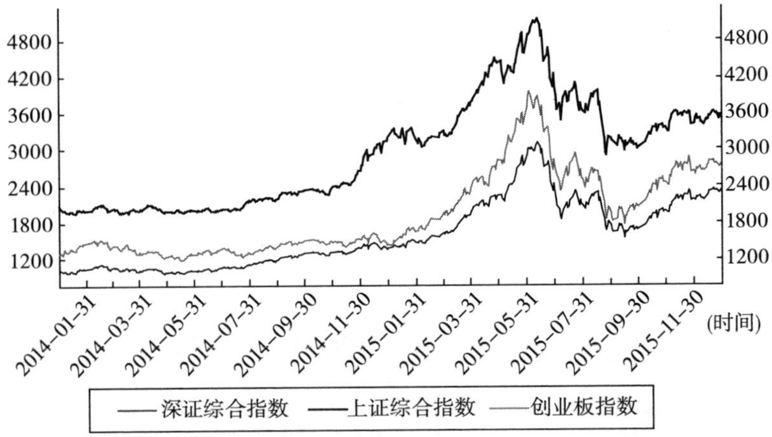

图 5－4　2014—2015 年股票市场三大指数走势情况

资料来源：Wind 数据库。

2015 年 6 月，在杠杆资金助推高股价泡沫、股指期货做空、大股东减持等多种因素的作用下，沪指从 5178 的高点开始持续跳水，股价下跌引发场外高杠杆资金强制平仓，抛售股票又引发股价下跌。市场上恐慌情绪蔓延，伴随“羊群效应”，民众大量处置资产，又引发资产价格的迅速下跌。基金公司等非银行金融机构除了部分自营资金外，也会从银行获取资金，

① 根据海通证券发布的研究报告，2015 年，A 股高峰时杠杆资金规模在 4 万亿元以上，其主要包括场内融资规模 2.27 万亿元，场外配资规模约 1.8 万亿元。

当股价下跌导致大部分基金净值急剧下跌、客户大规模赎回时，基金公司不得不大规模抛售资产，进而引发新一轮的股价下跌，并封死跌停板，其他资金无法变现，一方面由于股市流动性干涸，导致企业和个人投资者资金链断裂，损失惨重；另一方面资产价格下跌导致企业在银行的质押物价值大幅度缩水，银行相关信贷业务风险暴露，好在政府和金融监管部门相继出台政策挽救股市，风险才没有由证券市场传导至银行市场。

其次，民间借贷危机会波及银行市场是显而易见的。其一，民间金融活动的存在，促使社会逐利资金从银行转移到民间借贷机构，弱化了银行的筹资能力，影响银行的筹资规模和成本。其二，新常态下支撑民间借贷活动繁荣发展的，已不仅是投资者的闲置资金，还有更多来自企业或个人通过违规套利获取的银行机构资金。其三，作为民间借贷活动最重要的参与主体之一——企业往往同时通过银行和民间进行融资，当自身经营不善、难以为继时，其更倾向于优先偿还融资成本更高的民间贷款，而对银行进行违约，导致银行坏账增加。Wind 资讯数据显示，如图 5－5 所示，浙江省商业银行的不良贷款率在民间借贷危机爆发的 2011 年迅速上升，并高于全国平均水平。

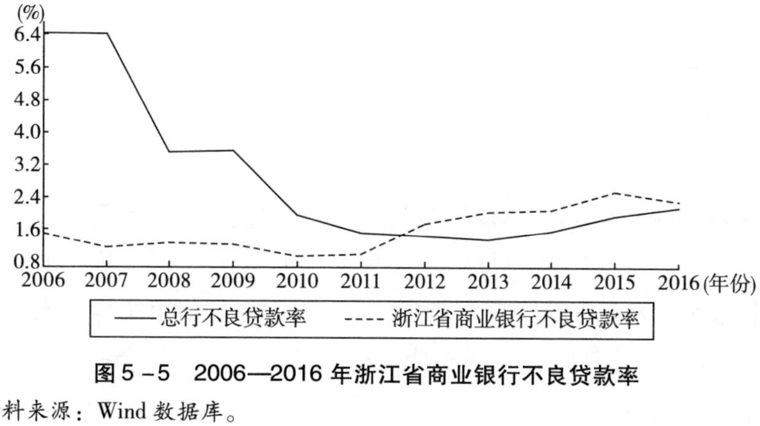

图 5－5 2006—2016 年浙江省商业银行不良贷款率

资料来源：Wind 数据库。

部分企业跑路后，担保链条的存在使银行面临连环互保风险暴露时的系统坏账。同一企业往往不只在一家银行进行贷款，这增加了银行间相互关联度，一旦危机发生，导致银行不良贷款增多，容易造成链式反应，形成系统性危机。由于我国各金融机构具有较强的联动性和传导性，证券市场、银行系统的风险会通过与其他金融领域之间投资资金的流动，以及参与者的非理性行为进行传导。

2. 对经济领域的冲击

从参与民间借贷的主体来看，不同行业的企业或通过融资担保直接参与，或通过资金流动间接参与，还有数量众多的百姓，都成为民间借贷活动的资金供给方或需求方。危机在连锁效应下对整个经济实体造成影响。

一是导致国民收入、消费减少。企业或因不能承受民间借款资金的高额利率，导致资金链断裂大面积倒闭；或因投资民间借贷市场，资金无法收回而使利润大幅度下降、资金链断裂破产。如图5－6所示，温州民间借贷危机爆发时期，浙江省企业的利润出现急速下降。

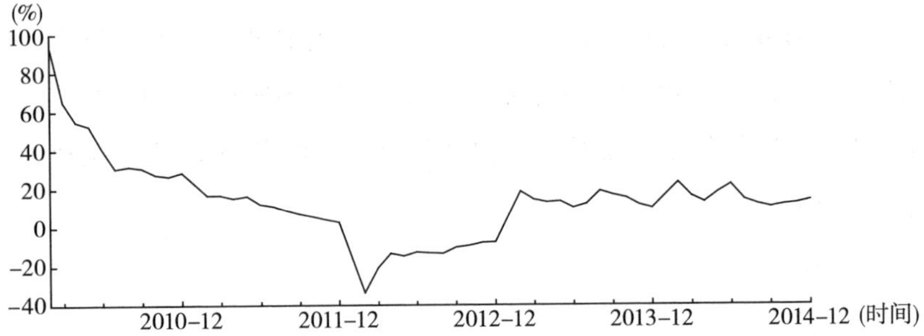

图5－6　2010—2014年温州规模以上工业企业利润总额同比变化

资料来源：Wind数据库。

此时，部分企业为了存续不得不进行裁员，导致失业率增加，社会民众收入减少；同时民众参与民间借贷活动的资金大部分被套牢或发生损失，社会消费水平出现下降。如图5－7所示，温州市统计局发布的历年《温州市国民经济和社会发展统计公报》数据显示，2011—2012年，温州民间借贷危机发生后，全市生产总值增长率、城镇居民人均可支配收入增长率出现大幅下降。将资金投入投资理财公司或P2P的低收入人群和老年群体，因本金亏空，大幅度缩减消费，生活水平受到严重影响。

二是危机爆发使地区产业发展受到影响。由于中小企业在发展中严重依靠民间借贷资金，且互联互保的担保关系常发生在同质行业中，因此危

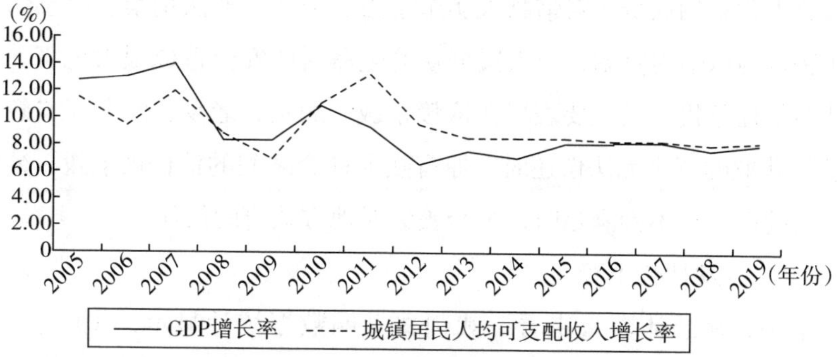

图 5-7　2005—2019 年温州 GDP 增长率与城镇居民人均可支配收入增长率变化趋势

机爆发会对相关产业造成冲击，使产业升级转型停滞不前。鄂尔多斯的民间借贷危机事件中，由于 60% 的房地产投资项目资金都来自民间借贷，截至 2012 年 4 月底，全市房地产续建项目复工率仅为不到 40%，计划新建项目开工率仅为 14.3%，80% 以上的建设项目停工[①]。

三是导致市场需求减弱，投资减少。国民消费的降低使市场需求减弱。2012 年，温州企业减产停产现象增加，60.43% 的规模以上工业企业出现减产停产[②]；受危机影响，大部分投资者损失严重，加之市场上恐慌情绪未完全消散，投资人的投资意愿下降，增大了经济下行压力。在危机爆发之前，流入楼市的民间借贷资金助推楼市泡沫，使得危机爆发前温州、鄂尔多斯等地的楼市价格达到历史高位，导致购房者损失惨重。

3. 对社会与司法领域的冲击

民间借贷危机的爆发，往往伴随着社会事件，危及社会的和谐稳定，甚至直接诱发各类违法犯罪活动，冲击司法领域。一是群众信访维权事件增多。危机爆发导致大量企业倒闭，失业率上升，民众借款血本无归，引发社会性的动荡和恐慌，民众强烈的刚性兑付要求，诱发群体性事件，对社会稳定造成冲击。二是滋生黑恶犯罪行为。民间借贷危机爆发后，部分具有

① 李国俭，文学国．地方政府怎样规制民间借贷？——来自鄂尔多斯市的调研报告[J]．中国社会科学院研究生院学报，2012(6)：23-31.

② 第一财经日报．温州规模工企六成减产停产形势严峻[EB/OL]．(2012-07-27)[2021-12-09]．https://www.yicai.com/news/1933956.html.

黑恶势力背景的放贷人对借款人实施暴力、绑架、非法拘禁、故意伤害等恶性非法行为以追讨贷款，对人民群众的生命财产安全造成很大危害。三是造成社会信任危机。其主要表现在依赖亲戚、朋友、老乡、同事等“熟人社会圈子”获取的资金无法偿还时，原有熟人社会之间的信任被摧毁；公众对政府提出的诉求得不到满足时，公众丧失对地方政府的信任。

（1）引发社会不稳定。

第一，从总体数量来看，裁判文书网数据统计显示，2010—2021 年，基层法院受理的民间借贷已判决案件高达 6080462 件。如图 5 - 8 所示，2013—2014 年，民间借贷一审判决数量呈大幅增长趋势，2013 年同比增长 196.53%，2014 年同比增长 294.42%。之后几年的同比增长率分别是 48.88%、31.61%、19.73%、12.82%、2.96%、-2.41%。虽然增长率有所下降，但总体数量越发巨大，2019 年后，随着国家对 P2P、投资理财公司的清理整顿，案件数量才开始有所回落[①]。从裁判文书网的审判文书这一数据可以观察出，民间借贷的违约数量应该是远远超出这一规模的，按照中国人的传统，不到万不得已是不会通过法律诉讼这个程序来解决问题的。这么大体量的违约，涉及的金额、人数都是非常巨大的。大量的投资理财人会通过找政府、信访甚至采取极端方式来要求出借资金的本息保全，这给地方政府带来巨大的维稳压力。

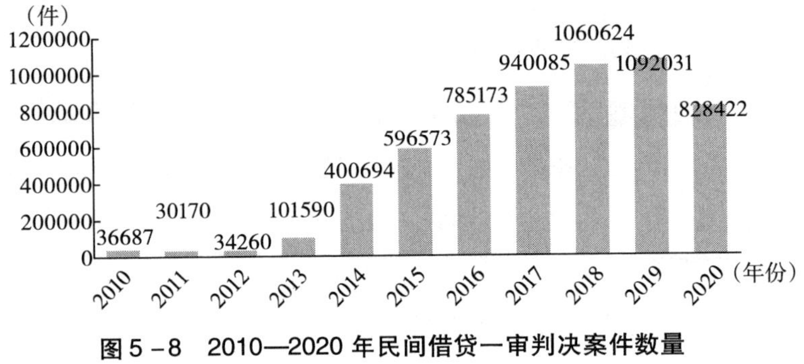

图 5 - 8　2010—2020 年民间借贷一审判决案件数量

第二，从地域分布来看，全国 31 个省份及新疆建设兵团（不包括港

① 资料来源：裁判文书网，https://wenshu.court.gov.cn/。

澳台地区)，民间借贷危机爆发所在地以浙江省、江苏省、河南省数量最多、最集中，分别占比 11.95%、8.25%、7.88%①（见图 5-9）。

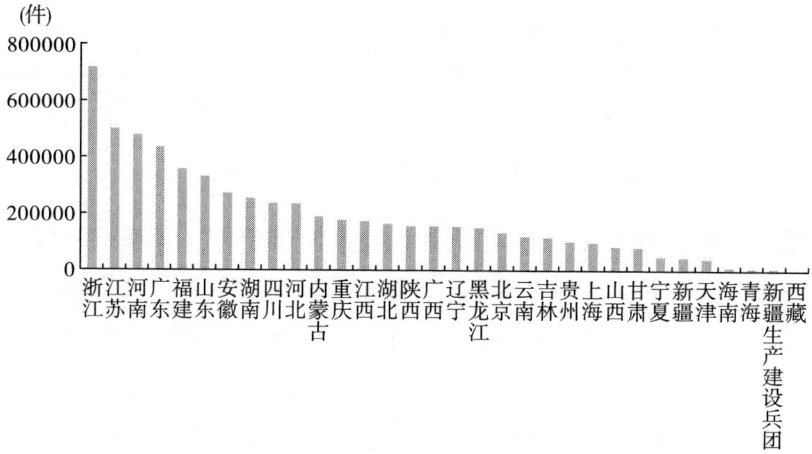

图 5-9　2011—2020 年各省份民间借贷一审判决数量

（2）非法集资等案件层出不穷。

第一，从数量来看。中国法院网公布的数据显示，2013—2020 年，全国检察机关共审理非法集资类案件 46837 件，其中 2018 年非法集资案件数最多，达到 10000 件，非法集资涉及金额总量大，且案件涉及群众面较广，覆盖不同行业、不同地区，一般受害者损失金额较大。以 P2P 借贷行业为例，该行业非法集资犯罪案件的数量和金额如图 5-10 和图 5-11 所示，2018 年 P2P 行业爆雷时期呈现迅猛增加态势。

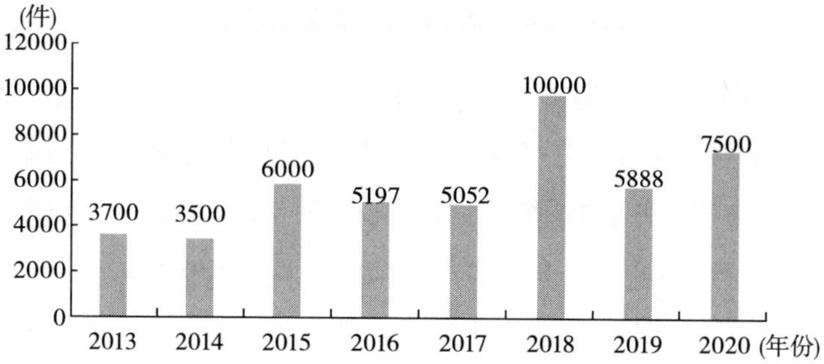

图 5-10　2013—2020 年我国非法集资案件数量

① 资料来源：裁判文书网，https://wenshu.court.gov.cn/。

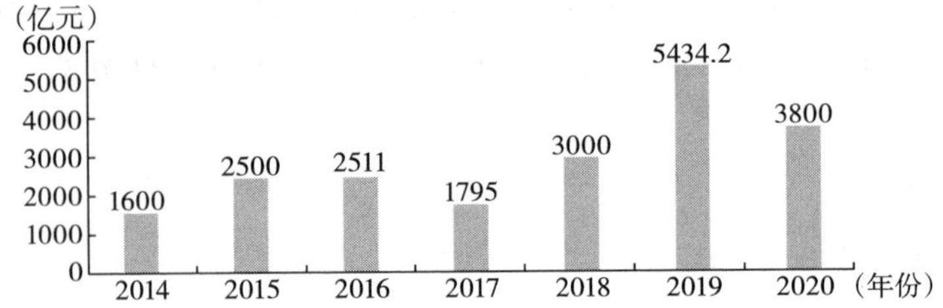

图 5－11　2014—2020 年非法集资案件涉及金额

第二，从全国地区非法集资案件的发生率来看，如图 5－12 所示，2000—2019 年，河南省排名第 1，江浙地区呈高发态势。这些地区非法集资案件高发的主要原因可能是中小企业在这些地区企业总数中占有很大的比重，虽然新型金融机构一直在扩充，银行机构数量和资金总额也很巨大，但是这些企业仍然很难达到银行贷款政策的限制条件，因此企业只能求助于民间资本获取资金。

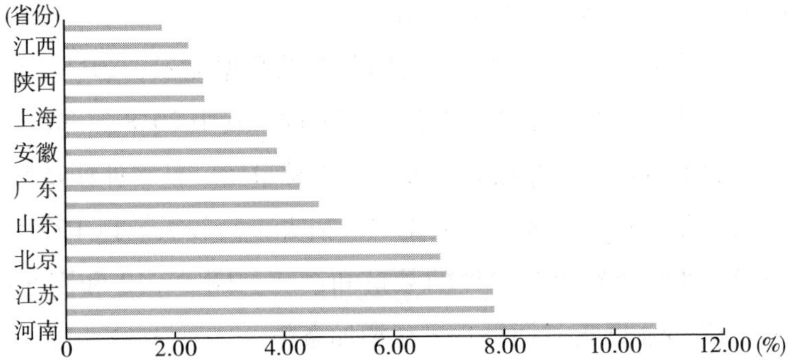

图 5－12　部分省份非法集资发生率

（3）高利贷、暴力追偿等恶性事件频发。

这部分主要表现在司法领域中的高利贷案件及与之相关的暴力追偿案件数量上。裁判文书网数据统计显示，2010—2021 年，基层法院受理民间高利贷案件共高达 119526 件。2013—2014 年，民间借贷一审判决数量呈大幅增长，2013 年同比增长 224.53%，2014 年同比增长 335.45%，随后几年该数量一直上涨，直到 2020 年才开始有所下降（见图 5－13）。

如图 5－14 所示，2010—2020 年，基层法院受理的民间高利贷案件数

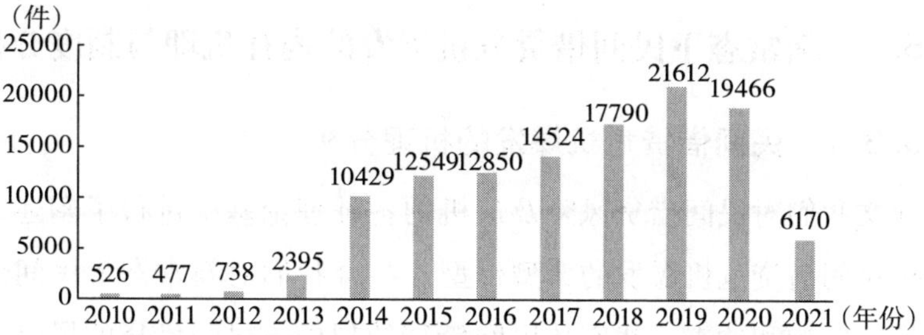

图 5－13　2010—2021 年我国高利贷案件数量

与法院受理的民间借贷暴力追偿案件数表现出相同的趋势，即 2014 年相对 2013 年案件数量快速增长，是增长缓慢的拐点，2020 年，案件数量开始下降，大体反映了高利贷往往伴随着暴力追偿的不良社会事件。

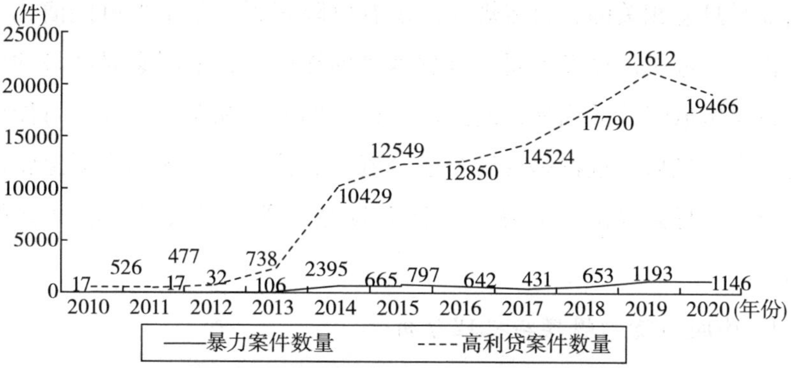

图 5－14　2010—2020 年暴力追偿与高利贷案件数量变化关系

同时，恶性社会事件甚至波及校园。《校园贷诈骗数据报告》显示，2016 年 4 月至 2017 年 6 月，有报道的校园贷诈骗案达到 41 起，涉及全国 22 个省份。有据可查的校园贷诈骗案的受骗人数约为 3679 人，涉案金额达 5496 万余元。更让人感叹的是，校园贷诈骗实施者的占比中，学生群体本身就高达 49%①。

① 北青网．校园贷诈骗案数据受骗人数约 3679 人［EB/OL］．(2017－06－23)［2021－04－15］．https://www.sohu.com/a/151414676_255783．

5.3 新常态下民间借贷危机爆发的内在机理与制度分析

5.3.1 民间借贷危机爆发的机理分析

前文我们对民间借贷风险及危机的各种理论基础进行了阐述，并构建了一个民间借贷危机爆发的典型模型。结合我们对新常态下民间借贷危机的特征、影响和冲击，我们从民间借贷的规模、民间借贷的风险、民间借贷危机的触发因素以及民间借贷危机的传导等四个方面探讨新常态下民间借贷危机的内在机理。首先，民间借贷危机爆发的首要基础是借贷规模，只有一定规模基础上的民间借贷才会形成危机，否则只是小事件，规模是危机爆发的核心要素。其次，民间借贷危机的形成与民间借贷的风险积累和增加是息息相关的，只有规模，没有风险积累，是不太可能演化成危机的。再次，危机的爆发需要有触发因素即导火索，如国家对经济的宏观调控，或是区域经济的调整，或是地产市场的冲击和调整，都有可能引起危机的爆发。最后，危机爆发后会通过资金、信息、主体等多渠道将风险进行传导，传导到经济、金融以及社会领域，进而造成对经济社会的巨大冲击。

1. 民间借贷的规模与机理分析

一切危机的生成基础都源于事件的规模较大，民间借贷危机也毫不例外，否则其违约产生的冲击和影响就会很小，不可能形成危机。此外，随着借贷规模不断增加，风险会不断积累，爆发危机的可能性就会变大。从前文的分析可知，2010 年“新非公 36 条”公布以后，民间借贷得到了迅速发展。仅仅就 P2P 借贷余额来看，其从 2010 年的 0. 6 亿元迅速增长到 2018 年的 10417. 68 亿元。南充的投资理财中介咨询信息公司参与的民间借贷交易金额从 2010 年的零飞速增长到 2015 年初的近 100 亿元。民间借贷规模短期内的迅猛增加是危机爆发的重要因素。另外，影响民间借贷规模发展的因素对其也会产生显著的影响。金融抑制越少，数字普惠金融发展越好，中小企业融通资金就会越便利，那么民间借贷规模就会越小，爆发危机的可能性就会越低。总的来说，民间借贷规模是民间借贷危机最核心的要素。

2. 民间借贷的风险与机理分析

民间借贷的规模只是危机爆发的必要而非充分条件，只有在规模不断增加的基础上，借贷风险不断积累才会导致危机的发生。民间借贷的风险与积累主要体现在以下几点：第一，民间借贷的项目绝大多数就是被各类金融机构淘汰下来的、在银行等金融机构无法获得贷款的项目，有些甚至是因为国家宏观调控严控贷款的产业项目，因此民间借贷项目的风险总体来看是比较高的。而且这类民间借贷项目随着规模的不断增加，其风险也会急剧攀升。第二，在民间借贷发展的过程中，由于其隐蔽性与监管的缺位，许多本是正常的民间借贷容易异化为非法集资，甚至还有很多庞氏骗局融资项目；这样的借贷项目其风险就会急剧增加，一旦无法借新还旧，就会立刻引发危机。第三，民间借贷的利率往往较高，超过绝大部分企业正常的经营利润水平，就会导致借款企业的财务负担水平较高，资金压力大。如果是短期性拆借或许问题不大，如果是资金的短借长用，期限严重不匹配，利息负担水平高，风险不断积累放大，一旦后续资金跟不上，极容易引发危机。第四，新常态下的民间借贷往往跨区域经营，传统的“声誉约束”机制失效，导致违约风险急剧增加。第五，民间借贷中介机构的风险控制能力较弱，又缺乏对大数据风控手段的运用，导致推到市场的项目风险很高。

3. 危机的触发因素与机理分析

随着民间借贷规模的不断增加，风险累积越来越大，当风险积累到临界值附近时，外在的触发因素或是某个导火索，极易引爆危机并迅速传染。触发因素有以下诸多方面，如宏观经济和金融调控，经济周期性与结构性调整以及外部市场的调整和冲击。第一，货币政策的调整，提高存款准备金率或是利率等。货币政策的收紧会导致资金面紧张，银行惜贷。资金紧张会通过需求者与供给者两端同时传导至民间借贷领域，很容易引发资金本身就紧张的民营企业、中小微企业的资金紧绷，进而引发危机。第二，经济的周期性与结构性的调整也可能会引发危机。当经济上行时，企业盈利向好，发生危机的可能性就小，而经济下行时，企业盈利下降，爆发危机的可能性就会增加。此外，经济结构的调整会使得流向传统产业结构的资金风险急剧上升，呆坏账急剧增加，进而引发危机。第三，外部市场的调整和冲击，房地产市场面临外部冲击和调整，它可能引发流入民间借贷资金的急剧紧张，导致企业流动性骤然下降，很可能引发危机。此外，股票市场的急剧调整导致场外配资的迅速斩仓，加之市场流动性不足，极容易导致股市在短期内剧烈调整，剧烈调整的市场又会进一步加剧资金的斩仓，二者螺旋交织，引爆危机。

4. 民间借贷危机的传导机理分析

新常态下民间借贷已经打破了传统熟人网络社会和县域范围限制，在省域或者市域范围内发生交易；与此同时，不同区域的借贷模式、借贷网络、资金来源以及外生的冲击各有不同。因此，新常态下民间借贷危机具有典型的区域性特点，不仅其内在风险与触发因素有所差异，而且其危机传染的特征、载体和路径等也会存在显著差异。既有通过互保企业链条传导的危机，也有通过中介机构传导的危机，还有因为信息的不对称与失真引发危机的传染与扩散，等等，如民众的盲从与恐慌效应极易引发危机的快速传导与扩散。此外，不同区域的民间借贷风波或危机，有些会冲击与传染至实体经济，甚至引发区域性的经济危机；有些则会传导至金融市场，对资本市场甚至是区域性金融市场造成较大的冲击；有些民间借贷危机的爆发则会对司法领域与社会稳定产生较大的冲击。具体地，我们通过以下几个实例分析传导的路径与领域：

第一，民间借贷资金投资的资产价格下跌使危机扩散。在温州、鄂尔多斯、陕西神木、河南安阳的民间借贷危机中表现为资金使用者脱离民间借贷用于生活、生产经营，将资金投入楼市、煤炭等，当房产、煤炭资源的价格下跌时，资金使用者难以偿付借款，引发企业倒闭，爆发危机。2015 年 6 月，创业板等市场指数泡沫巨大，市场风声鹤唳，当市场刚刚下跌时，使用民间借贷资金的场外配资为降低风险而斩仓，这一行为加剧了股票市场的下跌，市场的继续下跌又进一步导致包括场外配资在内的各类杠杆资金加速撤离，引发股票市场指数一落千丈，二者螺旋交织引发市场急剧下跌，引爆市场危机。当年幸得政府果断介入托市，否则危机不仅仅在股票市场，而且会快速传导至金融市场与实体经济。

第二，相同的风险暴露使危机扩散。在温州民间借贷中，借款企业普遍存在联保、互保的情况，当一家企业面临倒闭风险时，会波及存在互保关系的其他企业，这些企业的坏账会影响为其提供贷款的一家或几家银行，从而将危机传导至银行机构。在2015年南充民间借贷风波中，投资理财公司的破产波及其他的理财公司，使得危机进一步传导扩散。

第三，信息媒介使危机扩散。新常态以来，受互联网普及的影响，信息传播速度快，当市场信息不利于借贷活动时，易出现恐慌情绪挤兑，加速借贷平台的倒闭，P2P平台爆雷期间，在投资者挤兑下，将危机传导至很多运营正常的平台，形成系统性的倒闭潮。

上述我们分析了新常态下民间借贷危机与民间借贷规模、借贷风险、触发因素（外生冲击）以及内在传导的机理，接下来，我们将从制度的视角探讨机理要素的背后根源。其实自2010年以来，随着国家政策的鼓励以及司法的松绑与包容，民间借贷进入了快速发展的车道，民间借贷规模不断扩大。与此同时，传统声誉约束机制失效，借贷机构盲目追求业务而忽视风险，出借人金融素养不足，加之借款项目的高风险，这些正式制度和非正式制度交织使得民间借贷规模不断增加，借贷风险不断攀升，再遇上经济、金融等因素的外部冲击，最终导致一波又一波的民间借贷危机。

5.3.2　民间借贷危机爆发的正式制度分析

从正式制度的视角看待民间借贷危机及其内在机理，主要在于金融抑制、民间借贷相关监管制度，新型诚信约束机制，宏观经济调控以及民间借贷政策自身的不确定与不完善。

1. 金融抑制与民间借贷及其规模分析

上一章我们对金融抑制与民间借贷发展进行了深入的阐述和分析。根据分析可知，长期以来，我国存在严重的金融抑制，从金融机构的准入制度安排，到各大银行贷款的实际执行政策，到利率的管制，再到金融市场与产品的发展等都体现得淋漓尽致。金融抑制一方面导致大量的民营中小微企业无法从正规金融机构获得支持其发展的贷款金额；另一方面导致金融市场和金融产品不发达，使得居民财富投资渠道严重缺乏。这样民间借贷就在需求与供给双重力量的推动和新常态以来的政策与司法的鼓励下迅速发展。而规模的发展又是民间借贷风波与危机爆发的重要前提和基础，而且通过分析我们可以得知，在我国民间借贷规模不断发展的同时，借贷的风险也在急剧攀升，规模与风险的叠加最终导致了危机的发生。

近年来，监管层持续推出支持中小微企业和个体工商户发展的信贷政策，加强金融机构对小微企业贷款的精准投向，这一系列的举措旨在推进金融改革，推动对中小企业的融资便利，实际上也是对民间借贷过于扭曲发展的纠偏，减少民间借贷规模，降低危机发生的可能性。如 2015 年银监会提出努力实现“三个不低于”①；2018 年银保监会首次提出“两增两控”②，形成对小微企业贷款量质并重、可持续增长的监管导向；党的十九届五中全会提出“增强金融普惠性”，开创普惠金融新发展格局；2020 年提出大力发展“数字普惠金融”，这些去金融抑制的改革措施都能有效缓解中小微企业的资金融通需求，民间借贷规模迅速下降，能有效防范危机的发生。

2. 民间借贷监管的正式制度安排与借贷规模及风险分析

（1）相应的监管制度安排。

首先，在法律法规方面。自改革开放以来，无论是在 20 世纪 80 年代出台的《中华人民共和国银行管理暂行条例》，还是 90 年代的《商业银行法》《贷款通则》《非法金融机构和非法金融业务活动取缔办法》以及《刑法》等法律法规，还是 21 世纪初的《银行业监督管理法》《关于非法金融业务活动认定和取缔有关事宜的批复》等文件和法律法规，都是强调

---

① “三个不低于”指小微企业贷款增速不低于各项贷款平均增速、小微企业贷款户数不低于上年同期户数、小微企业申贷获得率不低于上年同期水平。

② 两增两控：“两增”，一是单户授信总额 1000 万元以下（含）的小微企业贷款同比增速不低于各项贷款同比增速；二是贷款户数不低于上年同期水平。“两控”即合理控制小微企业贷款资产质量水平和贷款综合成本。

对非法金融机构、非法金融活动等非法集资行为的管制和打压，都是对达到一定标准民间借贷活动予以“非法”的否定性评价，进而对其课以行政或刑事责任[①]。这类模式往往都是事后的认定与刑罚，缺乏对民间借贷的事前审核、过程监管等实质监管。其次，在监管机制安排方面。非法集资处理的制度安排往往是由中国人民银行或银监会或银保监会等牵头负责处理的协调监管机制[②]。1998 年规定由中国人民银行负责取缔非法金融机构与非法金融业务活动，地方政府予以协助；2003 年之后改由银监会予以取缔，将非法集资部分监管权限赋予银监会；2007 年建立了以银监会牵头，发展改革委等 10 余个部门参加的处置非法集资部际联席会议制度，并指导、配合省级人民政府建立处置非法集资组织协调机制；2015 年则明确了省级人民政府是防范和处置非法集资的第一责任人。但这种多部门协调监管机制往往由于各方关注焦点和诉求有所差异，且缺乏制约，导致对非法集资的实际打击效果有限。比如中央政府的政策倾向是金融稳定和金融安全，而地方政府则倾向于鼓励金融创新促进地方经济发展，其对民间借贷在一定程度上就会“默许”，甚至是支持。最后，在监管机构安排方面。2017 年机构改革之前，地方民间金融管理体系在组织架构上以省市县三级“金融办”为主要责任人，金融办的法律地位不明晰，功能定位、监管职责不明确，规则不健全导致监管缺乏法律约束力，不能持续监管民间资金的来源和去向、打击非法活动。2017 年机构改革之后，各地挂牌地方金融监督管理局，开始加强对民间借贷活动的预警和监管。

（2）监管制度安排不足与民间借贷规模及风险分析。

首先，监管制度安排不足导致民间借贷规模不断膨胀。前面我们分析当前我国对民间借贷是以“非法集资”为核心的管制模式，再加上监管机构职责不明确与监管协调机制不完善等导致对民间借贷的监管不足甚至因地方经济发展需要而对“非法集资”的默许与认可，是 2010 年以来民间借贷规模的迅速发展和膨胀的一个重要原因。比如，2010 年“新非公 36

---

① 刘子平. 功能监管强化视角下的民间金融法律治理研究[J]. 金融监管研究，2016(8)：75 -95.

② 银监会、保监会合并成银保监会之后，由银保监会负责牵头。

条”颁布后，大量民间资本以各种形式涌入民间借贷领域。全国各地最为典型的就是以投资理财信息中介咨询公司等为居间人的民间借贷模式全面一拥而上。按照工商部门注册要求，该类型的公司只能从事居间业务，只能撮合借贷双方达成交易。但事实上，工商部门只负责公司注册名称的审核与经营业务范围，地方金融办①又只是协调机构，无实质监管权，不可以干涉其业务经营。在实际经营过程中，几乎没有任何部门去监管，导致投资理财信息中介咨询公司大量增加，其业务不断发展，这中间产生了许多违法违规的经营，非法集资盛行；最典型的就是形成资金池，从事非法吸储，严重的还有集资诈骗。但无论是工商管理部门还是金融办都没有对其业务进行实质监管，最后导致风险越来越大，政府强力介入清理整顿。四川省成都市最严重的时候被各级公安部门立案调查的投资理财公司达数千家。

其次，监管制度安排不足导致民间借贷活动的风险不断累积。监管职责不明确、规则不健全导致监管缺乏法律约束力，也不能持续监管民间资金的来源和去向，打击非法金融活动。而非法金融活动本身就蕴含着高风险，这导致了民间借贷风险的急剧攀升，孕育着危机。

最后，监管滞后隐藏民间金融创新风险。由于民间借贷活动的隐蔽性，政府等监管机构很难掌握民间借贷的主体数量、融资规模、资金投向、利率水平等动态数据，对可能发生的风险不能及时预警。以 P2P 发展为例，在政府鼓励互联网金融发展的背景下，以 P2P 为首的互联网金融野蛮扩张；但是，由于监管制度的滞后，且在市场准入、业务经营和市场退出等方面的法律法规空白，自 2007 年至今历经萌芽期、2013 年之后的野蛮扩张至 2020 年的清理整顿，在 13 年间先后上线有 1 万多家，高峰时同时有 5000 多家运营，年交易规模约 3 万亿元，最终全部归零，呆坏账率极高，给投资者带来了巨大的损失②，而且 P2P 的爆雷引发了巨大的社会危机。

---

① 2018 年国务院机构改革前，被称为地方金融办；机构改革后被称为地方金融监督管理局。

② 郭树清. 金融科技发展、挑战与监管[N]. 中国银行保险报，2020－12－09(001).

3. 违约惩戒约束机制与民间借贷风险分析

随着经济社会的发展，人口与社会结构的变动等，乡土熟人社会已经转变，导致传统的“声誉约束”机制失效，民间借贷的违约成本非常低，已经很难防范道德风险引发的借贷风险。而我国当前征信机制尚不完善，许多数据尚未能纳入，比如各个地方政府建立的“黑名单”数据、民间借贷违约的相关数据，以及大数据模式下的个人征信数据等，这些数据未能全面共享构建，存在“数据孤岛”效应。这就导致当前征信机制尚未能发挥其作用，对民间借贷交易各方的约束与惩戒作用小，容易引发违约。加之社会流动性很大，导致大量的群体故意违约，造成严重的道德风险，进而引爆民间借贷危机。我国亟须从国家层面建立一套完整的包含各类数据在内的大数据征信机制，以加强对民间借贷参与各方的约束与惩戒，让违约者无处遁形，确保交易各方能信守承诺。

4. 民间借贷政策自身的不稳定与风险分析

自改革开放以来，我国对民间借贷的政策一直在飘忽摇摆，从改革开放之初的自行摸索到合会危机爆发后的清理整顿，以及 20 世纪 90 年代至 21 世纪初对民间借贷的严格限制与严厉打击。但随着“入世”之后经济发展对民间借贷的更大需求，2005 年之后又逐步开始放松与默许民间借贷发展。2010 年出台“新非公 36 条”后，各种形式的民间借贷机构如雨后春笋般涌现和发展，民间借贷规模迅速扩大。刚开始是“投资理财类中介信息咨询公司”在全国各地的蓬勃发展，随后是以 P2P 为代表的互联网金融的发展，这两类公司是新常态下民间借贷发展的典型代表之一，但这两种模式的发展好景都不长，随着二者规模不断发展，其风险急剧增加，引发了各地一波又一波的民间借贷危机，最后都被当地政府和监管机构清零。纵观近 40 年来的民间借贷风波或危机，刚开始都是政府默许或是鼓励某种形式的民间借贷，随后在发展的过程中，风险与规模都在同步增长。在某个阶段之后，其中的部分机构因为风险控制较差或本身就是庞氏骗局等导致不能兑付而引发群体性事件，进而对社会稳定造成影响，政府出于维稳就会介入开始打压，又会加快各类民间借贷资金的出逃，导致更大规模的兑付困难以及更多更大的群体性事件。最后，政府会为了维护金融秩序，保证经济社会稳定，对待民间借贷，不论是合规还是不合规都会全面叫停甚至清零。不论是20世纪80年代的合会，还是后来的投资理财类公司以及P2P，均是如此反复循环。由以上分析可以得知，政策的不稳定是导致民间借贷剧烈波动的主要原因之一，而借贷规模的剧烈波动本身就是一种极大的风险，会对市场造成巨大的冲击。

5. 国家对宏观经济的调控或触发民间借贷危机

当民间借贷规模不断增加，风险积累到一定程度时，遇到外部因素的某些变化或冲击，极易引发危机。国家对货币与产业政策等进行调整，尤其是调整较为频繁与突然的时候，很容易成为民间借贷危机爆发的导火索。

第一，货币政策的频繁变化对民间借贷市场影响巨大，易触发危机。前文我们从理论和实证两个层面做过分析，货币政策的松紧与民间借贷是显著相关的。从民间借贷的资金供给层面来看，货币政策收紧会引起包括影子银行在内的各类资金被迫抽离民间借贷市场，导致资金供给紧张，缺口难以填补，借贷风险陡然攀升，极易引发违约与危机。从民间借贷的资金需求层面来看，货币紧缩一方面导致因银行抽贷、惜贷而引起的企业现金流紧张，资金缺口迅速扩大；另一方面民间借贷的主体对资金的需求往往是刚性的，于是被迫以高利率从民间借贷市场融得资金，极大推高企业财务成本，导致风险急剧上升，加之民间借贷市场资金供求双方的匹配难度，还会造成资金的期限错配，比如短借长用，一旦资金衔接不好极易造成违约与连锁反应，引发危机。当民间借贷规模与风险积累到一定程度时，货币政策的频繁与突然变动极易引发民间借贷危机。

2011年前后的货币政策调整就是温州与鄂尔多斯等地民间借贷危机的重要触发因素。2008—2010年，货币政策宽松导致包括影子银行资金在内的大量资金流入民间借贷市场，一部分流入实体经济，一部分流入楼市、股市等，一部分流入投机领域，炒作农产品等各种资产，助长各种泡沫。2010年以来，央行连续6次上调存款准备金率，从14%提高到19.5%，达到 10 年来的最高水平（见图 5－15）。货币政策的频繁与突然转向导致民间借贷资金供给迅速下降，需求急剧增加，市场剧烈波动，利率急剧上升，加之货币政策引发的资产价格调整带来前期投机性借贷资金的巨大损失，最终成了危机爆发的重要原因之一。

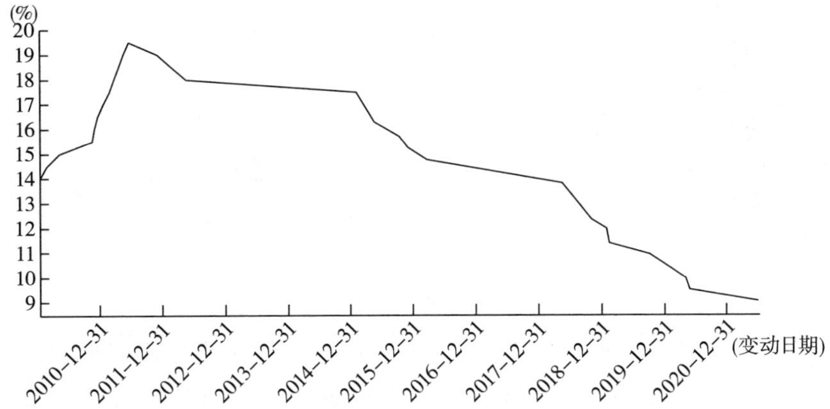

图 5－15　2010—2020 年人民币存款准备金率变动情况（中小型金融机构）

资料来源：Wind 数据库。

第二，产业政策的频繁调整也是民间借贷危机爆发的诱因之一。产业政策既能推动部分产业的发展壮大，也会促使部分产业进行调整，进而推动整个经济结构的调整。但在产业调整的过程中，会导致已进入相关产业的民间借贷资金风险急剧上升。一是因为产业调整带来行业前景变淡，相关企业效益下降甚至亏损，进而导致借贷资金无法偿还；二是因为产业调整引发相关行业难以获得银行等正规金融机构的资金支持，为了生存被迫以高利率转向民间借贷市场融资，这将进一步提高企业财务成本，引发资金链紧绷，加之民间借贷资金供求的期限错配，导致借贷风险急剧上升，稍有不慎极易引发危机。

2011 年 3 月，鄂尔多斯市政府发布《内蒙古自治区煤炭企业兼并重组工作方案》，促进煤炭产业环保化、安全化生产。在提升产业化水平要求下，很多不规范的小煤矿企业被整顿，停工停产，无法继续创造价值，加之国际煤价连续下跌，煤炭行业利润急速下滑。原有投入煤炭的民间资金来不及撤离，企业陷入偿付危机。2010 年，国家出台史上最严厉的房地产市场调控政策“新国十条”“新国五条”，坚决遏制部分城市房价过快上涨，一些靠民间借贷支撑的房地产企业资金链开始断裂，引发民间借贷的偿付危机。图 5－16 所示为这一时期温州新建住宅销售价格指数，在 2010 年第二季度达到最高点。

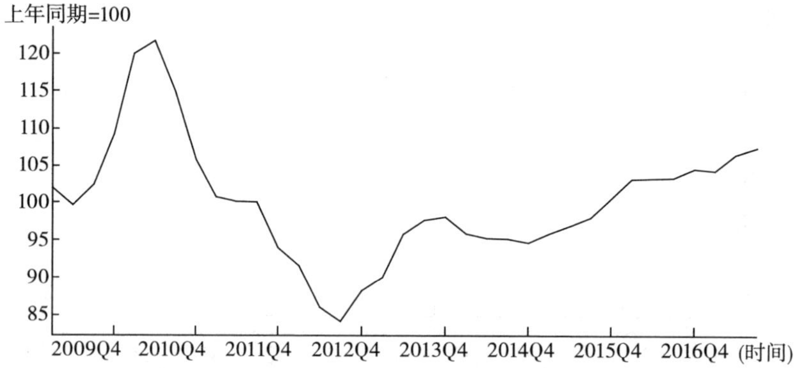

图 5－16　2009—2017 年温州新建住宅销售价格指数

资料来源：Wind 数据库。

2011 年底，鄂尔多斯 80% 以上的建设项目都已经停工，而这些房地产项目 60% 以上的投资来自于民间借贷①。大量炒楼民间借贷资金被套牢，引发资金链断裂；民间借贷的高利率，本身蕴含巨大的风险，进入楼市的借贷资金，将风险传递到房地产市场，随着楼市的崩盘，风险交叉传染到民间借贷市场②，危机爆发。2016—2018 年，受金融业去杠杆政策影响，我国社会融资规模累计为 9. 1 万亿元，较上年同期下降 17. 9%。广义货币（M2）供给量增速下降，一部分追求流动性或者有其他资金使用需求的出借人从 P2P 平台撤出资金。如图 5－17 所示，P2P 运营的平台数量从 2016 年初开始负增长。

产业政策的不稳定性很多时候加剧了市场发展的波动性，同时也会导致民间借贷市场的剧烈波动，借贷的剧烈波动本身就是一种巨大的风险。

① 中央党校第 12 期中青二班二支部调研组，李国俭，文学国．地方政府怎样规制民间借贷？——来自鄂尔多斯市的调研报告[J]．中国社会科学院研究生院学报，2012(6)：23－31.

② 杨刚，谢永康，姚玲珍．温州市房地产市场风险与金融市场风险的交叉传染机制研究[J]．税务与经济，2014(5)：10－15.

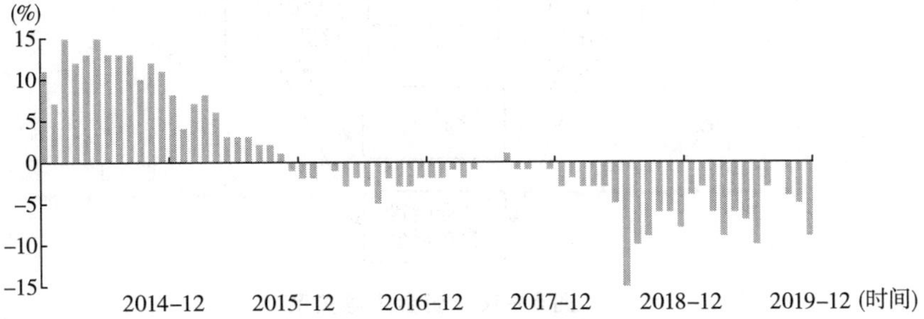

图5-17　P2P运营平台数量月环比增长

资料来源：Wind数据库。

因此，产业政策的频繁调整有时也是引发民间借贷危机的重要诱因。

5.3.3　民间借贷危机爆发的非正式制度分析

从非正式制度的角度看民间借贷危机及其内在机理，主要在于对借贷参与各方特性及其关联的分析。比如借贷网络关系与资金来源，民众金融素养不足引发的盲从、恐慌与刚性兑付，借款人道德缺失引发的恶意违约，民间借贷中介风险控制的缺乏等。

1. 借贷网络关系及资金来源与民间借贷规模及风险分析

第一，民间借贷资金的来源更加复杂。2010年后，银行存款利率较低与投资渠道缺乏激发民众越发强烈的理财意识，促使家庭将自有或套取银行等金融机构的资金转投民间金融市场挣取利差。许多企业充当影子银行，将从银行贷出的钱转贷到民间借贷市场，以获得息差收入。部分企业甚至放弃原来的经营活动，转向成立贷款中介公司将企业资金投放民间借贷市场。根据温州市龙湾区人民法院2011年受理的民间借贷案件，从事放贷的当事人中，企业主或企业主家庭成员占比为49.4%。如图5-18所示，民间借贷的资金来源复杂，既有金融机构的资金，又有个人和企业的闲置资金，还有中介机构的资金。复杂的多渠道资金来源一方面使得民间借贷的规模急剧增加，另一方面使得民间借贷市场与正规金融市场交织在一起，使得民间借贷领域的风险极易传染到正规金融市场。

据统计，2011年温州有1000多家民间借贷机构，但是经主管部门审批的融资性担保公司只有46家。在高额利率的诱惑下，大多数“担保公

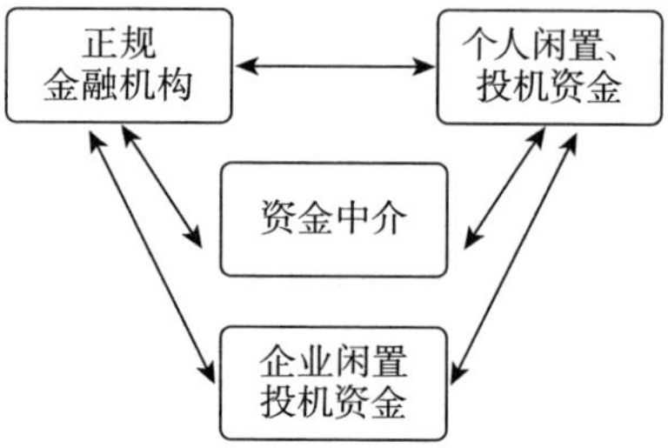

图5－18　资金来源关系

司”从事着低息高贷的资金生意，甚至设法从银行套取资金投放到民间市场，使得民间借贷市场与外部经济的关联度逐渐增强，为民间借贷市场风险外溢提供了条件。借贷资金不再直接用于生活和生产经营，经各种转手，成本逐渐推高且借贷链条拉长，一旦借款企业的资金链出现问题，风险将迅速扩散并传导至银行形成坏账，容易引发局部性、区域性的金融危机。

第二，民间借贷网络关系更加复杂。传统民间借贷是依托于熟人社会而建立的一种人格化交易，一般借贷链条很短，借贷关系比较简单。但新常态下民间借贷突破传统的地域范围，民间借贷的圈子逐渐由熟人社会向陌生人社会转变，借贷的链条更长更复杂。这既可以促进民间借贷范围与规模的扩大，也会导致借贷风险明显放大，而且发生危机后的传导更复杂。

第三，民间借贷担保网络复杂。借款方存在复杂的网络关系，企业之间普遍存在关联担保贷款融资状况（见图5－19），使得危机的传导将会更广更快。银行为降低自身的风险，过分依赖担保，一家企业需要获得贷款，其他企业都会提供信用担保，也使得一旦担保链条中有一家企业出现资金问题，就会连累一大片企业。民间借贷领域也存在类似的情况，如果担保企业对外担保过多，当被担保方无力偿还时，企业的或有负债转变为真实负债，陷入财务困境，甚至因财务危机而破产①，进而引发风险的快速传染，导致危机的发生。担保圈常发生在同质行业中，一旦资金链断

① 张泽旭，李鹏翔，郭菊娥．担保链危机的传染机制[J]．系统工程，2012，30(4)：25－31.

裂，风险传导易引起行业内的危机。

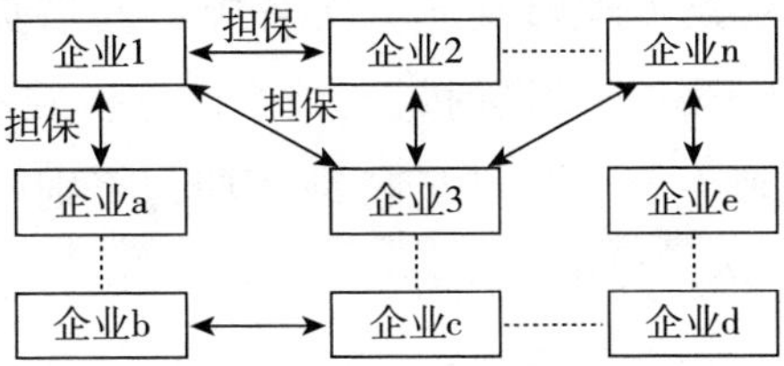

图5-19　担保圈关系

2. 民众金融素养与民间借贷规模以及风险传导

民众金融素养缺失主要表现在以下三个方面：其一，对借贷风险认知和判断能力不足；其二，投资过程中的“羊群效应”，表现为投资中的盲从与恐慌；其三，刚性兑付的预期和要求。金融素养的不足容易导致投资顺利时规模的急剧放大，投资出现风险时规模的急剧收缩，而且会成为风险的一个放大器，使得危机传染更快、扩散更广、影响更远。

第一，对风险的认知以及判断能力不足，再叠加羊群效应会导致借贷体系的不稳定，加剧民间借贷规模的剧烈波动。根据我们的调查可知，当民间借贷在身边产生了很好的赚钱示范效应时，投资者会因为盲从，产生集体性投资冲动，更多的群体与资金会进入借贷市场，导致民间借贷规模不断扩大，而对民间借贷的风险不能识别，甚至有意选择忽略。此外，当投资出现风险，特别是不能按时兑付本息的亏钱效应出现后，投资者又会产生集体性恐慌，不顾投资项目的合理与否，大幅撤出投入的资金，甚至要求尚在正常经营的项目也要提前兑付，加速资金的抽逃。这样导致借贷规模的剧烈波动，使本是正常经营的企业出现资金紧张问题，引发危机。而且在危机爆发后，这种恐慌性效应会导致危机传导更快、扩散更广，对经济社会冲击更大。

第二，民众在投资中具有刚性兑付的预期与要求。“刚性兑付”是指项目产品到期后，即使借款人发生逾期或者违约，投资者也要求必须偿还本金以及收益，当借款人或平台中介无法兑付，便会采取过激手段要求相关当事人进行兑付，甚至要求政府出面予以解决，一旦群体性事件发生迫使政府出面解决之后，又会强化群体的刚性兑付意识。这样的案例在现实中举不胜举，从合会到投资理财到 P2P 等各类民间借贷的兑付危机出现后，莫不是形成如此循环。与此同时，这种刚性兑付的强烈预期又会迫使借贷机构在经营中必须去附和与满足这种预期，否则经营难以为继。以 P2P 为例，详见图 5 - 20。其作为中介网贷平台，原则上是不需要对借款人的违约风险承担连带责任的；但社会投资群体的“刚性兑付”预期会迫使网贷平台发展业务而主动或被迫违约去承诺兜底，进而导致平台性质异化，从一个承担信息中介的互联网信息交换平台变成了信用中介，并导致风险急剧放大。根据 2016 年网贷之家公布的数据，超过 90% 的平台和借贷项目给予投资者兜底或是收益担保的保证，这种不合规的保障进一步强化了投资者刚性兑付预期，提高了民间借贷中介的声誉，吸引更多民众跟风参与，推高了民间借贷的规模与利率，增大民间借贷的风险。

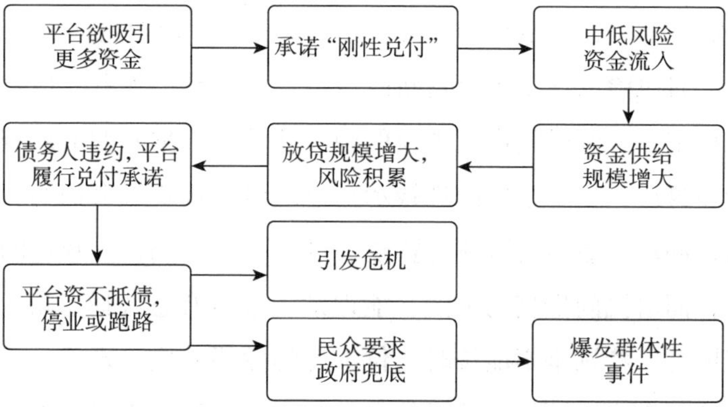

图 5 - 20　刚性兑付逻辑传导示意图

第三，民众由于金融素养缺失，容易受到“坏消息”影响，引发恐慌情绪而做出非理性行为。2011 年鄂尔多斯高利贷崩盘的风潮蔓延到神木县，当地民间大量小额贷款公司关门跑路，融资超过 40 亿元的神木新世纪黄金珠宝城老板张孝昌潜逃的消息传出使当地百姓乱了阵脚，恐慌情绪引发了挤兑性撤资，要求民间借贷机构、小额贷款公司及时兑付，这种大规模的突然的挤兑，造成中介机构的倒闭及连锁反应。另外，在企业倒闭跑路潮中，银行为避免更大的损失抽回贷款，实体经济行业的融资空间被进一步压缩，甚至出现集中债务挤兑，信息不对称造成的逆向选择和道德风险问题恶化，银行收缩信贷规模的做法使部分企业只能到民间机构获取高利贷，这种饮鸩止渴的做法加速了企业的倒闭，最后导致局部风险暴露演变成系统性风险，从而引发危机。

3. 借款人的行为与民间借贷风险分析

民间借款人或中介机构因为道德缺失会导致极大的道德风险，而且极易诱发庞氏骗局，给投资者带来巨大的损失，稍有不慎就会造成巨大的社会影响和冲击。

第一，民间借贷的借款人会因为企业资质等问题，大部分时候不具备从正规金融机构融资的条件，只能转向民间借贷市场以高成本解决企业发展所需要的资金，这是民间借贷市场的逆向选择，导致民间借贷项目变成高风险的代名词。与此同时，当民间借贷的高利率导致企业财务成本过高，而企业本身又难以负担的时候，其或主动或被动脱离实体经营，转投地产、股票等风险资产，甚至从事资金生意，寻求高收益，这又进一步加剧民间借贷风险，导致民间借贷的整个资金链条更加紧张。当政府出台房地产调控政策时，资产价格不再上涨，投机资金被套牢或出现亏损，引发泡沫破灭和资金链断裂。甚至有些企业明知已无法偿付民间借贷本息的时候，就开始玩“借新还旧”的庞氏骗局游戏。当“庞氏骗局”难以为继时，危机爆发，导致投资人的损失严重，造成恶劣的社会影响，引发社会风波。当第一张多米诺骨牌倒下后，企业纷纷效仿，出现大面积违约的景象，这种“破窗效应”导致严重的借贷危机。

第二，企业的破产倒闭又会传导至中介机构，进而影响到民间借贷中介机构的投资者。部分中介机构在陷入资金困境时为了维持自身的正常运转，通常通过发行更高利息的新产品来满足对到期产品的本息的支付，部分机构也有可能演变为“庞氏骗局”。

第三，借贷风险还体现在正规金融机构为追求盈利而参与民间金融活动。2011 年以来，银行以委托贷款等方式为民间借贷提供融资，获取超额利润，并通过资产表外运作转移风险、逃避监管。甚至还有银行员工利用职务便利，从银行获得低息贷款参与民间借贷活动，使银行信贷资金异化为民间借贷资金，加深了民间金融市场与正规金融机构的联系，民间借贷的风险更容易传递到正规金融领域。

4. 借款中介或平台风险控制能力不足

在我国传统的民间借贷中，地缘、血缘关系建立起来的信任和声誉是防范风险的重要手段；然而随着经济社会的发展，地域约束被打破，互联网的普及衍生出小额贷款公司、融资担保公司、投资理财咨询公司以及 P2P 等新兴中介平台，如表 5－5 所示，借贷中介风险控制的特点就发生了变化。

表 5－5　传统和新常态下民间借贷风控的特点

	传统民间借贷	新常态下民间借贷
风险防范约束条件	地缘血缘熟人社会、声誉	互联网平台中介，范围更广，不纳入征信
风险控制难易度	吸引社会闲散自有资金用于日常生活、经营	民间与正规金融机构资金混淆，资金用于投机领域
风险识别的难易度	借贷关系中发生违约，贷款方资不抵债，易识别	借贷关系被包装成复杂投资品且投资方向不明
风险控制缺失的后果	影响范围有限	风险引发链式反应，危机爆发

这些经营资金的民间金融机构更侧重于短期经济效益而忽略长期风险，用高息吸引社会资金，再扩大借出资金的规模以获取更高的利润回报，对借款人的资质几乎不做要求，在这种低贷款门槛的特性下，多数平台不愿也不符合条件接入获取人民银行征信系统数据、税务系统数据、公安部身份信息系统数据等权威数据。民间金融机构不会对借款人进行尽职调查，缺少财务报表等信息证明，也几乎没有抵押、质押借款人资产来保障还款来源，相当于提供纯信用贷款。贷前缺乏审核，贷中和贷后缺乏持续动态的跟踪，更难有效监督，从而对资金运用中可能出现的风险难以控制，信息不对称积累的风险更加严重。此外，民间借贷中介机构很少能运用到大数据征信这一有效风控机制，其对借款方的信用和风险评估就难以做到全面、准确。道德缺失者容易从中套取资金，经营风险很大，借款人违约后也无法通过正规法律渠道进行惩戒，由此滋生暴力追偿等减少资金损失的非法手段，危

害社会稳定。另外，P2P 等借贷平台盲目创新，缺乏专业的金融风险控制措施，逾越监管边界，发行不正规的理财产品，资金用于股票配资、楼市首付贷款等领域，积累了大量的跨银行、证券、保险和实体产业的交叉性风险。一旦风险爆发，将在一定程度上波及正规金融体系。

5. 民间借贷危机处理的路径依赖

在民间借贷危机发生之前，政府倾向于鼓励金融创新以促进地方经济发展，对风险未达到需外部干预的民间借贷并不禁止，事前缺乏风险提示，而一旦积聚风险爆发危机影响社会稳定之后，政府就会出面干预处理，进而让群众与借贷机构产生对政府处理的依赖，强化群众刚性兑付预期，助长借贷机构的投机风险。

纵观历史上的民间借贷风波与危机可以发现，民间借贷危机爆发后，因缺乏市场化、法治化的金融风险化解机制，再加上我国千百年来出事就找政府的依赖性民间文化，使得民众非常依赖地方政府进行危机处置。地方政府在介入危机事件后，会最大限度挽回民众损失，维持社会稳定，通过运动式集中执法，强力清理，甚至动用刑事手段对违法公司严厉惩处。在四川某地爆发的民间借贷风波中，可以看到政府过于注重维稳的行为强化了民众对政府兜底的刚性兑付预期，导致民众在出现借贷纠纷时不是首先通过法律程序解决问题，而是首先找地方政府解决问题，形成了危机处置的“路径依赖”，弱化了借贷双方的履约与风险识别责任，助长了“聚众维权”的社会事件。“路径依赖”的存在，使得政府在民间借贷危机处理中处于两难境地：不及时介入处理，会加大加快风险的传染与扩散；介入过深会导致“路径依赖”。

5.4　民间借贷危机影响因素的实证分析

5.4.1　研究假设与模型建立

1. 研究假设

根据前文对民间借贷模型以及内在机理的分析，我们可知危机的爆发与民间借贷的规模、风险积累以及触发因素紧密相关。

首先，民间借贷规模是民间借贷危机最核心的要素，当规模较小时，其违约不足以产生危机；但规模越大，风险会不断积累，发生危机的可能性就越大。此外，金融抑制越少，数字普惠金融发展越好，个体与中小企业融通资金就会越便利，那么民间借贷规模就会越小，爆发危机的可能性就会越低。为此，我们提出以下假设：

假设 1：民间借贷规模越大，爆发危机的可能性就越高。

假设 2：金融发展以及数字普惠金融的发展会降低民间借贷市场中危机的爆发。

其次，民间借贷的规模是危机爆发的必要而非充分条件，只有在规模不断增加的基础上，借贷风险不断积累才会导致危机的发生。民间借贷的风险主要体现在以下几个方面：第一，因民间借贷项目在银行难以融资，可知其风险总体来看是比较高的；第二，民间借贷许多项目异化为非法集资，这必然蕴含着高风险；第三，民间借贷利率过高，引起企业财务负担水平较高，加之期限错配，借贷风险很大，很容易引发危机；第四，新常态下的民间借贷往往跨区域经营，传统的“声誉约束”机制失效，导致违约风险急剧增加。根据以上分析，我们将以银行借贷违约和民间借贷利率作为观察民间借贷风险的关键指针，为此我们提出以下假设：

假设 3：民间借贷规模增加，而风险控制较好，则发生危机的可能性下降。

假设 4：银行呆坏账率越高，民间借贷项目风险就越大，就越容易引发民间借贷危机。

假设 5：正规金融市场利率越高，民间借贷利率就会越高，就越容易爆发民间借贷危机。

最后，随着民间借贷规模的不断增加，风险积累到临界值附近时，外在的触发因素或是某个导火索，随时都可能引爆危机并导致迅速传染。根据前文的分析我们可以得知：第一，货币政策的调整，会通过资金供给和利率两个渠道传导到民间借贷市场，引发民营中小微企业的资金紧绷，进而引发危机。第二，经济上行时，企业盈利向好，发生危机的可能性就小，而经济下行时，企业盈利下降，爆发危机的可能性就会增加。第三，经济结构的调整会使得流向传统产业结构的资金风险急剧上升，呆坏账急剧增加，进而引发危机。第四，外部市场的突然调整和冲击，导致民间借贷资金的突然紧绷，很容易引爆危机。根据上述分析，我们提出如下假设：

假设6：宏观经济发展与民间借贷危机负相关。

假设7：货币政策松紧与民间借贷危机正相关。

假设8：房地产市场的调整与民间借贷危机息息相关。

2. 计量模型建立

根据上述对民间借贷危机的爆发影响因素和研究假设，我们以民间借贷规模及其他宏观金融经济因素构建对民间借贷危机的计量模型：

$$C_{i,t} = \beta_0 + \beta_1 S_{i,t-1} + \beta_2 BLR_{i,t} + \beta_3 FDI_{i,t} + \beta_4 GDP_{i,t} + \beta_5 MP_{i,t} + \beta_6 AGDP_{i,t} + \beta_7 IF_{i,t} + \beta_8 HP_{i,t} + \beta_9 Trend + \lambda_i + \varepsilon_{i,t} \quad (5-1)$$

上述计量方程中，各符号的含义如下：下标 i 表示31个省份，t 表示年份（2011—2020年）；C 表示民间借贷危机，S 表示民间借贷规模，BLR 表示不良贷款率，FDI 表示金融发展指数，GDP 表示GDP增速，MP 表示货币政策松紧，$AGDP$ 表示人均GDP，IF 表示数字普惠金融发展指数，HP 表示住宅价格涨幅，$Trend$ 表示时间趋势项，λ_i 表示地区固定效应；β_0 表示常数项，β_1、β_2、β_3、β_4、β_5、β_6、β_7、β_8、β_9 分别表示各解释变量对应的系数，ε 表示随机扰动项。

5.4.2　变量说明与描述性统计

1. 被解释变量

民间借贷万人案件发生率（C）选取。

实践中，衡量危机的最好指标是民间借贷交易的违约以及损失，但由于民间借贷交易私密性以及隐蔽性，此类数据很难获取。另外，各地公检法对民间借贷的立案数量、涉案人员数量以及损失情况也可作为衡量民间借贷危机的变量，但是此类数据因涉及国家安全，没有对外提供。张笑和胡金焱（2017）认为如果某个时期民间借贷诉讼案件数量增加，就意味着违约人数增加，民间借贷风险也就增大。

本书认为，在我国特定的司法制度框架和文化背景下，虽然不是所有的民间借贷违约事件都会以诉讼方式解决，但几乎所有的民间借贷民事诉讼案件都涉及实质性借贷违约。民间借贷诉讼案件与违约率呈正相关关系，民间借贷诉讼案件越多，民间借贷市场中出现违约的数量就越大，造成的经济社会冲击就越大，危机的情况就越严重。因此，本书选取民间借贷万人案件发生率作为民间借贷市场危机的代理指标。由于存在部分省份万人案件发生率数值极低，因此最终选用万人案件发生率加 1 后取自然对数来处理①。

为避免重复统计，本书在中国裁判文书网的公开数据中，统计 2011—2020 年全国 31 个省份基层法院关于民间借贷已裁判案件数量。如图 5 - 21 所示，2011—2019 年裁判案件数量处于不断上升阶段，2019 年全年基层法院裁判案件达 1093981 件，较 2011 年增长 3526.78%，年均增长 440.85%。

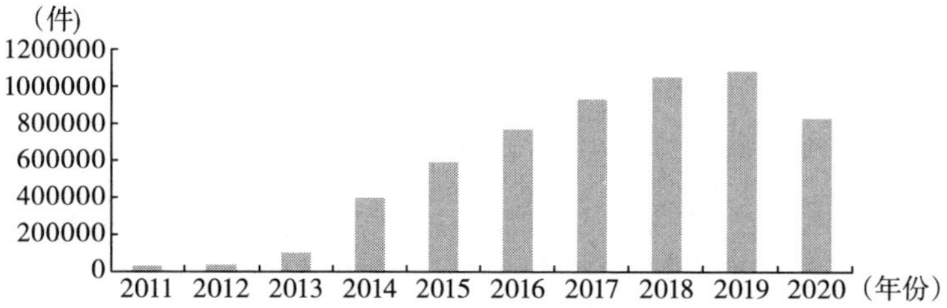

图 5 - 21　2011—2020 年民间借贷案件数量

此外，如图 5 - 22 所示，2011—2018 年民间借贷万人案件发生率一直处于上升阶段，民间借贷万人案件发生率由 2011 年的 5.45 件增长到 2018 年的 230.53 件。

从地域分布来看，2011—2020 年各地民间借贷万人案件发生率也发生了显著变化。2011—2014 年浙江省民间借贷万人案件发生率一直位于第一，随着时间的推移，民间借贷高案发率地区从东部沿海地区向中部地

① 我们在数据获取中，裁判文书网基于大数据安全考虑，严禁爬取涉及每一个诉讼案件的金额、人数、利率以及损失情况的详细数据，因此，最终只能以民间借贷万人案件发生率作为民间借贷市场危机的代理指标，而不能以更好的指标来代理。

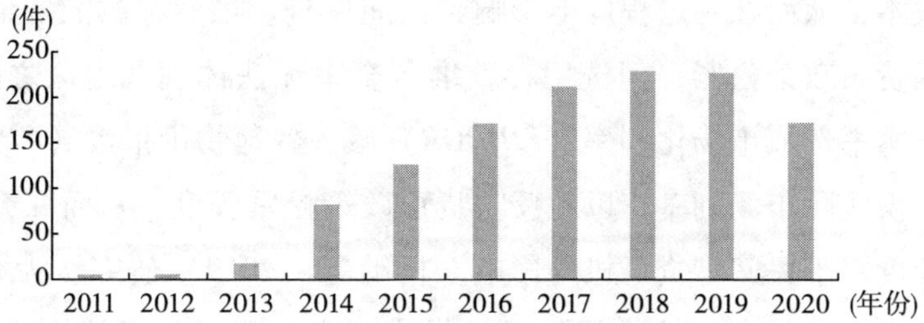

图5-22　2011—2020年民间借贷万人案件发生率

区、西部地区转移。由此可见，将民间借贷万人案件发生率作为代理变量衡量民间借贷市场中危机具有一定的合理性。

2. 解释变量

（1）民间借贷规模（S）选取。

互联网金融大力发展之前，民间资金主要通过小额信贷与投资理财等形式进入民间借贷市场；随着以P2P为代表的“互联网+金融”大力发展，大量以非P2P形式存在的民间借贷资金通过P2P的形式进入民间借贷市场。另外，根据笔者的实地调查，P2P借贷市场规模走势能很好反映我国民间借贷市场规模真实走势。同时，受制于投资理财公司数据难以获取；本书最终选取小额信贷公司信贷规模与P2P借贷规模增量之和作为衡量我国民间借贷市场规模的代理指标。

此外，通过对理论与现实的分析发现，民间借贷风险从积聚到危机的爆发具有一定的时滞性；同时结合我们的民间借贷危机代理指标来看，法院立案之后有一个处理的过程。因此，本书采用滞后一阶的方式进行变量处理。

（2）小额信贷规模（S^*）选取。

根据我们的假设3，本书需要研究民间借贷形式的规模对危机的影响作用，因此，引入小额信贷公司信贷规模增量作为解释变量进行研究。同理，由于市场中危机的酝酿到爆发存在一定时滞，立案后法院对案件处理也需要一段时间，因此，对该变量采用滞后一阶方式进行处理。

（3）货币政策松紧（MP）选取。

通常情况下，央行的货币政策松紧在一定程度上会反映到货币资金的使用成本，从而在一定程度上影响到民间借贷。虽然存款准备金率高低反映我国货币政策松紧，但选用存款准备金率无法体现各地区之间的差异。因此，本书选取市场化利率（*SHIBOR*）减去各地物价指数（*CPI*）用以衡量各省份实际市场利率，以此反映货币政策松紧程度，从而探究货币政策松紧程度对于民间借贷危机的影响。杨劬等（2019）研究认为 *SHIBOR* 等市场利率的高低会直接作用到民间借贷利率，与其呈正相关关系。因此，我们认为货币政策收紧将会导致民间借贷利率上升，进而反映借贷成本高低变化趋势。

（4）GDP 增速（*GDP*）选取。

各地经济增长状况与民间借贷危机爆发存在紧密联系，而且往往是民间借贷危机爆发的触发因素。在经济增长向好时，企业盈利向好，爆发危机的可能性较小，而经济增长不利时，企业盈利下降，爆发危机的可能性就会增加。

（5）人均 GDP（*AGDP*）选取。

各地人均 GDP 反映各地区居民经济水平，经济水平较为发达的地区可能对于资金的需求也更为强烈，对于民间借贷的需求也更大，在一定程度上也会影响到民间借贷的发展。本书对省际人均 GDP 取自然对数，以此衡量不同地区居民的经济水平。

（6）不良贷款率（*BLR*）选取。

不良贷款率反映出各地区银行信贷违约情况，而正规金融信贷不良贷款率往往与民间借贷市场违约率呈高度正相关关系。当地区正规金融机构不良贷款率提高时，说明市场的风险在不断增加，民间借贷市场的项目和主体风险本来就比正规金融市场要高，那么民间借贷市场出现交易违约的可能性越大，民间借贷市场危机的积聚程度越高。

（7）金融抑制或金融发展指数（*FDI*）选取。

按照国内绝大多数的文献，都是用各省的（本外币贷款余额 + 企业债券融资额 + 股票市场融资额）/各省的 GDP 这一比值构建金融发展指数，用以衡量各地正规渠道资金满足率，反映金融抑制的程度。这一比值越高，意味着居民企业通过正规金融渠道获取资金的满足率越高，金融抑制越少，那相应对民间借贷的需求就会下降。

（8）数字普惠金融发展指数（*IF*）选取。

本书引入北京大学数字普惠金融发展指数这一指标，数字普惠金融发展情况能很好反映个体与中小微企业获取正规金融贷款的便利性以及资金成本，数字普惠金融发展越好，贷款可得性越强以及成本越低，那么民间借贷的规模就会下降，降低危机发生的可能性。

（9）住宅价格涨幅（*HP*）选取。

本书选取住宅价格涨幅衡量房地产企业营收情况。大量借贷资金最终流向房地产行业，地产企业营收情况将直接影响其按时还本付息的能力；住宅售价的提高，将加快地企资金回笼节奏，降低资金链断裂风险；进而影响借贷交易进展。

3. 数据来源

本书基于全国 31 个省份的面板数据，以 2011—2020 年为样本区间，面板数据集囊括了 31 个截面单位在 10 年内的时间序列资料，样本观察值共计 310 个。运用 STATA 软件对数据建立固定效应模型讨论其影响因素。

4. 变量的描述性统计

变量的描述性统计如表 5－6 所示。

表 5－6　变量的描述性统计

变量	变量说明	观测值数量	均值	标准差	最小值	最大值
C	民间借贷万人案件发生率	302	4.164	4.069	0	18.968
S	民间借贷规模	310	35.25	214.227	－1343.16	1645.38
S^*	小额信贷规模	310	22.272	64.991	－143.62	475.97
Trend	时间趋势项	310	5.5	2.877	1	10
BLR	不良贷款率	256	1.486	0.834	0.23	4.6
FDI	金融发展指数	248	0.203	0.104	－0.018	0.813
GDP	GDP 增速	309	8.095	3.071	－5	16.4
MP	货币政策松紧	279	1.633	1.09	－1.101	3.858
AGDP	人均 GDP	310	55492.218	27489.389	16437.879	167607.01
IF	数字普惠金融发展指数	310	216.235	97.03	16.22	431.93
HP	住宅价格涨幅	300	3.618	5.821	－6.742	36.725

5.4.3 模型选择与回归分析

1. 模型选择

表 5-7 模型选择回归结果

项目	(1)	RE (2)	FE (3)
	C	*C*	*C*
S	0.048 (0.0499)	0.0820 *** (0.0296)	0.0820 *** (0.0292)
Trend	0.0715 (0.161)	0.348 *** (0.0808)	0.591 *** (0.112)
BLR	0.271 *** (0.0853)	0.234 *** (0.0443)	0.216 *** (0.0463)
FDI	-0.565 (0.552)	0.376 (0.461)	0.768 (0.48)
GDP	0.0274 (0.0183)	-0.028 (0.0191)	-0.0438 ** (0.0203)
MP	0.109 *** (0.0329)	0.0936 *** (0.0306)	0.106 *** (0.0301)
AGDP	0.321 (0.297)	0.792 *** (0.192)	0.954 *** (0.281)
IF	0.00576 (0.00548)	-0.00521 * (0.00285)	-0.0138 *** (0.00364)
HP	-0.00559 (0.00729)	-0.00927 ** (0.00416)	-0.0149 *** (0.0045)
常数项	-4.503 (2.99)	-8.285 *** (1.928)	-9.354 *** (2.87)
F 检验			9.67 [0.0000]
LM 检验		107.20 [0.0000]	
Hausman 检验			27.85 [0.0005]

注：解释变量括号外数字表示系数，括号内数字表示标准差；中括号内数字表示相应统计量对应的 *P* 值，*、**、*** 分别表示变量通过 10%、5%、1% 水平上的显著性检验。

根据单位根检验、格兰杰因果关系检验结果，被解释变量与各经济变量之间均存在稳健的相关关系，因此可以进行回归。表 5 - 7 中第（1）、第（2）、第（3）列分别为混合回归模型、随机效应模型和固定效应模型。通过 F 检验在混合回归模型和固定效应模型中选择时，P 值等于 0.0000 显著拒绝选择混合回归模型的原假设；通过 LM 检验判断混合回归模型与随机效应模型优劣时，P 值等于 0.0000 显著拒绝选择混合回归模型的原假设；通过 Hausman 检验在随机效应模型与固定效应模型中做出选择时，P 值等于 0.0005 显著拒绝选择随机效应模型的原假设。因此，本节将选择固定效应模型进行实证分析。

2. 面板回归结果分析

表 5 - 8　民间借贷危机影响因素回归结果

项目	模型（1）	模型（2）	模型（3）	模型（4）	模型（5）
	C	*C*	*C*	*C*	*C*
S			0.100** (2.71)	0.0982** (2.70)	0.0820** (2.12)
*S**	-0.370*** (-4.07)	-0.0478** (-2.40)			
Trend			0.168*** (5.46)	0.374*** (6.04)	0.591*** (7.24)
BLR		0.382*** (6.75)	0.272*** (5.15)	0.261*** (5.10)	0.216*** (3.94)
FDI		0.411 (0.70)	0.58 (1.48)	0.701 (1.68)	0.768 (1.15)
GDP		-0.107*** (-5.80)	-0.0519** (-2.48)	-0.0528** (-2.56)	-0.0438** (-2.21)
MP		0.0233 (0.82)	0.0595** (2.14)	0.0716*** (2.82)	0.106*** (3.88)
AGDP		1.915*** (6.58)	0.669** (2.23)	0.845*** (2.82)	0.954*** (3.14)
IF				-0.00733*** (-2.82)	-0.0138*** (-4.38)

续表

项目	模型（1）	模型（2）	模型（3）	模型（4）	模型（5）
	C	*C*	*C*	*C*	*C*
HP					-0.0149** (-2.75)
地区固定效应	控制	控制	控制	控制	控制
常数项	1.428*** (299.71)	-19.23*** (-6.18)	-7.038** (-2.23)	-8.448*** (-2.76)	-9.354*** (-3.06)
样本容量	277	194	194	194	188
Within - R^2	0.207	0.761	0.81	0.817	0.836
F 统计量	16.57	66.63	66.34	100.44	83.76

注：解释变量括号外数字表示系数，括号内数字表示 *t* 检验统计量，*、**、*** 分别表示变量通过了 10%、5%、1% 水平上的显著性检验。

本书建立固定效应模型进行回归分析，考虑到同一地区变量相关性较强，因此，使用地区聚类效应对标准误进行修正。表 5-8 的实证结果表明模型的估计效果良好，且总体上显著性检验水平很高。由表 5-8 的回归结果可得出以下结论：

第一，民间借贷规模 *S* 系数为正且显著，这表明民间借贷规模越大，民间借贷市场中万人案件发生率越高，越容易导致民间借贷市场中危机的爆发。同时，小额信贷规模 S^* 系数为负且显著，这意味着小额信贷规模的增加与万人案件发生率无关，借贷案更多的是由 P2P 发展造成的。根据我们对裁判文书网数据的分析，民间借贷文书审判中有大量的 P2P 诉讼案件；这能够清晰地说明 P2P 引发我国民间借贷市场风险集聚，导致危机的爆发。而且，小额信贷规模 S^* 系数为负可以说明，小额贷款公司在相关部门的监管下，风险控制与合规做得比较好，其贷款项目风险相对较低，其在规模发展的同时，借贷风险并不是同步增长，因此能在一定程度上抑制危机的发生。总之，假设 1 与假设 3 得到了验证。

第二，金融抑制或是金融发展指标的相关系数为正且不显著。从逻辑上来说，金融抑制越少，金融发展越好，民间借贷就会越少，发生危机的可能性就会越低。从结果来看，假设 2 未能得到验证。但我们对此结果的分析是，指标中的分子，也就是融资总额增加并不能反映流向民营企业或是中小微企业的金额就在增加，也许恰恰相反，融资总额增量中的大部分或许继续流入国有企业，加重金融抑制，而不是实现金融深化。由此导致回归结果与我们预期相反，而且这与我们上一章金融抑制与民间借贷规模不显著的验证结果也是一致的。

第三，普惠金融指数系数为负且显著，说明随着数字普惠金融的发展，危机发生的可能性越低。这恰恰说明，普惠金融发展好，个体和中小微企业的融资难题能在一定程度上得到解决。假设 2 得到了验证。

第四，银行不良贷款率回归系数为正且显著，作为衡量民间借贷项目风险的重要代理指标，其不良率越高，民间借贷项目风险就会越大，发生危机的可能性就越高。假设 4 得到了验证。

第五，货币政策松紧指标系数为正且显著，当央行收紧货币政策时，市场利率上升，引发各地民间借贷利率上升，企业借贷成本增加，违约率上升，危机爆发的可能性加大。假设 5 和假设 7 得到证实。

第六，GDP 同比增长率系数为负且显著，表明 GDP 增速与民间借贷危机呈负相关关系。地区经济发展态势向好，企业盈利自然增加，发生违约的可能性降低，发生危机的可能性降低。人均 GDP 系数为正且显著，说明经济发达地区居民经济水平越高，对资金的需求量越多，当地民间借贷市场越活跃，发生危机的可能性越大。假设 6 得到证实。

第七，住宅价格涨幅系数为负且显著，根据我们的调研，大量的民间借贷资金流入地产，当地产形势向好时，资金回笼就好，民间借贷资金偿还就有保证，违约风险就低，发生危机的可能性就会下降；反之，则会上升。假设 8 得到证实。

5.4.4　异质性研究

1. 相关说明

为了进一步研究民间借贷危机爆发影响因素和区域的差异性，根据前文的机理以及数据统计分析，我们从两个视角对其进行异质性分析。第一，我国省份众多，且分布较广，不同区域的经济收入水平、产业结构、资源集聚、社会文化以及居民思想观念等都存在较大差异，为民间借贷市场发展蕴育着不同宏观及社会环境。在此背景下，不同地区间居民、中小微企业等微观主体在民间借贷市场中行为特征的差异性最终导致地区间民间借贷市场的差异。因此，本书进一步将样本分为东部地区和中西部地区两个子样本进行异质性分析，其中，东部地区包括北京、天津、辽宁、河北、上海、江苏、浙江、福建、山东、广东、海南等 11 个省份。第二，民间借贷市场的发展与当地经济组成结构具有密切联系，中小微及民营企业往往占据民间借贷市场活动主体的大多数，民间借贷市场特征及影响因素往往与地区民营经济形势息息相关。对于民营经济发展强势地区而言，金融弱势企业数量多，融资需求大，民间借贷市场更加活跃。因此，本书将进一步考察民间借贷市场危机在民营经济发展强弱地区间的异质性，以各省市 2020 年进入中国民营企业 500 强数量作为衡量地区内民营经济发达程度的标准，将样本分为民营经济发达地区和其他地区两个子样本进行异质性分析，其中，民营经济发达地区包括浙江、江苏、广东、山东、河北、福建、湖北、上海、河南、北京等10 个省份。

2. 回归结果分析

（1）基于东中西部地区的分样本研究。

回归结果如表5－9 前两列所示。东部地区民间借贷规模对危机的影响更显著，原因主要在于东部地区人均收入更高，投资理财意识更强，该地区无论是从整体民间借贷市场规模还是从单次民间借贷交易平均金额而言，都远远高于中西部地区，更容易引起市场中危机的集聚和爆发。普惠金融发展对于东部和中西部地区影响都很显著，说明普惠金融发展都可以很好地抑制民间借贷规模，降低危机发生的可能性。对于货币政策收紧引发借贷成本上涨，对东部地区和中西部地区影响都很显著，但对中西部地区影响更大，说明参与民间借贷的中西部地区企业的抗风险能力相对东部地区的企业而言要弱一些。对于房地产市场带来的冲击，无论是东部，还是中西部地区影响都很显著，但东部影响明显要更大一些。说明东部地区市场化程度更深，更多民间资金介入房地产市场。

（2）基于民营经济发达程度的地区分样本研究。

回归结果如表5-9后两列所示。民营经济发达地区民间借贷规模对危机的影响要更显著。说明民营经济发达地区微观主体在民间借贷市场更加活跃，借贷规模更加庞大，爆发危机的可能性更大。普惠金融发展对于民营经济发达地区和其他地区影响都很显著，说明普惠金融发展都可以很好满足微观主体的融资需求，抑制民间借贷规模，降低危机发生的可能性；而且相关系数也表明普惠金融对民营经济发达地区影响更大，这也符合我们的分析逻辑。货币政策收紧引发的借贷成本上涨所导致的危机发生可能，无论是民营经济发达地区还是其他地区，影响都很显著，而且对民营经济发达地区影响更大。主要因为民营经济发达地区对资金需求更大，对货币政策变化自然就会更敏感。

表5-9 异质性分析结果

项目	(1) 东部地区 *C*	(2) 中西部地区 *C*	(3) 民营经济发达地区 *C*	(4) 其他地区 *C*
S	0.0714** (2.55)	0.0359 (0.053)	0.0649* (2.04)	0.0307 (0.41)
BLR	0.202 (1.69)	0.188*** (3.06)	0.229** (2.32)	0.182*** (2.93)
FDI	-0.905 (-1.31)	3.094*** (5.44)	-1.045 (-1.41)	1.595** (2.30)
GDP	-0.0339 (-1.21)	-0.0428* (-1.91)	-0.0591 (-0.53)	-0.0400* (-1.90)
MP	0.0981** (2.44)	0.112*** (3.53)	0.120** (3.12)	0.0951*** (3.44)
AGDP	1.551*** (3.17)	0.0638 (0.17)	1.770* (2.12)	0.814* (2.06)
IF	-0.0255*** (-4.56)	-0.0107*** (-3.33)	-0.0234*** (-3.56)	-0.00939** (-2.56)
HP	-0.0256*** (-4.68)	-0.0144* (-1.84)	-0.0188** (-2.97)	-0.0160 (-1.50)

续表

项目	(1) 东部地区 C	(2) 中西部地区 C	(3) 民营经济发达地区 C	(4) 其他地区 C
Trend	0.890 *** (5.42)	0.606 *** (7.28)	0.815 *** (3.92)	0.500 *** (4.93)
常数项	-14.31 ** (-2.69)	-1.071 (-0.30)	-16.55 * (-1.91)	-8.565 ** (-2.14)
地区固定效应	控制	控制	控制	控制
样本容量	71	117	65	123
Within - R^2	0.821	0.892	0.827	0.864
F 统计量	477.17	91.27	572.69	107.30

注：解释变量括号外数字表示系数，括号内数字表示 *t* 检验统计量，*、**、*** 分别表示变量通过了 10%、5%、1% 水平上的显著性检验。

通过对异质性的检验和分析，可以发现，东中西部地区的经济发展差异以及民营经济的发达程度不同，引起危机爆发的因素及其相关性有一定的差异。总的来说，借贷规模对不同特质的地区影响差异更明显，经济发达地区以及民营经济发达地区民间借贷规模的影响更显著。无论是根据区域还是根据民营经济发展情况来看，数字普惠金融发展、货币政策松紧以及房地产市场走势，无论是对东中西部区域还是民营经济发展不同的区域而言，基本均对民间借贷危机产生显著影响。因此，大力发展数字普惠金融是有效降低民间借贷危机发生的重要法宝。此外，保持地产市场稳定也对降低危机发生可能有积极作用。

5.4.5 政策分析

通过以上分析我们可以得出：第一，民间借贷的规模是危机爆发的核心要素，民间借贷规模越大，发生危机的可能性越大；但它只是危机发生的必要而非充分条件。假设 1 与假设 3 得到实证验证就很好地说明了这一点。风险控制好的民间借贷不仅不会对危机产生正向作用，反而能防范危机的发生，那些风险控制不好的民间借贷规模则会加速危机的发生，比如 P2P 的规模越大，爆发危机的可能性越大。传统的民间借贷往往是基于血缘、亲缘、地缘的社会关系网而建立的，相对而言是小地域范围内的借贷交易，信息流动性和传递性较差，即使存在个别违约情况，小范围内风险也很难向其他地域扩散。而如今以P2P形式存在的借贷交易，突破了时间和空间上的限制，促使信息和资金跨地域地在全国范围内流动，极易造成风险与危机由点及面，向各地区、各领域、各行业蔓延。从这点来看，监管层及时出手，对P2P采取清零的政策是完全正确的；今后也不能任由民间借贷规模野蛮式增长，一定程度上控制高风险的民间借贷发展是非常有必要的。

第二，大力发展数字普惠金融，降低金融抑制，深化金融服务能有效促进民营中小微企业的融资，降低危机发生的可能性。因此，我国要加快金融体系改革，推进数字化普惠金融服务体系，更多地为中小微企业发展服务。

第三，从上述的实证分析可以得知：民间借贷危机与借贷项目以及借贷项目成本均显著相关，说明危机爆发的另一个重要前提和基础就是借贷项目成本和风险。而根据我们的实际调查可以证实，除传统的基于“三缘”的民间借贷以及受到严格监管的小额贷款公司的借贷风险相对较低之外，其他类型的民间借贷如P2P、投资理财、地下钱庄等，其借贷风险较大，发展越快，越容易爆发危机。因此，要将民间借贷纳入正规的监管范围，走阳光、规范的发展道路，才能更好地为民营资本找到出路，为中小微企业融资提供服务。

第四，从回归分析可以得知：货币政策的变化极易成为民间借贷危机爆发的重要因素，这也与我们对民间借贷危机史的梳理相互印证。受频繁的货币政策调整影响最大的必然是底层的中小微企业，被淘汰出正规金融市场的中小微企业只能求助于民间借贷市场，加之对资金的刚性需求又会导致借贷利率显著上升，财务成本显著增加，而且资金的刚性需求会导致资金的期限错配，进而埋下更大的风险，在外在的冲击下很有可能演变成危机。因此，货币政策预期要稳定，松紧程度可以逐步微调，但应尽量避免货币政策的松紧幅度过大，导致市场的不适应。

第五，实证结果表明，房地产市场对危机爆发影响显著，是民间借贷危机爆发的重要外生冲击力量。大量的民间借贷资金流入房地产市场，因此房地产市场走势的好坏会严重影响危机的爆发与否。对于房地产等外生冲击因素，国家政策要尽量给予稳定的预期，同时要加强对民间借贷的监管，避免资金过多流入房地产市场，进而为危机的爆发埋下巨雷。

第六，根据我们的异质性分析可知，经济发展不同区域存在差异性，民营经济的发展程度也存在差异性，这些不同的地区，各种因素的影响存在显著差异。因此，在民间借贷的发展过程中，应该由各地区根据实际情况来制定监管要求和标准，制定区域性发展的差异政策。

第 6 章　新常态下民间借贷危机的传染机制研究

金融危机存在传染和扩散效应。在正规金融体系中，当某一存款类银行机构出现流动性危机时，由于金融机构存在着直接或间接联系，且因信息不对称问题的客观存在，使得存款人无法判断自己存款所在银行的经营是否良好，这会导致“挤兑”同时出现在问题银行与经营良好的银行中，危机由此传染、扩散至整个银行体系。新常态下，民间借贷危机同样具有传染、扩散效应，因此明确新常态下民间借贷危机传染的概念、特征、构成要素及传染的效应，对于控制民间借贷危机的传染和扩散具有十分重要的指导意义。

6.1　新常态下民间借贷危机传染的概念及特征

6.1.1　民间借贷危机传染的概念

民间借贷是一个由众多直接或间接联系的节点构成的复杂系统，结合巴曙松等（2013）对金融风险传染的定义，本书认为，民间借贷危机传染是指，当民间借贷系统中的某个或某几个节点，受到不可避免的内外部不确定性因素冲击，从而产生初始风险或危机时，这一初始风险或危机会依附于特定的载体，经由一定的路径，向民间借贷系统中的各个功能节点及正规金融体系、实体经济领域和社会领域传染、扩散和蔓延，进而导致民间借贷系统及其关联主体受到严重冲击，进而遭受经济损失的过程。需要特别说明的是，尽管新常态下民间借贷突破了传统的“亲缘、血缘、地缘”等熟人网络社会限制，但它的开放性也是相对的，通常表现为一种相对较大范围的区域性，如在同一个省域范围内或者市域范围内。正因为新常态下的民间借贷具有这种相对区域性的特征，所以不同区域爆发的民间借贷危机，通常在传染的风险源、特征、载体和路径等方面存在一定的差异。

6.1.2 民间借贷危机传染的特征

民间借贷危机传染包括“传”和“染”两个环节，基于这两个环节和新常态下民间借贷危机的特征，新常态下民间借贷危机的传染具有复杂性、路径依赖性和突发性等特征。

第一，复杂性。新常态下，民间借贷形式多样，已经从过去基于“亲缘、血缘、地缘”等熟人网络社会的传统民间借贷扩展到包括地下钱庄、典当行、小贷公司、融资担保公司、理财投资公司、网络借贷等多种形式并存的民间借贷；呈现参与主体类型和数量多、借贷规模巨大、借贷突破相对区域限制、借贷模式复杂多样等特征；各借款人之间因互相持有资产头寸或互保联保等方式关系变得更紧密，因此新常态下，民间借贷风险的传染具有复杂性的特征。比如，2011 年底至 2012 年，浙江天煜建设有限公司引发的杭州民间借贷危机在传染过程中就表现出极强的复杂性。互保联保网络的存在，使得这场由建筑行业一家小企业因民间非法集资引发的民间借贷危机迅速蔓延到家具行业、输配电行业，以及化工、纺织等其他行业；据不完全统计，浙江至少有超过 60 家公司因此受到牵连。以 P2P 为代表的网络借贷中，由于参与借贷主体众多、借贷规模巨大及借贷跨区域等特征，这类危机在传染、扩散过程中往往表现出极强的复杂性。

第二，路径依赖性。路径依赖一词源自西方制度经济学，指的是某一系统受到外部某种偶然冲击时，这种冲击会沿着某一特定的路径传染并形成某种固有惯性①。民间借贷危机的传染具有路径依赖特性，这些路径主要包括由民间借贷市场向正规金融市场、实体经济和社会等领域的传染。

---

① ［美］道格拉斯·C. 诺思．经济史中的结构与变迁［M］．陈郁，罗华平，译．上海：上海人民出版社，1994.

第三，突发性。民间借贷危机传染的突发性指的是民间借贷危机在系统的某个节点爆发并开始传染之前，它的产生和积聚通常都比较缓慢，通常不易被察觉；但当某个节点处的危机积聚并超过该节点危机爆发的阈值时，民间借贷危机便会突然爆发，并迅速地沿着某些路径传染、扩散，从而造成严重的后果。2014 年 7 月，四川最大的民营担保机构——四川汇通信用融资担保有限公司实际控制人杨志刚、董事兼常务副总裁刘玉英集体失联引发的民间借贷危机就表现出很强的突发性。随着公司高管突然集体失联的消息不胫而走，恐慌情绪迅速蔓延，络绎不绝的债权人、业务往来公司闻讯要求兑付债务。同时，随着事件的不断发酵，越来越多由汇通提供融资担保的贷款银行开始对被担保企业进行抽贷或断贷，危机带来的影响和损失迅速扩大。由汇通担保引发的四川民间金融危机迅速形成一系列连锁反应，四川省内的各类理财公司、居间公司资金链断裂案件频发，老板跑路、失联成为四川民间借贷圈里的常态。

6.2　新常态下民间借贷危机传染的构成要素

6.2.1　民间借贷危机传染的风险源

民间借贷危机传染的风险源是指引起民间借贷风险事故的导火索，这是引发民间借贷危机爆发、传染和扩散的根源。民间借贷活动受到内外部不确定性因素的冲击，导致借贷风险生成，并逐步积聚和强化，最终引起危机爆发并向外蔓延。风险源作为民间借贷危机传染、扩散过程中的核心要素，依托一定的传染载体，经由一定的传染路径，将民间借贷危机以复杂的传染效应传染、扩散至更广的范围和领域（见图 6 - 1）。不同的民间借贷危机，其风险源不尽相同。例如，陕西神木、湖南娄底民间借贷危机爆发的风险源主要是矿产资源价格下跌与高企的民间借贷利息导致矿产企业资金链的断裂；浙江温州民间借贷危机爆发的风险源主要是国际金融危机、欧债危机之后，大量出口导向型民营加工企业因外贸订单减少而陷入困境或倒闭、银根急转收紧之下银行的抽贷和断贷导致部分企业资金链的断裂；内蒙古鄂尔多斯民间借贷危机爆发的风险源主要是房地产市场泡沫破灭导致房地产开发企业资金链的断裂叠加煤炭价格的下跌。

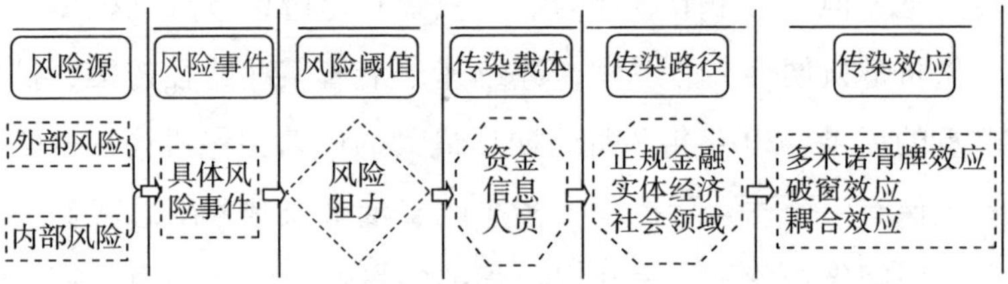

图6-1　民间借贷危机传染逻辑关系示意图

6.2.2　民间借贷危机传染的载体

危机总是经过一段时间的积聚、传染、扩散和演化才最终爆发，民间借贷危机也是如此。民间借贷危机的传染是需要载体的，如果没有传染载体存在，民间借贷危机便不能够实现传染、扩散，民间借贷危机也很难最终爆发。民间借贷危机传染的载体指的是承载和传递民间借贷危机的各种介质，如资金、信息等，其在民间借贷危机的传染、扩散中起到“媒介”和“桥梁”的作用。在现实中，民间借贷危机传染的载体是客观存在的，它与危机传染的过程密不可分。一般情况下，民间借贷危机的风险源在受到各种风险诱发因素的刺激作用后，会通过传染载体按照一定的传染模式和路径对危机进行传染；如果在传染过程中不对危机传染的载体加以识别和控制，并加以斩断，很可能会导致民间借贷危机不断积聚、扩散直至最终大规模爆发。新常态下，民间借贷危机传染的载体包括资金载体、信息载体、交易主体等。

1. 资金载体

资金是民间借贷系统的血液，借贷过程本质上就是资金供需运动的过程。资金供给方将资金投入民间借贷市场，为个人、企业等资金需求方提供资金，并从中赚取利息；资金需求方从民间借贷市场借入资金，并根据合同约定按期支付本息。资金是民间借贷危机传导中最主要的载体，当资金需求方因受到外部冲击或因自身因素变动发生财务危机而无法归还贷款本息时，资金供给方将无法收回放贷资金，进而造成极大的经济损失。以资金作为载体的民间借贷危机的传导过程具有一定的方向性，危机的传导方向总是从资金需求方传导至资金供给方，与放贷资金的流向恰好相反。由资金链断裂导致民间借贷危机产生、传染、扩散和爆发的例子有很多，如浙江温州、内蒙古鄂尔多斯、湖南娄底、四川南充等地爆发的民间借贷危机都是因多个资金需求方资金链断裂而破产倒闭、跑路等所引起的，且危机通过资金链不断传染放大。

2. 信息载体

信息贯穿于民间借贷活动的各个节点和环节，并且在每个节点和环节中民间借贷参与者都需要利用信息来识别、评估和应对潜在的风险。以信息为载体的民间借贷危机传染有如下特征：一是信息的传递性失真。信息在传递过程中，因自然失真或人为干扰造成信息传递偏差而导致信息失真，使信息接收者最终得到的信息与原信息存在偏差，进而致使民间借贷各参与者在以该信息为依据做出判断时出现错误。危机正以该信息为载体，在传染过程中被逐步放大。二是信息的处理性失真。信息通过压缩、扩充可能发生改变。民间借贷信息在传递、流通和转换过程中，通过不同时间、空间和形态上的加工，可能导致信息在处理过程中失真。失真的信息产生风险，并以该信息为载体不断传染、扩散。三是信息的不对称性失真。民间借贷门槛较正规金融机构低、手续简便，省去了正规金融中公证、验资，甚至抵押登记等手续，这导致借贷双方信息不对称问题更为严重。新常态下的民间借贷不再局限于熟人网络社会，而是形成跨区域的、通过中介组织连接的借贷关系，这导致借贷双方信息透明度进一步降低。一些信用资质较差、不符合贷款条件的资金需求者为了融得资金，可能通过提供虚假信息的方式骗取资金供给者的信任，致使民间借贷逆向选择风险的发生和传染扩散。浙江温州的民间借贷危机在爆发之初，就是以信息为载体迅速传染、扩散的。2011 年 9 月 20 日，温州最大眼镜制造企业——信泰集团的董事长胡福林欠款出逃美国的消息推倒了这场民间借贷危机的“多米诺骨牌”，消息不胫而走，当晚信泰集团便被多名闻讯而来的讨债人包围，胡福林的跑路迅速引爆了温州企业信用、民间借贷与银行信贷三重危机，千余名信泰集团员工上街讨薪，接二连三的老板跑路或失踪，多名职业放高利贷者被警方控制，与此同时，在银行银根收紧、民间借贷几近崩盘的情况下，温州跑路的老板名单越拉越长。在温州延续了几十年的民间信贷，一时间近乎崩盘，整个温州风声鹤唳。

3. 交易主体

民间借贷系统的交易主体是民间借贷活动的参与者，包括参与民间借贷的自然人、法人、民间借贷机构和民间借贷中介机构等。民间借贷危机通过交易主体这一载体进行交叉流动、传染扩散。其主要体现在以下两个方面：一是民间借贷系统和正规金融体系常常存在共同的交易主体。例如，某企业同时从正规银行机构和民间借贷机构融入资金，或从正规银行机构融入资金投资于民间借贷活动，由于信息不对称和企业有意隐瞒民间融资行为，致使银行在贷款调查、审核过程中并未发现问题并及时停止放贷。当该企业无力承担民间借贷高额利息或投资于民间借贷的本息无法收回时，其在正规银行机构的贷款将面临逾期，民间借贷危机便会依附于该企业这一载体传染至正规银行体系。二是借贷市场存在着大量的互保联保行为[①]，这些参与互保联保的交易主体，资金来源不尽相同。根据风险收益理论，通常违约风险低的交易主体，其资金主要来自正规金融市场；违约风险高的交易主体，其资金主要来自民间借贷市场。互保联保关系常常使正规金融市场和民间借贷市场通过交易主体这一载体紧密地交织在一起，如果该系统中某一交易主体发生违约行为，这一危机便会通过互保联保链条传染、扩散。温州作为我国民营经济最为发达的地区之一，2011 年前后民营企业之间通过互相担保从银行获取贷款，是当地非常普遍的一种融资方式。然而复杂的互保联保网络将企业紧紧地绑在一起，就会出现一家企业资金链断裂，数十家企业受到牵连的局面。

6.2.3 民间借贷危机传染的路径

民间借贷市场是一个由众多交易主体参与的复杂网络系统，每个交易

---

① 融资担保盛行时，互保联保现象较为普遍。当前，正规银行机构已较少依赖互保联保模式。

主体都是该复杂网络系统中的众多节点之一，各节点之间以资金为纽带，保持直接或间接关系。如果民间借贷系统中某个节点产生风险或危机，且该风险或危机超过该节点可承受的阈值，那么这种风险或危机将会依附于某些载体，经由一定的路径进行传染、扩散。新常态下民间借贷危机的传染路径主要包括以下几个方面。

1. 危机由民间借贷系统传染至正规金融体系

一方面，民间借贷的繁荣弱化了正规金融体系的筹资能力。在实际操作过程中，我国因金融抑制的存在，民间借贷的利率大都高于银行同期贷款利率，资金天然具有逐利性，高额的回报使得资金所有者不愿将资金存入正规银行系统，这给正规金融体系进行资金吸纳带来较大压力，弱化了其筹资能力。另一方面，一些正规金融体系的资金间接参与民间借贷活动①。McKinnon 认为，民间借贷对正规金融体系的资金具有一定的"挤出效应"。其原因在于，正规金融市场与民间借贷市场之间的利差会诱导银行等正规金融机构的资金间接流入民间借贷市场。新常态下大规模的民间借贷活动中，有一部分的资金来自银行等正规金融体系，正是资金这根纽带，连通了民间借贷市场与正规金融体系危机传染的渠道或路径。民间借贷危机向正规金融体系传染的例子有很多。例如，浙江温州民间借贷危机爆发后，部分企业因资金链断裂停产或倒闭，导致这些企业一时间无法偿还银行贷款，进而直接使温州银行体系不良贷款迅速上升，这表明危机已由民间借贷市场传染至正规银行体系。2015 年，因场外配资而强制平仓引发的"股灾"，也是民间借贷危机向正规金融体系传染的例子。

新常态下，民间借贷危机向正规银行体系传染、扩散至少有以下三种路径（见图6－2）：一是通过从银行机构套取资金，投入投资类民间借贷机构进行套利，联通民间借贷市场与正规银行体系危机的传染。在我国，由于金融抑制的存在，通常民间借贷市场利率要高于银行系统贷款利率。为了赚取资金差价，一些信用资质较好、财务状况稳定、能够从银行获得

① 蒋俊杰，柯迪．我国的民间借贷危机：成因、演变与治理对策[J]．云南大学学报（社会科学版），2014，13（5）：44－48＋111.

低息贷款的企业或个人，将从银行获得的低息贷款投入投资类民间金融机构提供的高收益理财产品或高收益投资项目，从而实现“空转套利”。在这种情况下，如果民间金融机构收益无法兑付，甚至出现欺诈、“庞氏骗局”等情况，作为银行借款人的企业和个人的偿债能力会被极大削弱，甚至出现资金链断裂；而这种危机一旦积聚到阈值，便会沿着“空转套利”的路径传染至银行系统。二是通过从融资类民间借贷机构拆入“过桥资金”向银行机构“还旧借新”，联通民间借贷市场与正规银行体系危机的传染。据了解，在实际操作中，部分企业或个人为了避免逾期、保持良好的信用资质，从而能够长期从银行获得贷款，通常会先从各类民间借贷机构高息拆入短期资金，用以偿还到期的银行贷款，然后再向银行申请借入新的贷款。这一看似普通的操作，实际上打通了民间借贷市场与银行系统危机传染的路径。当作为借款人的企业或个人无法承担高额过桥资金本息，导致资金链断裂时，这种危机一旦积聚到阈值，便会沿着“还旧借新”的路径传染至银行系统。三是融资担保类民间金融机构为企业和个人从银行机构获得贷款提供融资担保，联通了民间借贷市场与正规银行体系危机的传染。部分银行机构对融资担保过度依赖，而一些融资担保机构可能因其经营不规范、放大担保倍数、从事其他投融资业务等而风险过高，导致担保代偿能力不足。当担保代偿金额过大时，融资类担保公司极有可能无法担保代偿而倒闭。这种危机一旦积聚到阈值便会产生“多米诺骨牌”效应，并沿着担保链条传染至正规银行系统。比如，2014 年 7 月，四川汇通信用融资担保有限公司高管集体失联事件，就让众多牵涉其中的银行和债权人惊慌失措，汇通担保 2014 年 5 月的财务报表显示，截至 5 月底，在保余额为 46. 28 亿元，其中银行类金融机构融资担保额为 40. 02 亿元，而地方性商业银行涉及金额最大，总计达 20. 82 亿元，一些地方性商业银行牵涉其中①。

2. 危机由民间借贷系统传染至实体经济领域

民间借贷活动在我国二元金融结构中的重要性和必要性已成共识，其

① 资料来源：四川汇通信用融资担保有限公司 2014 年 5 月财务报表。

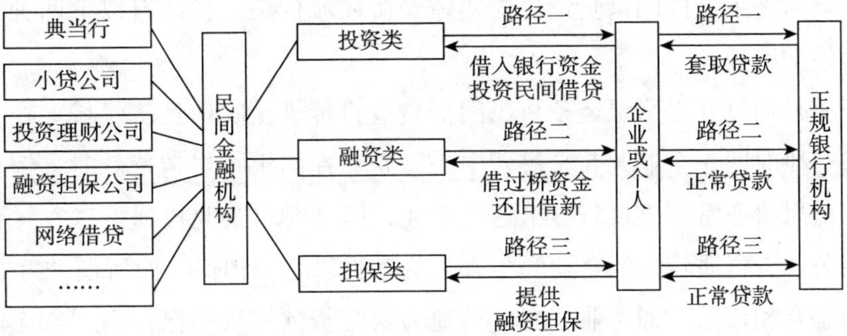

图 6－2　民间借贷危机向正规银行机构传染的路径

作为非正规金融组织的形式存在，是对正规金融供给不足的补充和矫正。在这种背景下，民间借贷成为广大民营中小微企业生存和发展的重要融资渠道。因此，民间借贷与实体经济存在紧密联系，这种紧密联系会存在正、负两个方面的效应。一方面，民间借贷作为一种重要的融资方式，能够缓解以民营中小微企业为主的实体经济的融资难题；另一方面，一旦民间借贷市场爆发危机，会波及以广大民营中小微企业为代表的实体经济领域。具体而言，一旦民间借贷危机爆发，民间借贷市场和正规金融市场均会出现资金供给的恐慌性收缩，影响企业尤其是民营中小微企业的正常融资活动，进而限制其正常的生产经营活动，甚至参与的企业因资金链断裂会发生破产倒闭，从而对实体经济领域产生不利影响。2011 年前后，爆发在浙江温州的民间借贷危机对当地的实体经济产生了较为严重的影响。在危机爆发前，民间借贷的虚假繁荣让大批企业主偏离主业，实体经济空心化的问题日渐凸显；危机的爆发给实体经济带来更大冲击，“2011—2012 年，温州民间借贷危机集中爆发，致使至少四成的民营中小企业处于停工或倒闭状态”①。另一组数据显示，2012 年 7 月底，温州 3998 家规模以上工业企业中，有 60.43% 的企业处于减产或停产状态②，这足以说明在民间借贷危机冲击下温州实体经济领域处境之艰难。

---

① 陈晓．温州民间借贷危机调查[J/OL]．(2011－11－11)．三联生活周刊，http://www.lifeweek.com.cn/2011/1111/35694.shtml.

② 资料来源：浙江省人大常委会财政经济委员会 2012 年调研报告。

新常态下，民间借贷危机向实体经济领域传染、扩散有以下两种具有代表性的路径：

一是通过互保联保链条将民间借贷危机传染至实体经济领域。在过去很长一段时间，企业尤其是民营中小微企业在向银行申请贷款时，银行为了降低风险通常不直接贷款给这类企业，而是要求企业找到第三方（包括担保公司或资质较好的企业和个人）为其提供融资担保。而所谓“互保”，指的是互相担保，即企业之间对等地为对方贷款提供担保，当一方无法偿还贷款时，另一方需承担还款连带责任；同理，“联保”指的是联合担保，即三家或三家以上的企业自愿组成担保联合体，所有成员为其中任何一家企业的贷款承担还款连带责任。2004 年开始，互保联保模式逐渐出现在民营经济活跃、民间信用发达的长三角一带。随着 2009 年“四万亿”刺激政策的出台，银行贷款空前宽松，进一步推动互保联保模式的盛行，而企业之间的互保联保网络也越来越密集（见图 6-3）。在互保联保担保网络中，一旦某一家企业因无法承担高额的民间借贷本息而破产时，其上游的担保企业就需要负连带还款责任，同时其所担保的下游企业贷款也会因失去担保而被银行抽贷，并且这种影响会沿着担保链条依次传导，从而影响很多企业的现金流，企业正常的生产经营活动可能因此受到冲击，进而对这些企业背后的实体经济造成不利影响。

二是通过民间借贷中介将民间借贷危机交叉传染至实体经济领域（见图 6-4）。具体而言，假设企业 1 因经营不善等发生资金链断裂，会引起投资者的集体恐慌，从而导致挤兑发生；投资者会通过民间借贷中介公司 A 要求其他企业（企业 2、企业 3、企业 4）提前还款，这时其他企业（企业 2、企业 3、企业 4）可能因资金紧张而陷入困境。此外，如果企业 1 通过民间借贷中介公司 B 借贷，那么企业 1 资金链断裂所引发的恐慌性挤兑危机会传染至民间借贷中介公司 B 所促成的企业 5、企业 6、企业 7 的借贷中，从而致使企业 5、企业 6、企业 7 也可能因资金紧张而陷入困境。从上面的分析可以看出，民间借贷中介平台的存在，使一家企业资金链断裂造成的危机很可能影响多家企业的现金流，甚至造成多家企业资金链断裂，进而对这些企业背后的实体经济造成负面影响。

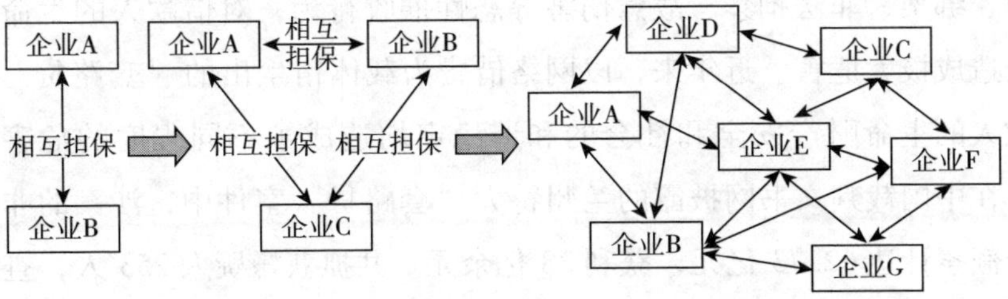

图 6-3　民间借贷危机通过互保联保网络传染

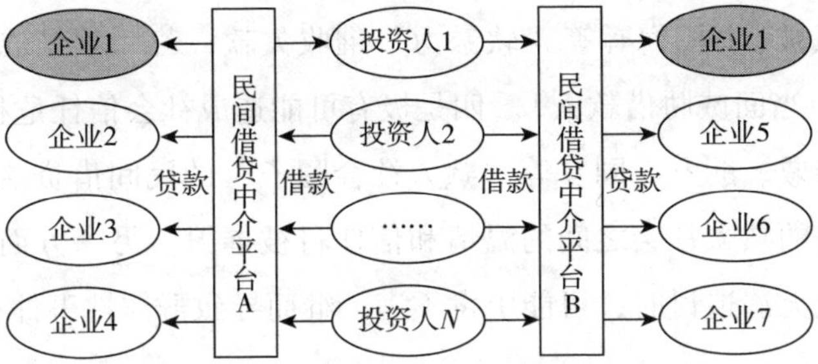

图 6-4　民间借贷危机通过中介平台传染

3. 危机由民间借贷系统传染至社会领域

民间借贷危机一旦爆发，非常容易引发连锁反应和恶性循环等负面问题，危及社会的和谐稳定，甚至诱发各类违法犯罪活动。从民间借贷纠纷案件数量可以看出，2010—2020 年，民间借贷类一审诉讼案件数量呈逐年递增的趋势，且民间借贷类一审刑事诉讼案件数量也呈现逐年递增趋势，这说明民间借贷纠纷作为一种影响社会稳定的因素，对社会领域造成的负面冲击越来越大。民间借贷危机发生并传染、扩散至社会领域主要表现在以下几个方面：一是当民间借贷危机发生后，一些参与企业因资金链断裂陆续关门倒闭、老板跑路，导致部分工人下岗失业。二是一些借出资金的普通群众将损失巨大，继而引发社会不稳情绪，有可能导致群体性事件。三是一部分民间借贷往往与非法集资、高利转贷、违法放贷、洗钱等经济犯罪活动交织在一起。民间借贷危机一旦爆发，往往伴随着黑社会性质的组织犯罪活动的发生。放贷人为了追讨欠款，在合法途径难以奏效的情况下，极有可能采取极端的方式催贷，甚至通过黑社会组织，对借款人实施暴力、绑架、非法拘禁、故意伤害等恶性催收行为，对借款人的生命财产安全造成极大危害。近年来，以网络借贷为载体衍生出的“套路贷”等对借款人的生命财产安全和社会的和谐稳定均造成了不同程度的危害。比如，在中国裁判文书网披露的兰州特大“套路贷”案件中，涉案的非法放贷金额累计达62.73亿元，获利28亿余元。共抓获嫌疑人253人，查封涉嫌非法放贷APP和网站1317个。该犯罪集团声称借贷7天免息、低利息，但实际上，借贷年化利率竟高达1303.57%～5214.29%。集团以短信轰炸、曝通讯录、P图侮辱等“软暴力”催收欠款；若“不见成效”则转向“硬暴力”，当面威胁借款人①。四是极有可能造成社会信任危机。一方面，一些基于亲戚、朋友、同乡等“熟人社会圈子”的民间借贷活动一旦爆发危机，原有的熟人社会之间的温情和信任将被摧毁。另一方面，当群众损失较大而又无法追讨时，可能引发不满，继而导致群体性事件②。

6.3 新常态下民间借贷危机的传染效应

6.3.1 民间借贷危机传染的多米诺骨牌效应

海因里希研究发现，危机的传导具有多米诺骨牌特征，相互联系的系统中的某个节点一旦出现问题，就会像多米诺骨牌一样引起连串的反应。民间借贷系统中某一节点受内外部不确定性因素冲击触发风险源产生风险，风险超过该节点上的风险阈值后，便会借助传染载体传染至下一个节点，继而导致民间借贷系统的下一个节点感染风险，并继续传染至民间借贷系统中其他节点或系统之外的正规金融体系、实体经济领域甚至社会领域，这一过程体现了民间借贷危机传染具有多米诺骨牌效应。根据多米诺骨牌效应发生的条件，可知民间借贷危机传染多米诺骨牌效应的产生需要满足以下三个条件：一是存在风险源，这是引起民间借贷危机发生的条件；二是民间借贷风险必须超过该节点的风险阈值；三是存在风险源的节

① 资料来源：中国裁判文书网，https://wenshu.court.gov.cn/。

② 蒋俊杰，柯迪．我国的民间借贷危机：成因、演变与治理对策[J]．云南大学学报（社会科学版），2014，13（5）：44－48＋111.

点与被传染的节点必须具有直接或间接的关联性，若不存在关联，危机将无法进行传导扩散。只有同时满足上述三个条件，才有可能产生民间借贷危机传染的多米诺骨牌效应。从各地爆发的民间借贷危机来看，民间借贷系统中某个环节一旦出现问题，如只要有一家企业因资金链断裂而倒闭或跑路，就极易产生多米诺骨牌效应，将民间借贷危机传染、扩散至整个民间借贷系统。2011 年前后，长三角地区的许多企业通过纵横交错的互保联保网紧密地交织在一起，银行间的激烈竞争叠加金融危机后的刺激政策，促进了这张网络的生长。中国人民银行杭州中心支行的数据显示，2012 年 5 月末，浙江省发生信贷风险的企业中，有 60% 的企业是由于为其他企业担保代偿而出现资金链断裂的；而在浙江省内，互保联保模式约占企业总融资的 40%①。互保联保编织起的担保网络使民间借贷危机的传染具有极强的多米诺骨牌效应，进而出现一家公司发生危机，经由互保联保链，迅速放大传染、扩散至其外围的数级担保圈，风暴由此升级的局面。2011 年 12 月 20 日，杭州建筑小企业浙江天煜建设有限公司（以下简称天煜建设）下属江苏分公司经理因非法集资被法院立案，天煜建设全部账户和房产陆续被法院冻结查封。这场因民间非法集资引发的危机很快传染至与其存在互保关系的家具制造企业嘉逸集团有限公司（以下简称嘉逸集团），随后，嘉逸集团及其关联公司陆续被建设银行等多家银行抽贷 1.15 亿元。一个月之后，与嘉逸集团存在互保关系的杭州家具行业龙头企业荣事集团被北京银行率先收贷 3000 万元。为保障企业正常生产经营，荣事集团陆续出现贷款逾期，同处于嘉逸集团担保圈的浙江中业控股集团有限公司（以下简称中业控股）和高盛科技有限公司（以下简称高盛科技）两家企业同样遭遇银行抽贷。高盛科技于 2012 年 3 月初出现资金链断裂，董事长洪汉民跑路。杭州家具行业龙头企业荣事集团出现危机，迅速向家具行业传染、扩散，家具行业被杭州各大银行列入重点关注行业，荣事集团下游的二级担保圈企业接连出现银行抽贷。2012 年 3 月底，因与荣事集团存在互保关系，杭州输配电行业龙头企业、“中国民企五百强”的虎牌控股集团有限

① 资料来源：中国人民银行杭州中心支行，http://hangzhou.pbc.gov.cn/。

公司（以下简称虎牌控股）在几天时间内被华夏银行等多家银行抽贷1.35亿元，而此时恰逢虎牌控股因之前的一次收购而处于流动资金吃紧状态，虎牌控股不得不从旗下子公司的流动资金进行抽调。虎牌控股告急，风暴由此升级，这场由建筑行业一家小企业因民间非法集资引发的危机迅速蔓延到家具行业、输配电行业，并向化工、纺织等其他行业迅速扩散，危机的传染表现出极强的多米诺骨牌效应。

6.3.2 民间借贷危机传染的破窗效应

破窗效应原本是犯罪学概念，指的是如果打破窗户玻璃这种不良行为被放任不管，会给人们造成一种无序的印象，且放任纵容会诱使人们效仿打破更多的窗户玻璃，最终的结果是情况越发糟糕。在金融抑制下，民间微观经济主体尤其是中小微企业、个体工商户和农民的旺盛资金需求与正规金融体系资金供给不足之间的矛盾构成民间借贷的制度需求；民间富余资金逐利性需求的存在及民间借贷同正规金融体系相比所具备的制度优势构成民间借贷的制度供给；独特的制度供给和制度需求使民间借贷具备小、快、灵等特征，这也决定了其利率水平和风险都要比正规金融机构贷款高。民间借贷中介机构和个体放贷者为了追逐更高的收益往往会低估甚至忽视民间借贷活动蕴含的高风险。另外，因正规金融体系之外的民间借贷活动暂未纳入现有的征信监管体系，且其往往是集聚多个分散的个体放贷者的资金给某个项目或企业使用的纯信用贷款，缺乏抵押担保，因此借款人违约的成本非常低，这实际上是一种“无为的放任纵容”，这也是民间借贷危机传染产生破窗效应的现实条件之一。因此，在一个由众多参与主体组成的复杂民间借贷网络系统中，只要有一个借款企业发生违约，如果监管部门和放贷者不能及时制止这种行为，在缺乏征信约束和抵押担保等限制的“放任纵容”下，一些具有偿债能力的借款企业会纷纷效仿这一违约行为，最终的结果是民间借贷大面积逾期违约危机的发生。比如，2011—2012年浙江温州众多民间借贷贷款企业老板集体“跑路”事件，就能够反映出民间借贷危机传染的破窗效应。由于无法偿还高企的民间借贷利息和到期本金，个别企业老板陷入绝境而选择“跑路”后，引发多家企业老板效仿，进而出现为逃避债务而集体“跑路”现象①。

6.3.3　民间借贷危机传染的耦合效应

耦合是一个物理学概念，指两个或两个以上的系统或运动通过各种形式的相互作用产生相互影响的现象。在民间借贷危机传染过程中，民间借贷系统各节点存在着直接或间接的关联关系，从而导致民间借贷子系统的危机会在传染、扩散过程中相互影响和相互作用，最终改变传染过程中的民间借贷危机的性质和强度。各节点的作用形式和作用强度不同，因此民间借贷危机在传染过程中产生的耦合效应也不尽相同。决定民间借贷危机传染耦合效应的两大因素分别是民间借贷系统内外部各节点的相关性和各种民间借贷危机性质之间的匹配度。

假设一个民间借贷系统在运行过程中面临各种危机，根据马科维茨（Markowitz）投资组合理论，本书用方差来描述该民间借贷系统面临的整体风险（危机）状态：

$$\delta^2 = \sum_{i}^{n}\sum_{j}^{n} k_i k_j \delta_i \delta_j \rho_{ij} \qquad (6-1)$$

式（6-1）中，δ^2 为民间借贷系统面临的整体危机状态，δ_i 为民间借贷危机节点 i 的标准差，δ_j 为民间借贷危机节点 j 的标准差，k_i 为民间借贷危机节点 i 在整个民间借贷系统组合中的权重，k_j 为民间借贷危机节点 j 在整个民间借贷系统组合中的权重，ρ_{ij} 为民间借贷节点 i 和节点 j 的相关程度。若相关系数 $\rho_{ij}=0$，此时节点 i 和节点 j 在危机传染过程中相互独立，民间借贷危机传染产生“1+1=2”的效应，称为纯耦合效应，即在传染过程中民间借贷危机流量和强度不会随传导发生很大的变化。若相关系数 $\rho_{ij}>0$，此时节点 i 和节点 j 存在正相关的关联关系，危机在传染过程中会产生“1+1>2”的效应，称为强耦合效应，即民间借贷危机在传染过程中会产生逐级放大的效应，耦合后的民间借贷整体危机大于耦合前的整体危机。若相关系数 $\rho_{ij}<0$，此时节点 i 和节点 j 存在负相关的关联关系，危

① 资料来源：华夏时报．泉州失联企业名单已达 18 家　老板跑路成新常态[EB/OL]．(2014-09-20)．http://www.linksh op.com.cn/web/Article_news.aspx? ArticleId=301512.

机在传染过程中会产生“1 + 1 < 2”的效应，称为弱耦合效应，即民间借贷危机在传染过程中会产生逐级缩小的效应，耦合后的民间借贷整体危机小于耦合前的整体危机状态。

6.4 本章小结

通过对新常态下民间借贷活动、民间借贷危机及其传染过程的深入分析，本书认识到，新常态下民间借贷市场是一个由众多交易主体参与的复杂网络系统，每个交易主体就是该复杂系统中的节点，这些节点通过借贷合同、担保合同等方式紧密地连接在一起。如果某个借款人节点因受到外部不确定性因素冲击生成流动性风险等危机，且这种危机超过该节点借款人所能承受的范围时，危机将依附于资金、信息、交易主体等载体，经由一定的路径，以多米诺骨牌、破窗和耦合等复杂的传染效应，传染、扩散至正规金融体系、实体经济和社会等更广的范围和领域。由于相较于基于熟人网络社会的传统民间借贷，新常态下的民间借贷活动不仅参与主体数量更多、借贷规模更大、借贷资金流动范围更大、借贷形式更复杂多样、信息不对称问题更突出，而且各借款人之间也因关联企业或互保联保等方式变得更为紧密。因此，新常态下民间借贷危机在传染的过程中表现出复杂性、路径依赖性和突发性等特征。通过本章的分析，本书充分明晰新常态下民间借贷危机传染的过程，对于民间借贷危机治理过程中有效控制危机的传染、斩断传导链条和防止危机进一步扩散具有十分重要的指导意义。

第7章　民间借贷危机的处理机制

——基于演化博弈的分析

民间借贷危机，牵涉的不仅是资金的出借方、借款方及居间方，还涉及地方政府与法院。资金出借方想最大限度地收回本金和利息，借款方中一部分群体会通过积极自救来减少经济损失和减免法律惩罚，另一部分群体则会抱着“法不责众”的侥幸心态，消极配合甚至故意逃避偿付责任；居间方要考虑如何保全中介费同时减少参与借贷矛盾；地方政府则不愿看到民间借贷危机引发社会不稳定，希望相关方能按照法制化、市场化的原则处理矛盾和危机；法院往往由于诉讼案件过多，希望出借的双方和居间方能按照市场主体的责任去划分、处理问题。为此，本章基于动态演化博弈理论，围绕民间借贷危机的核心当事人和策源者，即资金出借人，进行事前、事中、事后的多面向、多维度动态演化博弈分析，进而厘清地方政府介入民间借贷危机处理的动机、时机和方式。

事前，资金出借人与中介机构或资金出借人与借款人可能就资金使用范围与流向等进行风险责任的划分，办理好担保和抵质押手续并约定特定的违约偿还方式。这样正式的约定和风险责任划分，使地方政府承担的风险与责任小、处理成本低，地方政府就有足够的行政资源及时进行化解。否则地方政府就要进行成本与风险的权衡。

事中，随着人们法治意识的增强，在民间借贷风险没有酿成危机前，或受损的资金出借人群体规模较小、协调成本较低时，人们更倾向于通过法律途径解决偿付纠纷。如果资金出借人与中介机构及借款人责权利约定清晰、地方法院处理及时，地方政府介入的概率就比较低。但是从实际情况来看，有关民间借贷危机法律处理的部分空白与流程的复杂性是几乎所有民间借贷危机发生和扩大的重要影响因素之一，资金出借人在前述现实条件下不排除使用一些较为激进的手段以达到最快挽回损失的目的……加之自古以来政府在民众心中的公正和威严地位，民众面对独立群体解决的事件时，期望政府能够介入主持大局，而政府从社会稳定角度出发会选择相机介入。

事后，中央和地方政府对民间借贷危机进行充分的总结与反思，对民间借贷进行制度探索，但是中央政府需要考虑的是向下传达的民间借贷新制度是否会被地方政府所接受，是否会与部分地方政府的经济发展诉求相冲突等，地方政府也要思量民间借贷的新制度是否会被借贷主体所接受等。

因此，在民间借贷危机发生以后，地方政府是主动介入还是被动介入、介入的程度如何、从哪里介入成本最低都需要进行具体的动态博弈分析。

7.1 动态演化博弈模型理论基础

演化博弈反映的是博弈主体双方策略渐进的动态均衡过程，其基本概念包括演化稳定策略（Evolutionarily Stable States，ESS）和模仿者动态（Replicator Dynamics）。演化稳定策略最早由 Smith（1972）、Smith 和 Price（1973）提出，是演化博弈论的核心。其基本思想在于：如果突变小群体在混合群体中博弈支付所得大于原群体中个体支付所得，小群体将有能力入侵大群体；反之则不能入侵大群体，而是在演化过程中逐渐消失。演化稳定策略表示的是一个种群能够抵抗变异策略侵入而保持稳定的状态。若 s^* 是 ESS，当且仅当：①s^* 构成一个 Nash 均衡，对任意策略 s，有 $u(s^*,s^*) \geqslant u(s^*,s)$。②如果 $s^* \neq s$，满足 $u(s^*,s^*) = u(s^*,s)$，则有 $u(s^*,s) > u(s,s)$。其中 $u(*,*)$ 是适应度函数。

演化博弈对演化过程的建模主要依赖于选择机制。模仿者动态是一种典型的基于选择机制的确定性和非线性的演化博弈模型。在此模型的基础上加入个体的策略随机变动行为，就构成一个包含选择机制和变异机制的综合演化博弈模型，通常也被称为模仿者—变异者模型（Nowak，2006）。模仿者动态方程实际上描述的是某一特定策略随着时间推移而增长的函数，其自变量是一个种群中某种策略采用的比例，另一个自变量是该策略相对于平均适应度的动态微分方程。显然，采用某种策略的比重越高，这种策略越有可能发展壮大；另外，某一策略相比其他策略的平均适应度越大，说明该策略的回报越大，越有可能被选择和发展。据此，本书可得如下模仿者动态方程：

$$F(k) = \frac{\mathrm{d}\,x_k}{\mathrm{d}t} = x_k[u(k,s) - u(s,s)], k \in (1,K) \tag{7-1}$$

其中，x_k 是种群中采用策略的比例，$u(k,s)$ 是采用策略 k 时的适应度，$u(s,s)$ 为各种策略的平均适应度，K 为总的策略数量。当 k 满足下列方程时：

$$F(k) = \frac{\mathrm{d}\,x_k}{\mathrm{d}t} = 0 \tag{7-2}$$

$$F'(k) < 0$$

本书称 k 为该演化博弈中的演化稳定策略。

7.2　资金出借人与相关各方的博弈分析

资金出借人作为民间借贷危机中的受害人，其直接受损导致大部分资金出借人产生强烈的危机感和不信任感，危机感来自民间借贷资金链断裂后资金出借人“资金所有权”的丢失恐慌，对自己及周围关联亲朋的负罪感，对当下以及未来生活需求的担忧；不信任感来自出借人受损抱团后对于民间借贷危机处置的法律模糊甚至空白而感到的沮丧。

在以危机感和不信任感为主体的负面情绪主导下，资金出借人展开和相关各方的集体博弈行动。首先，与中介机构的博弈中，资金出借人和中介机构就责任切割和风险分担展开博弈，具体需要根据中介机构对当地市场的依存度进行分析；其次，资金出借人与借款人之间的博弈在合理追偿范围内围绕司法仲裁展开，从法律的有效性角度理清资金出借人是否发起诉讼，借款人是否进行还款的逻辑；再次，从资金出借人与法院之间进行博弈分析，得出在民间借贷危机中，法院等机关的缩短时间和精简程序是保障资金出借人上诉权益、助力维稳工作的充要条件；最后，从资金出借人的信任和地方政府介入的角度出发，分析得出，一方面，资金出借人等民众需要信任地方政府，另一方面，政府在平衡强行介入的隐性成本和当下社会稳定问题的基础上进行介入，最大程度保证资金出借人的合法利益，维护社会稳定。

7.2.1 资金出借人和中介机构的动态博弈分析

1. 模型假设

资金出借人在和中介机构进行博弈时，主要聚焦于中介机构是否要承担责任和分担风险。其中存在一个责任分割的合理性问题，不管是从一般的金融逻辑还是从行业规范来说，中介机构都有义务在资金出借人进入民间借贷市场前对其进行风险提示，双方在谨慎思考的基础上签订风险承诺书，一般约定为资金出借人风险自担。但是在遭遇偿付危机后，资金出借人反而选择性忽视法律约定，转而以利益捆绑的形式将所有参与方都变成利益共同体，如投诉、上访等。然而这种方法并不是对每家中介机构都有效，需要对中介机构进行准确分类：

（1）若该中介机构属于在本地区有很大市场，或者是本地企业的话，中介机构和当地政府有共同的发展利益。地方政府通过挖掘金融资源的潜力来提高地方财政收入能力，同时地方要完成中央部署的经济建设任务。但是我国金融市场中传统业务的边际增长趋势已经平缓，地方政府需要进行一些金融创新来刺激地区经济增长，在此需求下给予了民间借贷市场发展空间，诞生了一些依赖本地市场的民间借贷中介机构，若是在民间借贷危机中依赖本地市场的中介机构不积极配合解决问题，会同时失去资金出借人和地方政府的信任，那么业务资质被取缔是必然结果，对于仍有存续需求的中介机构来说，资金出借人的上访行动是有效的。

（2）若该机构属于其他地区企业，或只是来本地区开拓市场的话，那么资金出借人这种行为就对其没有效果，因为中介机构若是答应了风险共担，一旦出现偿付问题，中介机构就要承担连带偿付责任，与退出成本相比，连带偿付成本要大得多。

2. 模型构建

若资金出借人因为投资额小或“吃一堑长一智”的心理等不要求中介机构风险共担，那么此时资金出借人的损失为 A ，中介机构会受到负面评价的影响，造成潜在客户流失，该成本记为 C_1 ，声誉损失记为 H ；资金出借人坚持风险共担时，势必会有长期维权，成本记为 C_2 。若中介机构为避免被资金出借人或其周围人上访造成损失而与资金出借人进行风险共担，其风险共担比例为 a ，则此时资金出借人损失为 aA ，中介机构的共担成本为 $(1-a)A$ 。

（1）虽然部分资金出借人会选择不要求中介机构进行风险共担，但若中介公司对本地业务具有依赖性，为了将信任损失降到最低，中介机构会主动选择风险和责任的分担，如表7－1所示。

表7－1　资金出借人和市场依赖性中介机构的动态博弈分析

	坚持 p	不坚持 $1-p$
分担 q	$[-(1-a)A-bC_1,\ -aA-C_2]$	$[-(1-a)A,\ -aA]$
不分担 $1-q$	$(-C_1-H,\ -A-C_2)$	$(0,\ -A)$

第一，由表7－1可知，资金出借人的决策函数 F_I 为：

$$F_{I1}=q(-aA-C_2)+(1-q)(-A-C_2)=(q-1-qa)A-C_2$$

$$F_{I0}=-qaA-(1-q)A=-A(1+aq-q) \qquad (7-3)$$

由此，本书得到：

$$F_I=pF_{I1}+(1-p)F_{I0}=-pC_2-A-Aaq+Aq$$

$$F(p)=\frac{\mathrm{d}p}{\mathrm{d}t}=p(F_{I1}-F_I)=-C_2p(1-p)$$

$$F'(p)=-C_2(1-2p) \qquad (7-4)$$

可得两个解：$p^*=0, p^*=1$ 。

因为 $-C_2$ 恒为负数，所以当 $p^*=0$ 时，$F(0)=0, F'(0)<0$ ，则 $p^*=0$ 成为该演化博弈模型中的唯一演化稳定策略。该策略表明，对于这种在本地市场有很大依赖性的中介平台，无论中介公司采取什么样的措施，对于资金出借人而言，不坚持风险共担都是最优选择。

第二，同理可得中介机构的决策函数 F_M 为：

$$F_{M1} = p[-(1-a)A - bC_1] + (1-p)[-(1-a)A] = -pbC_1 - (1-a)A$$

$$F_{M0} = p(-C_1 - H)$$

$$F_M = qF_{M1} + (1-q)F_{M0} \quad (7-5)$$

$$F(q) = \frac{dq}{dt} = q(F_{M1} - F_M) = q(1-q)[p(C_1 + H - bC_1) - (1-a)A]$$

$$F'(q) = (1-2q)[p(C_1 + H - bC_1) - (1-a)A] \quad (7-6)$$

可得三个解：$q^* = 0, q^* = 1, p^* = \frac{(1-a)A}{C_1 + H - bC_1}$。

①当 $p^* > \frac{(1-a)A}{C_1 + H - bC_1}$ 时，$F(1) = 0, F'(1) < 0$，则 $q^* = 1$ 成为该演化博弈模型中的唯一演化稳定策略。该策略表明，当资金出借人坚持中介机构风险共担的倾向超过 $\frac{(1-a)A}{C_1 + H - bC_1}$ 时，中介机构倾向于选择分担风险。

②当 $p^* < \frac{(1-a)A}{C_1 + H - bC_1}$ 时，$F(0) = 0, F'(0) < 0$，则 $q^* = 0$ 成为该演化博弈模型中的唯一演化稳定策略。该策略表明，当资金出借人坚持中介机构风险共担的倾向小于 $\frac{(1-a)A}{C_1 + H - bC_1}$ 时，对于中介机构来说，其不分担风险是最优选择。

由上述两种情况可以看出，$p^* = \frac{(1-a)A}{C_1 + H - bC_1}$ 是中介机构是否进行风险共担的稳定均衡点。演化博弈模型的模拟数值见表 7-2。

表 7-2 演化博弈模型的模拟数值（1）

变量	数值
C_1	500
C_2	50
H	200
A	500
a	0.2
b	0.1

由上述内容可得：

$$F(p) = -50p(1-p)$$

$$F(q) = (650p - 400)q(1-q) \tag{7-7}$$

（2）对于对本地市场没有业务依赖的中介公司而言，其对于资金出借人风险共担的处理更加强硬，具体博弈如表 7 - 3 所示。

表 7 - 3　资金出借人和无市场依赖性中介机构的动态博弈分析

	坚持 p	不坚持 $1-p$
分担 q	$[-(1-a)A - bC_1, -aA - C_2]$	$(0, -A)$
不分担 $1-q$	$(-C_1 - H, -A - C_2)$	$(0, -A)$

第一，由表 7 - 3 可知，资金出借人的决策函数 F_I 为：

$$F_{I1} = q(-aA - C_2) + (1-q)(-A - C_2) = (q - 1 - qa)A - C_2$$

$$F_{I0} = -qA - (1-q)A = -A \tag{7-8}$$

由此，本书得到：

$$F_I = pF_{I1} + (1-p)F_{I0} = pq(1-a)A - pC_2 - A$$

$$F(p) = \frac{\mathrm{d}p}{\mathrm{d}t} = p(F_{I1} - F_I) = p(1-p)[q(1-a)A - C_2]$$

$$F'(p) = (1-2p)[q(1-a)A - C_2] \tag{7-9}$$

可得三个解：$p^* = 0, p^* = 1, q^* = \dfrac{C_2}{A(1-a)}$。

①当 $q^* > \dfrac{C_2}{A(1-a)}$ 时，$F(1) = 0, F'(1) < 0$，则 $p^* = 1$ 成为该演化博弈模型中的唯一演化稳定策略。该策略表明，当中介机构共担风险的倾向与实际超过 $\dfrac{C_2}{A(1-a)}$ 这个限度时，资金出借人的最终倾向选择为坚持风险共担。

②当 $q^* < \dfrac{C_2}{A(1-a)}$ 时，$F(0) = 0, F'(0) < 0$，则 $p^* = 0$ 成为该演化博弈模型中的唯一演化稳定策略。该策略表明，当中介机构共担风险的倾向与实际达不到 $\dfrac{C_2}{A(1-a)}$ 这个限度时，资金出借人的最终倾向选择为不坚持

风险共担。

由上述两种情况可以看出，$q^* = \dfrac{C_2}{A(1-a)}$是资金出借人坚持中介机构分担风险决策的稳定均衡点。

第二，同理可得中介机构的决策函数 F_M 为：

$$F_{M1} = p[-(1-a)A - b\,C_1]$$

$$F_{M0} = p(-C_1 - H)$$

$$F_M = q\,F_{M1} + (1-q)F_{M0} \tag{7-10}$$

$$F(q) = \frac{dq}{dt} = q(F_{M1} - F_M) = q(1-q)[p(-A + aA + C_1 - b\,C_1 + H)] = 0$$

$$F'(q) = (1-2q)[p(-A + aA + C_1 - b\,C_1 + H)] \tag{7-11}$$

可得三个解：$q^* = 0, q^* = 1, p^* = 0$。

由式（7-11）可知，$-A + aA + C_1 - b\,C_1 + H$ 的正负性是影响该式正负性的关键因素，因此本书的分类情况如下：

（1）若 $(-A + aA + C_1 - b\,C_1 + H) > 0$，则有：

①当 $p^* > 0$ 时，$F(1) = 0, F'(1) < 0$，则 $q^* = 1$ 成为该演化博弈模型中的唯一演化稳定策略。该策略表明，当资金出借人坚持中介机构风险共担的倾向超过 0 时，中介机构最终的倾向选择为分担风险。

②当 $p^* < 0$ 时，$F(0) = 0, F'(0) < 0$，则 $q^* = 0$ 成为该演化博弈模型中的唯一演化稳定策略。该策略表明，当资金出借人坚持中介机构风险共担的倾向小于 0 时，对于中介机构来说，不分担风险是最优选择。

（2）若 $(-A + aA + C_1 - b\,C_1 + H) < 0$，则有：

①当 $p^* > 0$ 时，$F(0) = 0, F'(0) < 0$，则 $q^* = 0$ 成为该演化博弈模型中的唯一演化稳定策略。该策略表明，当资金出借人坚持中介机构风险共担的倾向超过 0 时，中介机构最终的倾向选择为分担风险。

②当 $p^* < 0$ 时，$F(1) = 0, F'(1) < 0$，则 $q^* = 1$ 成为该演化博弈模型中的唯一演化稳定策略。该策略表明，当资金出借人坚持中介机构风险共担的倾向小于 0 时，对于中介机构来说，不分担风险是最优选择。

由上述两种情况可以看出，$p^* = 0$ 是中介机构是否进行风险共担的稳定均衡点。

根据前述赋值表格，代入式子可得：

$$F(p) = p(1-p)(400q-50)$$

$$F(q) = q(1-q)(250p)$$

$$(p^*, q^*) = (0, 1/8) \tag{7-12}$$

3. 模型结论

由上述博弈模型结果可知，当中介机构依赖于本地市场时，为了保全经营，中介机构在民间借贷危机中一般都会积极分担风险；而对于不依赖本地市场的中介机构来说，其进行风险共担的倾向略低。无论何种情况下，资金出借人都不必浪费过多的人力、物力成本对中介机构坚持进行风险共担，因此在之后政府介入时，政府需根据是否依赖本地市场来对两种不同类型的中介机构采取不同的方式策略。

7.2.2 资金出借人和借款者的动态博弈分析

1. 模型假设

在法律规定范围内，资金出借人和借款者在民间借贷危机博弈反应中，当资金出借人面对借款者的恶意欠款时，部分资金出借人会选择走法律程序寻求司法保护，但是我国既定司法程序有一套完整流程，存在相应的诉讼成本，因此资金出借人是否打官司需进行博弈分析。

2. 模型构建

根据前述内容，在法律制度不完善的假设下，本书构建的博弈矩阵见表 7－4。

表 7－4 资金出借人和借款者的动态博弈分析

	打 p	不打 $1-p$
还 q	$X \times (1-m), X \times m - C$	$X \times (1-m), X \times m$
不还 $1-q$	$X + Y, -Y - C$	$X + Y, -Y$

其中，X 为投资项目的预期净利润，Y 为项目需融资金额，即资金出借人投入的金额，m 为贷款者承诺或者协议的利润分成百分比，C 为资金出

借人打官司付出的诉讼成本。

第一，由表7-4可知，资金出借人的决策函数F_I为：

$$F_{I1} = q(X \times m - C) + (1 - q)(-Y - C) = Xm - qC$$

$$F_{I0} = q(X \times m) + (1 - q)(-Y) = qC - Y \tag{7-13}$$

$$F_I = p\,F_{I1} + (1 - p)F_{I0} = pmX - qc(2p - 1) + (p - 1)Y$$

$$F(p) = \frac{\mathrm{d}p}{\mathrm{d}t} = p(F_{I1} - F_I) = p(1 - p)(mX - 2qC + Y)$$

$$F'(p) = (1 - 2p)(mX - 2qC + Y) \tag{7-14}$$

可得三个解：$p^* = 0, p^* = 1, q^* = \frac{mX + Y}{2C}$。

①当$q^* > \frac{mX + Y}{2C}$时，$F(0) = 0, F'(0) < 0$，则$p^* = 0$成为该演化博弈模型中的唯一演化稳定策略。该策略表明，当贷款者想要还款的倾向超过$\frac{mX + Y}{2C}$时，资金出借人更倾向于不打官司。

②当$q^* < \frac{mX + Y}{2C}$时，$F(0) = 0, F'(0) < 0$，则$p^* = 1$成为该演化博弈模型中的唯一演化稳定策略。该策略表明，当贷款者想要还款的倾向小于$\frac{mX + Y}{2C}$时，资金出借人更倾向于打官司。

第二，由表7-4可知，贷款者的决策函数F_B为：

$$F_{B1} = p[X \times (1 - m)] + (1 - p)[X \times (1 - m)] = X \times (1 - m)$$

$$F_{B0} = p(X + Y) + (1 - p)(X + Y) = X + Y \tag{7-15}$$

$$F_B = q\,F_{B1} + (1 - q)F_{B0} = (1 - qm)X + (1 - q)Y$$

$$F(q) = \frac{\mathrm{d}q}{\mathrm{d}t} = q(F_{I1} - F_I) = q(1 - q)(-mX - Y)$$

$$F'(q) = (1 - 2q)(-mX - Y) \tag{7-16}$$

此时只有两个解：$q^* = 0, q^* = 1$。

因为$-mX - Y$恒为负数，所以当$q^* = 0$时，$F(q) = 0, F'(q) < 0$，$q^* = 0$为该演化博弈模型中的唯一演化稳定策略，即贷款者在民间借贷危机中认

为，不还款是其最优选择。根据式（7－14）得出的结论，此时 $p^*=1$ 成为该演化博弈模型中的唯一演化稳定策略，即资金出借人选择打官司。

演化博弈模型的模拟数值见表 7－5。

表 7－5　演化博弈模型的模拟数值（2）

变量	数值
X	800
Y	300
m	10%
C	50

将数值代入下式中：

$$F(p) = p(1-p)(380-100q)$$

$$F(q) = -380q(1-q)$$

$$(p^*, q^*) = \left(\frac{mX+Y}{2C}, 0\right) = (3.8, 0) \tag{7-17}$$

3. 模型结论

由表 7－5 可知，在一定期限内，资金出借人最终选择提起诉讼，而贷款者则倾向于不还款。但是在该博弈中，资金出借人寻求司法保护不仅不能改善自身的经济状况，还会使自身的经济情况恶化，因此理性的资金出借人不可能寻求司法保护。贷款者了解资金出借人的处境，虽然其在进行决策选择时会考虑资金出借人寻求司法保护会对自己造成不利影响，但最终贷款者仍然会选择不还款。因为其知晓资金出借人寻求司法保护产生的威胁并不是有力的、可信的。进一步回到初始资金出借人的选择方面，若其对于当下法律关于民间借贷危机的处理原则及方式等有清晰的认知，那么资金出借人就可以清楚地知道，只有选择不出借资金才是最保险的。因为一旦资金出借人将资金出借给对方，那么基本可以肯定存在部分贷款者不会遵守诺言，而遭受损失后资金出借人也不会实施不利己的法律行动。所以我国法律制度要防患未然，对于民间借贷部分处理原则及方式应当进行细致的规定。民间借贷作为正式金融制度的重要补充，无论哪种极端的做法都是不可取的，因此只有让资金出借人的合法权益做到可依法保障，并做好普法工作，才能让民间借贷参与各方对其有正确的认知，进而有效引导民间借贷朝规范化方向发展。

7.2.3 资金出借人和法院的动态博弈分析

1. 模型假设

有的资金出借人在协商无果后，会寻求法律的方式保障自己的利益。但是民间借贷危机中所暴露的相关法律薄弱区域，资金出借人相关物证的不足，以及法院司法环节及程序上的长周期等因素成为维护公平正义的阻碍。举例来说，想要让法院强制执行需要到公证处开证明，但是公证处办事流程有自己的逻辑，所以不受理申请成为大概率事件；若是走民事诉讼的话，从起诉到执行可能需要两年的周期，但是贷款者的抵押物可能在这两年内存在资产贬值的风险。

因此，资金出借人和法院的博弈焦点是法院是否愿意缩短立案、审判和执行时间，精简相关程序，资金出借人是否愿意继续上诉。若是法院愿意缩短整个流程的时间，那么单位时间内需要法官处理的工作较之以往会急剧增加，就会造成大量的人力负担。每个地区法院配备仲裁的法官是有限的，但是民间借贷危机案件一般涉及范围广、牵涉人员多，有的案件甚至还存在嵌套，利益错综复杂，处理难度非常大。

2. 模型构建

根据前文的博弈模型，本书设立以下变量：产生的维权成本为 C_2 ，风险共担比例为 a ，法院愿意缩短相应流程及时间时，资金出借人损失为 aA ，中介机构的共担成本为 $(1-a)A$ ；不缩短流程及时间造成该法院口碑下降，声誉损失记为 H ，缩短流程及时间时，法院相应的人力成本为 B_1 ，不缩短时，相应人力成本为 B_2 ，且 $B_1 < B_2$ 。

表 7-6 资金出借人和法院的动态博弈分析

	上诉 p	不上诉 $1-p$
缩短 q	$(-B_1, -aA-C_2)$	$(0,0)$
不缩短 $1-q$	$(-B_2-H, -A-C_2)$	$(0,0)$

第一，由表7-6可知，资金出借人的决策函数 F_I 为：

$$F_{I1} = q(-aA - C_2) + (1-q)(-A - C_2) = qA(1-a) - A - C_2$$

$$F_{I0} = 0 \quad (7-18)$$

由此，本书得到：

$$F_I = pF_{I1} + (1-p)F_{I0} = p[qA(1-a) - A - C_2] \quad (7-19)$$

资金出借人演化稳定策略求解为：

$$F(p) = \frac{\mathrm{d}p}{\mathrm{d}t} = p(F_{I1} - F_I) = p(1-p)[q(B_2 + H - B_1)]$$

$$F'(p) = (1-2p)[q(B_2 + H - B_1)] \quad (7-20)$$

根据演化博弈策略均衡条件 $F(p)=0$ 可得，该博弈三个稳定状态为：

$$p^* = 0, p^* = 1, q^* = 0 \quad (7-21)$$

根据模仿者动态微分方程稳定性定理和演化稳定策略的性质可知，当 $F(p^*)=0, F'(p^*)<0, 0<p^*<1$ 时，p^* 为演化稳定策略。结合 q^* 的大小，本书分为如下几种情况进行讨论：

当 $q^*>0$ 时，$F(1)=0, F'(1)<0$，则 $p^*=1$ 成为该演化博弈模型中的唯一演化稳定策略。该策略表明，当法院愿意缩短时间和精简流程的倾向实际超过 $\frac{A+C_2}{A(1-a)}$ 时，资金出借人更倾向于选择上诉。

当 $q^*<0$ 时，$F(0)=0, F'(0)<0$，则 $p^*=0$ 成为该演化博弈模型中的唯一演化稳定策略。该策略表明，当法院愿意缩短时间和精简流程的倾向小于 $\frac{A+C_2}{A(1-a)}$ 时，资金出借人更倾向于选择不上诉。

由上述两种情况可以看出，$q^*=\frac{A+C_2}{A(1-a)}$ 是资金出借人进行上诉与否决策的稳定均衡点。同时，在该式中，$C_2>0, A>0$，所以 $\frac{A+C_2}{A(1-a)}>1$ 恒成立。从理性角度来说，资金出借人进行上诉的必要条件是法院愿意缩短时间和精简流程，否则按照民间借贷危机中涉及主体众多、关系复杂等特性，资金出借人进行上诉的成本远远超过其所得。

第二，同理可得法院的决策函数 F_L 为：

$$F_{L1} = -pB_1$$

$$F_{L0} = -p(B_2 + H) \tag{7-22}$$

由此可得法院的决策函数为：

$$F_L = qF_{L1} + (1-q)F_{L0} = -qpB_1 - (1-q)[p(B_2 + H)] \tag{7-23}$$

法院演化稳定策略求解为：

$$F(q) = \frac{dq}{dt} = q(F_{L1} - F_L) = q(1-q)p[C_1 + (1-a)A]$$

$$F'(q) = (1-2q)p[C_1 + (1-a)A] \tag{7-24}$$

根据演化博弈策略均衡条件 $F(q) = 0$ 可得，该博弈三个稳定状态为：

$$q^* = 0, q^* = 1, p^* = 0 \tag{7-25}$$

当 $p^* > 0$ 时，$F(1) = 0, F'(1) < 0$，则 $q^* = 1$ 成为该演化博弈模型中的唯一演化稳定策略。该策略表明，当资金出借人倾向于上诉时，法院最终倾向于选择缩短相应程序的时间、精简相应的流程。

当 $p^* < 0$ 时，$F(0) = 0, F'(0) < 0$，则 $q^* = 0$ 成为该演化博弈模型中的唯一演化稳定策略。该策略表明，当资金出借人不向法院上诉时，法院就会维持原本的审批程序不变。

由上述两种情况可以看出，$p^* = 0$ 是法院是否进行缩短程序时间、精简流程的稳定均衡点。

3. 模型结论

资金出借人上诉和法院缩短程序时间、精简流程互为充要条件，资金出借人上诉原本就是在民间借贷危机发生后资金出借人的自发性逻辑行为之一，需要改变的不光是法院，检察院等司法机关及其他参与机关都应该缩短程序时间，精简立项、批复、定案等流程，一方面可以缓解民间借贷危机中法院由于人手不足造成的工作压力等，另一方面可以在一定程度上安抚资金出借人的负面情绪，助力社会维稳。

7.2.4　资金出借人和地方政府的动态博弈分析

1. 模型假设

资金出借人受制于其职业、学历、投资动机和对民间借贷法律的了解程度等因素，对民间借贷的投资风险认识不足，投资聚焦点主要放在民间借贷项目的投资回报上，在逐利心理和羊群效应的影响下进入民间借贷市场。但是当民间借贷项目因自身经营管理问题或道德风险出现项目资金链断裂，或烂尾导致逾期未还的情况时，此种负面信息的传播便在短时间内到达各资金出借人的耳中。此时，资金出借人会在自身最大努力范围内进行挽损，但地方考察显示，这种方式显然没有成效，因此资金出借人就会向政府求助，“资金出借人会通过上访、静坐等方式希望政府能够关注到这一事件和受害群体”。

2. 模型构建

本部分构建地方政府和资金出借人的演化博弈模型。

首先进行双方损益变量确认。如果地方政府选择介入，虽然要付出大量的维稳成本，如各机关人力的调集、激励和补贴等，本书将进入民间借贷危机各细分事件中进行调查、审计、核实成本等，记为 C_1 ；至少可以重新获得资金出借人的信任，获得辖区居民的信任，避免居民的信任危机，记为 H_1 ；“上级政府将地区治理和建设交给当地政府的政务班子时，本着对其能力上的信任，地方政府在民间借贷危机中的介入处理可避免来自上级政府信任损失，记为 H_2 ”；地方政府的介入对于地方社会的稳定也有促进作用，已有调研资料显示，离退休人员在资金出借人中占比很大，存在部分资金出借人拿出退休金和养老金进行投资，若是地方政府介入，可最大程度上减少他们的损失，有效保障他们的晚年生活，具有正外部效应。

地方政府在处理民间借贷危机实体投资项目的过程中，如果是优质的、净现值为正的投资项目，因为资金链断裂或者其他经营问题而停止运营的，可以通过再投资和规范经营持续产生收入，可贡献地方收入记为 H_1 ，增加税收为 $G_1(1-t)$ ，但是地方政府不可能自我投资，他们能做的就是帮助这些项目进行牵头融资，所以存在融资成本为 R_1 ，那么地方政府

收益为 $G_1(1-t)-R_1$ 。对于那种劣质的，未来净现值为负的项目，地方政府可进行挽损操作，例如进行司法拍卖、折价转让等，其中退出成本为 R_2 ，获得的收益为 G_2 。但是当地方政府存在某些原因未做出及时决策，或者想先看其他地方政府如何处理民间借贷危机，让其他地方政府先行试错而选择不介入时，该操作不仅会造成地方资产的流失损失 $-G_1-G_2$ ，也极有可能失去中央政府和资金出借人的信任，造成信誉危机 $-H_1-H_2$，由此会衍生出社会不稳定现象，假设衍生系数为 $a(a>1)$ ，由此造成的乱象治理成本为 aJ，一般来说，地方政府都希望民间借贷危机能够像其他民生和社会问题一样通过法制化和市场化处理，而不是由政府强行介入，因为政府一旦强行介入一次，不管本次民间借贷危机有没有在政府介入下消除，都会给大众留下寻求政府帮助的习惯性思维，存在隐性成本 V 。

无论地方政府是否介入，资金出借人都可以选择信任和不信任地方政府的决策。若是在政府进行介入时选择相信政府，那么资金出借人付出的成本主要集中在处理信息的延误造成的资金出借人沉浸在消极情绪中的精神压力，记为 C_2 ；当然还存在资金出借人将资产投入其中造成实际生活出现问题的情况，记为 D ；若资金出借人选择不相信地方政府，那么他们会一方面继续采取静坐、上访等群体做法希望得到上级政府和社会大众的关注，另一方面，部分资金出借人也会抱团与贷款者进行面对面谈判，会加剧冲突的发生。由此导致的，除了信任成本外，还有他们付出的维权成本，记为 C_3 ；潜在的牵涉暴力追偿的民事案件的保释、拘留管制的名誉损失成本，甚至是伤人后的医疗支付成本等，记为 C_4 ，而这时，地方政府的民间借贷危机处理工作也进行不下去或者只能低效率进行，必须将大部分的人力、物力调用在安抚资金出借人情绪上。

由此，本书根据损益变量构建地方政府和资金出借人的支付函数。假定地方政府介入民间借贷危机的概率为 p，而不介入的概率为 $1-p$。同时，资金出借人对地方政府信任的概率为 q，不信任的概率为 $1-q$，得到地方政府与资金出借人的演化博弈支付矩阵，如表 7-7 所示。

表7-7 资金出借人和地方政府的动态博弈分析

	信任 p	不信任 $1-p$
介入 q	$[-C_1+G_1(1-t)+G_2-R_1-R_2-V, J-C_2-D]$	$(-H_1-aJ-V, -C_2-C_3-C_4-D)$
不介入 $1-q$	$(-H_1-H_2-G_1-G_2-aJ, -C_2-D)$	$(-H_1-aJ, -C_2-C_3-C_4-D)$

第一，由表7-7可知，资金出借人的决策函数 F_I 为：

$$F_{I1} = q(J-C_2-D)+(1-q)(-C_2-D) = qJ-C_2-D$$

$$F_{I0} = q(-C_2-C_3-C_4-D)+(1-q)(-C_2-C_3-C_4-D) = -C_2-C_3-C_4-D \qquad (7-26)$$

由此，本书可以得到：

$$F_I = pF_{I1}+(1-p)F_{I0} = p(qJ-C_2-D)+(1-p)(-C_2-C_3-C_4-D) \qquad (7-27)$$

资金出借人演化稳定策略求解为：

$$F(p) = \frac{\mathrm{d}p}{\mathrm{d}t} = p(F_{I1}-F_I) = p(1-p)(qJ-C_3-C_4)$$

$$F'(p) = (1-2p)(qJ-C_3-C_4) \qquad (7-28)$$

根据演化博弈策略均衡条件 $F(p)=0$，可得该博弈三个稳定状态：

$$p^* = 0, p^* = 1, q^* = \frac{C_3+C_4}{J} \qquad (7-29)$$

根据模仿者动态微分方程稳定性定理和演化稳定策略的性质可知，当 $F(p^*)=0, F'(p^*)<0, 0<p^*<1$ 时，p^* 为演化稳定策略。结合 q^* 的大小可分为如下几种情况进行讨论：

①当 $q^* > \frac{C_3+C_4}{J}$ 时，$F(1)=0, F'(1)<0$，则 $p^*=1$ 成为该演化博弈模型中的唯一演化稳定策略。该策略表明，当地方政府介入的倾向与实际超过 $\frac{C_3+C_4}{J}$ 这个限度时，资金出借人的最终倾向选择为信任。

②当 $q^* < \frac{C_3+C_4}{J}$ 时，$F(0)=0, F'(0)<0$，则 $p^*=0$ 成为该演化博弈模型中的唯一演化稳定策略，该策略表明，当地方政府介入的倾向与实

际达不到 $\frac{C_3+C_4}{J}$ 这个限度时，资金出借人的最终倾向选择为不信任。

由上述两种情况可以看出，$q^*=\frac{C_3+C_4}{J}$ 是资金出借人是否信任的稳定均衡点。

第二，同理可得地方政府的决策函数 F_L 为：

$$F_{L1}=p[-C_1+G_1(1-t)+G_2-R_1-R_2-V]+(1-p)(-H_1-aJ-V)$$
$$F_{L0}=p(-H_1-H_2-G_1-G_2-aJ)+(1-p)(-H_1-aJ) \tag{7-30}$$

由此可得，地方政府的决策函数为：

$$F_L=qF_{L1}+(1-q)F_{L0}=$$
$$q[p(-C_1+G_1(1-t)+G_2-R_1-R_2-V)+(1-p)(-H_1-aJ-V)]+$$
$$(1-q)[p(-H_1-H_2-G_1-G_2-aJ)+(1-p)(-H_1-aJ)] \tag{7-31}$$

地方政府演化稳定策略求解为：

$$F(q)=\frac{\mathrm{d}q}{\mathrm{d}t}=q(F_{L1}-F_L)=q(1-q)\times$$
$$p[-C_1+G_1(2-t)+2G_2-R_1-R_2+H_1+H_2+aJ]=0$$
$$F'(q)=(1-2q)p[-C_1+G_1(2-t)+2G_2-R_1-R_2+H_1+H_2+aJ] \tag{7-32}$$

根据演化博弈策略均衡条件 $F(q)=0$ 可得，该博弈三个稳定状态为：

$$q^*=0,q^*=1,p^*=0 \tag{7-33}$$

当 $p^*>0$ 时，$F(1)=0,F'(1)<0$，则 $q^*=1$ 成为该演化博弈模型中的唯一演化稳定策略。该策略表明，当资金出借人逐渐信任地方政府时，地方政府的最终倾向选择为介入。

当 $p^*<0$ 时，$F(0)=0,F'(0)<0$，则 $q^*=0$ 成为该演化博弈模型中的唯一演化稳定策略。该策略表明，当资金出借人开始不信任地方政府时，会引发很多的社会治理问题，此时对于地方政府来说，对民间借贷危机进行不介入是最好的选择。

由上述两种情况可以看出，$p^* = 0$ 是地方政府是否进行危机介入的稳定均衡点。

$$(p^*, q^*) = \left(0, \frac{C_3 + C_4}{J}\right) \tag{7-34}$$

演化博弈模型的模拟数值如表 7－8 所示。

7－8　演化博弈模型的模拟数值（3）

变量	赋值
对资金出借人信誉成本 H_1	800
对上级政府信誉成本 H_2	500
外部效应 J	640
优质项目再产出 G_1	1000
劣质项目拍卖所得 G_2	400
融资成本 R_1	300
退出费用 R_2	100
税率 t	0.4
衍生系数 a	1.2
审计成本 C_1	200
声誉成本 C_3	100
赔偿成本 C_4	500

将数值代入下式中：

$$F(q) = q(1-q)p[-C_1 + G_1(2-t) + 2G_2 - R_1 - R_2 + H_1 + H_2 + aJ] = 3868q(1-q)p$$

$$F(p) = p(1-p)(qJ - C_3 - C_4) = p(1-p)(2500q - 600)$$

$$(p^*, q^*) = \left(0, \frac{15}{16}\right) \tag{7-35}$$

3. 模型结论

从上述博弈模型结果来看，一方面，资金出借人要信任地方政府处理民间借贷危机的决心和能力；另一方面，地方政府在介入民间借贷危机前要先进行资金出借人信任的获取工作。而获取信任的最好办法就是安抚他们的激动情绪，一方面，最大限度地保护他们作为资金出借人的知情权、参与权和监督权，使资金出借人了解政府处理民间借贷问题的决心和态度，及时了解处理工作的进展状况，消除投资群众的恐慌情绪。另一方面，通过亲身参与处理民间借贷工作，感受工作的困难，降低预期值；了解民间借贷的相关法律和处理民间借贷的相关流程，增强法律意识和通过法律途径解决问题的意识；强化对风险的认识，理解政府处理民间借贷问题但不兜底的风险，淡化、消除群众“刚性兑付”的要求；在做好前置安抚工作的基础上，可以针对追赃挽损开展工作。如对于借款人或者平台公司所投资的一些爆雷项目，若是优质或是存在利润点的项目，可由政府牵头，抵质押后接入外部资金或变更股权进行项目盘活；对劣质项目则可以将项目资产进行司法拍卖，最大限度地保证资金出借人的利益；还可以对涉案借款人进行资产冻结，部分具有偿还债务能力而故意不偿还的借款人在引导劝说无效后可进行司法强制执行等，获取民众信任，展现政府的公信力，稳定社会情绪。

7.3 地方政府与相关各方的博弈分析

上一部分本书从资金出借人的角度探究了与借款人、中介平台、法院和地方政府的博弈，可以看出，资金出借人在民间借贷危机中处于弱势地位，由于其在危机中的合法利益无法得到制度上的保证，造成大部分资金关联方出于自身利益考量而相互推卸责任，因此地方政府从社会维稳角度有必要进行适当的介入，下面本书将从地方政府的角度进行关联各方的博弈分析。

在分析前本书需要明确的是，地方政府已经知晓自己必须介入，但是何时介入也有自己的考虑。民间借贷危机本质上是一种经济问题，理应由法制化和市场化机制进行内部消化，但是由于我国经济发展自改革开放后，快于法制建设的速度，在应对民间借贷危机时没有行之有效的法律作为依靠，导致市场化处理机制失去对资金出借人的支持。可以说，民间借贷危机中，法制化和市场化机制在应对民间信贷危机时没有行之有效的法律作为依靠，导致市场化处理机制失去对资金出借人的支持。可以说，民间借贷危机中法制化和市场化机制的应对失败将问题导向地方政治治理上，再加上我国千百年来政府在民众心中的公正威严形象，使得在面对已力无法解决的事件时，习惯性寻求政府帮助的民间文化，使得地方政府从社会稳定角度出发选择介入，但是需要选取的是一个合适的介入时机，介入过早容易治标不治本，会埋下下次危机爆发的种子，如此反复会使得治理成本大幅提升，也会极大助长民众的依赖性心理。介入过晚的话，则会导致资金出借方等社会民众对政府治理能力的信任缺失，给当下及未来的社会稳定带来挑战，而且介入过晚，危机传导至其他地方、其他领域，若是积重难返则会爆发更大的社会危机，即使尚可治理也需要花费非常多的人力、物力成本。

本节第一部分从地方政府和借款人角度进行博弈分析，得出由于我国民间借贷相关法律制度建设的不完善而成为借款者拒绝配合还款的动机，因此互联征信体系建设在民间借贷中显得尤为重要；第二部分分析地方政府和中介机构之间的博弈，得出为了加快推进民间借贷危机的处理，地方政府必须介入并对中介机构进行施压，让其进行风险共担，整合中介机构掌握的借贷双方的信息可以有效破除信息不对称，找到借款人敦促其积极配合，承担责任；第三部分分析下级地方政府、上级政府和参与者的三方博弈，结合本书收集的实例资料，民间借贷危机中，上级政府适时推出新制度是符合社会稳定长治久安的正确举措。

7.3.1　地方政府和借款人的动态博弈分析

1. 模型假设

民间借贷危机传导链的起点是借款人对“刚性兑付”的无力偿还，因此如何从源头“灭火”，破解民间借贷危机的重点工作在于，如何让借款人配合还款。然而从理性人角度来看，当民间借贷危机发生时，考虑单次民间借贷危机涉及人员数多、时空范围广、债权债务关系结构复杂等因素，借款人的最优选择是不主动还款。甚至部分借款人抱着“法不责众”的侥幸心理在有偿还能力的情况下恶意欠款。地方政府一般情况下希望民间借贷纠纷能够通过市场化和法制化途径来解决，但是从地方政府和资金出借人的博弈模型中可知，当资金出借人采取上访、静坐，甚至暴力冲突等行为时，地方政府会从社会维稳角度出发选择介入。

构建该模型还需要分析借款者不配合还款的动机，本书认为其主要存在两种动机，一是浑水摸鱼的动机，即某些借款者明明有能力进行部分或者全部还款，但是在看到某些借款者因为真实无力偿还后没有受到诸如行政拘留等严重的处罚后，便故意进行躲债、拒绝还款；同时考虑地方政府社会维稳任务的急迫性，妄图“大事化小，小事化了”，该主观心理常见于个人借款者。二是类似于公司型借款者或者平台自融型，以公司名义进行民间借贷后，部分公司在出现经营困难面临破产前进行法人变更、退股退席等操作，将借款人个人资产和公司资产进行切割，在资不抵债的情况下申请破产清算，希望将难题丢给政府，倒逼政府对其进行清算，以最大化保全个人利益。

2. 模型构建

本部分构建地方政府和借款者的演化博弈模型。

首先，当地方政府不选择介入时，一般情况下借款者选择不还款。此时压力转回至资金出借人，资金出借人为保证自身利益，对于当地政府的不作为进行自发性“惩罚”。由前述模型可知，政府不介入时得到 $-H_1-H_2-G_1-G_2-aJ$ 的收入支出，此时借款者选择还款会有 $-X_1$ 的支出。其次，当地方政府选择介入时，当借款者畏惧经济、行政、法律惩罚时选择及时主动还款，那么当地政府主要的成本还是发生在安抚资金出借人方面，此时当地政府的成本是前述针对资金出借人 $-C_1+G_1(1-t)+G_2-R_1-R_2$ 的收入支出。但是如果当地政府介入后借款人还是不还款，则有对借款人本人行踪以及资金流向的追踪成本 C_3，有地方政府介入后对个人及公司账户的冻结监管，进行破产重组、司法拍卖的成本 C_4。若此时借款人配合还款，则代价成本只有 $-X_1$；若此时借款人仍抱有侥幸心理，将面临不止 $-X_1$ 的成本。政府为实现社会稳定将强势介入，不计成本地向借款者施压，直至最后做出处罚如借款者将进入政府征信平台的失信名单，对今后购房、置办产业、出行、消费产生限制性影响，成本记为 $-Y_1$；对具有还款能力并正式通知过但还是拒绝还款的，这类人将面临行政、民事处罚，并对其个人及其子女未来发展产生重大影响，该隐性成本记为 $-Y_2$。

表7-9　地方政府和借款人的动态博弈分析

	还款 p	不还款 $1-p$
介入 q	$[-C_1+G_1(1-t)+G_2-R_1-R_2-V,-X_1]$	$[-C_1+G_1(1-t)+G_2-R_1-R_2-V-C_3-C_4,-X_1-Y_1-Y_2]$
不介入 $1-q$	$(0,-X_1)$	$(-H_1-H_2-G_1-G_2-aJ,0)$

第一，由表7-9可知，借款者的决策函数 F_I 为：

$$F_{I1}=-X_1$$
$$F_{I0}=q(-X_1-Y_1-Y_2) \tag{7-36}$$

由此，可以得到：

$$F_I=pF_{I1}+(1-p)F_{I0}=-pX_1+q(1-p)(-X_1-Y_1-Y_2) \tag{7-37}$$

借款人演化稳定策略求解为：

$$F(p)=\frac{\mathrm{d}p}{\mathrm{d}t}=p(F_{I1}-F_I)=p(1-p)[q(X_1+Y_1+Y_2)-X_1]$$
$$F'(p)=(1-2p)[q(X_1+Y_1+Y_2)-X_1] \tag{7-38}$$

根据演化博弈策略均衡条件 $F(p)=0$ 可得，该博弈三个稳定状态为：

$$p^*=0,p^*=1,q^*=\frac{X_1}{X_1+Y_1+Y_2} \tag{7-39}$$

根据模仿者动态微分方程稳定性定理和演化稳定策略的性质可知，当 $F(p^*)=0,F'(p^*)<0,0<p^*<1$ 时，p^* 为演化稳定策略。结合 q^* 的大小可分为如下几种情况进行讨论：

当 $q^*>\frac{X_1}{X_1+Y_1+Y_2}$ 时，$F(1)=0,F'(1)<0$，则 $p^*=1$ 成为该演化博弈模型中的唯一演化稳定策略。该策略表明，当地方政府介入的倾向与实际施压程度超过 $\frac{X_1}{X_1+Y_1+Y_2}$ 这个限度时，借款者的最终倾向选择为还款。

当 $q^*<\frac{X_1}{X_1+Y_1+Y_2}$ 时，$F(0)=0,F'(0)<0$，则 $p^*=0$ 成为该演

化博弈模型中的唯一演化稳定策略。该策略表明，当地方政府介入的倾向与实际施压程度不超过 $\frac{X_1}{X_1+Y_1+Y_2}$ 这个限度时，借款者的最终倾向选择为不还款。

由上述两种情况可以看出，$q^*=\frac{X_1}{X_1+Y_1+Y_2}$ 是借款者还款与否决策的稳定均衡点。

第二，同理，地方政府的决策函数 F_L 为：

$$F_{L1}=p[-C_1+G_1(1-t)+G_2-R_1-R_2-V]+$$
$$(1-p)[-C_1+G_1(1-t)+G_2-R_1-R_2-V-C_3-C_4]=$$
$$[-C_1+G_1(1-t)+G_2-R_1-R_2-V]+(1-p)(-C_3-C_4)$$
$$F_{L0}=(1-p)(-H_1-H_2-G_1-G_2-aJ) \tag{7-40}$$

由此可得，地方政府的决策函数为：

$$F_L=qF_{L1}+(1-q)F_{L0}=$$
$$q[(-C_1+G_1(1-t)+G_2-R_1-R_2-V)+(1-p)(-C_3-C_4)]+$$
$$(1-q)[(1-p)(-H_1-H_2-G_1-G_2-aJ-V)] \tag{7-41}$$

对于复杂常数项预先做出如下假设：

$$-C_1+G_1(1-t)+G_2-R_1-R_2-V=A$$
$$H_1+H_2+G_1+G_2+aJ-V-C_3-C_4=B$$

地方政府演化稳定策略求解为：

$$F(q)=\frac{\mathrm{d}q}{\mathrm{d}t}=q(F_{L1}-F_L)=q(1-q)[(1-p)B+A]$$
$$F'(q)=(1-2q)[(1-p)B+A] \tag{7-42}$$

根据演化博弈策略均衡条件 $F(q)=0$ 可得，该博弈三个稳定状态为：

$$q^*=0,q^*=1,p^*=1+A/B \tag{7-43}$$

当 $p^*>1+A/B$ 时，$F(0)=0,F'(0)<0$，则 $q^*=0$ 成为该演化博弈模型中的唯一演化稳定策略。该策略表明，当借款者还款倾向大于 $1+A/B$ 时，地方政府的最终倾向选择为不介入。

当 $p^*<1+A/B$ 时，$F(1)=0,F'(1)<0$，则 $q^*=1$ 成为该演化博弈模型中的唯一演化稳定策略。该策略表明，当借款者还款倾向小于

$1+A/B$ 时，地方政府对民间借贷危机进行介入是最优选择。

由上述两种情况可知，$p^{*}=1+A/B$ 是地方政府是否进行危机介入的稳定均衡点。

3. 模型结论

由上述博弈模型结果可以看出，在民间借贷危机中，法制化制度建设的不完善造成借款人可以在明知是违法违规的情况下依旧选择不还款，最终导致地方政府维稳压力增加，而且未来出现相同的社会稳定、民生安全问题时，地方政府依旧会被民众习惯性当成求助、主持公道的对象，大量增加政府工作压力。如果我国全面建成互联互查互纠的在线征信体系，而不再需要地方政府亲自对借款人进行追踪、备案登记，那么民间借贷的纠纷就可以通过制度进行解决，民间借贷危机也可以缩小扩散范围，地方政府也可以集中力量针对民间借贷危机的重点工作展开部署。

7.3.2 地方政府和中介机构的动态博弈分析

1. 模型假设

当地方政府介入民间借贷危机时，有两种针对中介机构的策略决策。第一种情况是拉上中介机构进行风险分担，这时中介机构也有两种决策，一种是拒绝风险共担，即政府和资金出借人共担风险，另一种是接受风险共担，即最终实现三方共担风险。第二种情况是政府不找中介机构进行风险共担。

2. 模型构建

当中介机构可能由于依赖本地资源，而接受地方政府的风险共担时，地方政府保证中介机构的风险共担举措是缴纳一定比例的保证金和签订承诺书。比如，某承诺书第六条所规定：损失部分由公司承担10%作为补偿；该款原则上由本公司支付，若本公司支付不足时可凭收据到中心由基础保证金垫付，也可凭承诺书授权中心代为支付，支付部分公司在3个工作日内予以补充。也就是说，中介机构在民间借贷危机爆发后，首先要承担一定比例的损失，比例记为 b，民间借贷危机损失记为 A。

当地方政府选择转移风险至中介机构，变为三方共担时，地方政府在面对资金出借人时所承受的成本就会减小，同时能暂时通过中介机构的风险共担稳定资金出借人的情绪，方便开展后续工作。将前述的地方政府介入函数 $-C_1+G_1(1-t)+G_2-R_1-R_2$ 记为 X 。

表 7-10 地方政府和中介机构的动态博弈分析

	转移风险 p	不转移风险 $1-p$
接受 q	$(bA, X-bA)$	$(0, X)$
不接受 $1-q$	$(-C_1-H, X)$	$(0, X)$

第一，由表 7-10 可知，地方政府的决策函数 F_L 为：

$$F_{L1}=q(X-bA)+(1-q)(-X)=q(2X-bA)-X$$

$$F_{L0}=qX+(1-q)X=X \tag{7-44}$$

由此，本书得到：

$$F_L=pF_{L1}+(1-p)F_{L0}=p[q(2X-bA)-X]+(1-p)X \tag{7-45}$$

地方政府演化稳定策略求解为：

$$F(p)=\frac{\mathrm{d}p}{\mathrm{d}t}=p(F_{L1}-F_L)=p(1-p)[q(2X-bA)-2X]$$

$$F'(p)=(1-2p)[q(2X-bA)-2X] \tag{7-46}$$

根据演化博弈策略均衡条件 $F(p)=0$ 可得，该博弈三个稳定状态为：

$$p^*=0, p^*=1, q^*=\frac{2X-bA}{2X} \tag{7-47}$$

当 $q^*>\frac{2X-bA}{2X}$ 时，$F(1)=0, F'(1)<0$ ，则 $p^*=1$ 成为该演化博弈模型中的唯一演化稳定策略。该策略表明，当中介机构逐渐接受地方政府转移风险的要求倾向大于 $\frac{2X-bA}{2X}$ 时，地方政府的最终倾向选择为转移。

当 $q^*<\frac{2X-bA}{2X}$ 时，$F(0)=0, F'(0)<0$ ，则 $p^*=0$ 成为该演化博弈模型中的唯一演化稳定策略。该策略表明，当中介机构接受地方政府转移风险的要求倾向小于 $\frac{2X-bA}{2X}$ 时，地方政府对民间借贷危机风险不进行转

移是最优选择。

第二，同理，中介机构的决策函数 F_M 为：

$$F_{M1} = pbA$$

$$F_{M0} = p(-C_1 - H) \tag{7-48}$$

由此可得，中介机构的决策函数为：

$$F_M = qF_{M1} + (1-q)F_{M0}$$

$$F(q) = \frac{\mathrm{d}q}{\mathrm{d}t} = q(F_{M1} - F_M) = q(1-q)[p(bA + H + C_1)]$$

$$F'(q) = (1-2q)[p(bA + H + C_1)] \tag{7-49}$$

可得三个解：

$$q^* = 0, q^* = 1, p^* = 0 \tag{7-50}$$

由于 $bA + H + C_1$ 恒为正数，当 $p^* > 0$ 时，$F(1) = 0, F'(1) < 0$，则 $q^* = 1$成为该演化博弈模型中的唯一演化稳定策略。该策略表明，当地方政府倾向于转移风险时，中介机构的最终倾向选择为接受。

3. 模型结论

由上述博弈模型结果可知，民间借贷危机中，地方政府在介入后，会要求中介机构进行风险共担，不仅是出于安抚社会情绪的考虑，也是因为中介机构作为民间借贷中连接资金出借人和借款人的桥梁，掌握了双方的信息，其参与民间借贷危机治理，可以极大地减少政府的信息获取成本和工作压力，同时是政府对于中介机构在民间借贷中尽调措施不完善、风控管理不到位、贷后管理不到位等一系列失责行为的追责，面对政府的风险转移与共担要求，中介机构作为市场经营主体无论是为了自身的存续还是责任追究问题等都必须进行配合，这是法律对其的要求，也是地方政府进行介入的必要条件之一。

7.3.3　上级政府、下级政府与参与者的动态博弈分析

1. 模型假设

从政治权力的分布来看，我国是一个典型的集权型国家，所以上级（中央）政府和下级（地方）政府对于民间借贷的态度尽管不存在大的差

异，但无论是基于下级地方政府对于自身考评的考虑还是基于辖区发展的考虑都注定了实际处理方面的差异。

由于金融活动内在的风险性、传染性及由高杠杆融资形成的脆弱性，我国金融领域内的活动长期处于政府主导的状态，通过资质要求、专业部门审核及特许经营进行的控制，形成一种“非典型”垄断状态。尽管“市场在资源配置中起决定性作用”已形成共识，但金融领域信贷配给依然较为普遍。尤其是民营企业融资的便利性和可得性较差，而民营企业在地方经济发展与就业方面往往起到主要作用，下级（地方）政府倾向于为地方民营企业纾解融资困局，这导致了上级（中央）政府与下级（地方）政府在金融资源配置的不一致。一旦风险暴露，则按照属地原则由地方政府自行处置。

“双循环”经济发展背景下，必然需要各种非公有制经济主体的积极参与，而如何既能消除信贷歧视，又能最大限度地保证风险的可控性，需要上级政府进行统筹考虑。当前，我国经济发展的增速远超过金融改革的速度，民间借贷危机的发生从某方面来说具有的积极作用，在于其可以加快和推进金融领域的部分适应性改革。

2. 模型构建

金融制度改革的参与主体是上级政府、下级政府和民间借贷双方参与者，本书将博弈中主体的集合记为 $Z = \{A,B,C\}$，各自主体的策略选择如下：

上级政府的策略选择：G_A {改革推行新制度 A_1，维持旧制度 A_2}。

地方政府的策略选择：G_B {改革推行新制度 B_1，维持旧制度 B_2}。

民间借贷双方参与者的策略选择：G_C {改革推行新制度 C_1，维持旧制度 C_2}。

假设上级政府选择策略 A_1 的概率为 α；下级政府选择策略 B_1 的概率为 β；民间借贷双方参与者选择策略 C_1 的概率为 γ。其中，α、β、γ 在（0，1）范围内。

（1）上级政府在推行新制度时，其可获得的收益记为 V_1，成本损失

记为 C_{A1} 。下级政府积极配合本地区的金融经济可获得的收益记为 W_1 ，而且新制度贯彻成功可带来资本的投资落点，以及来自上级政府的政策便利与奖励，记为 R_1 ，成本损失记为 C_{B1} ；若消极配合则会受到上级政府的惩罚记为 P_1 。民间借贷参与双方获得自己想要的、接受新制度时，获得的直接收益为 I_1 ，成本损失为 C_{C1} ；拒绝接受会受到来自行政、法律层面的惩罚 S_1 。当然也存在这样一种情况，即上级政府在推行新制度时，尽管下级政府非常配合，但是民间借贷双方参与者却拒绝，这样新制度就无法完成一个闭环，宣告失败。上级政府的损失为 L_a ，下级政府的损失为 D_a ；若借贷双方和下级政府都选择消极配合，上级政府的政策推进将遭遇更大的损失，记为 L_b ，存在 $0 < D_a < L_a < L_b$ 。

（2）上级政府选择维持旧制度时，其可获得的收益记为 V_2 ，成本损失记为 C_{A2} 。下级政府积极配合本地区的金融经济发展可获得收益 W_2 ，而且维持旧制度成功可带来的收益统计为 R_2 ，成本损失记为 C_{B2} ；若消极配合则会受到上级政府的惩罚 P_2 。民间借贷参与双方接受旧制度的维持获得的直接收益为 I_2 ，成本损失为 C_{C2} ；拒绝接受会受到来自行政、法律层面上的惩罚 S_2 。当然存在这样一种情况，即上级政府在维持旧制度时，尽管下级政府非常配合，但是民间借贷双方参与者却拒绝，这样旧制度无法完成一个闭环，宣告失败。上级政府损失记为 L_c ，下级政府损失记为 D_b ；若借贷双方和下级政府都选择消极配合，上级政府的政策推进将遭遇更大损失，记为 L_d ，存在 $0 < D_b < L_c < L_d$ 。

博弈收益—成本矩阵如表7-11所示。

表7-11　上级政府、下级政府与参与者动态博弈分析

博弈策略及概率	上级政府决策收益	下级政府决策收益	借贷双方参与者收益
（推行新制度 α，积极配合 β，接受 γ）	$V_1 - C_{A1}$	$W_1 - C_{B1} + R_1$	$I_1 - C_{C1}$
（推行新制度 α，积极配合 β，不接受 $1-\gamma$）	$V_1 - C_{A1} - L_a$	$W_1 - C_{B1} + R_1 - D_a$	$-S_1$
（推行新制度 α，消极配合 $1-\beta$，接受 γ）	$V_1 - C_{A1}$	$W_1 - P_1$	$I_1 - C_{C1}$

续表

博弈策略及概率	上级政府决策收益	下级政府决策收益	借贷双方参与者收益
(推行新制度 α，消极配合 $1-\beta$，不接受 $1-\gamma$)	$V_1-C_{A1}-L_b$	W_1-P_1	$-S_1$
(维持旧制度 $1-\alpha$，积极配合 β，接受 γ)	V_2-C_{A2}	$W_2-C_{B2}+R_2$	I_2-C_{C2}
(维持旧制度 $1-\alpha$，积极配合 β，不接受 $1-\gamma$)	$V_2-C_{A2}-L_c$	$W_2-C_{B2}+R_2-D_a$	$-S_2$
(维持旧制度 $1-\alpha$，消极配合 $1-\beta$，接受 γ)	V_2-C_{A2}	W_2-P_2	I_2-C_{C2}
(维持旧制度 $1-\alpha$，消极配合 $1-\beta$，不接受 $1-\gamma$)	$V_2-C_{A2}-L_d$	W_2-P_2	$-S_2$

通过计算三个主体在不同策略抉择下的期望收益，本书获得的模仿者动态方程组如下：

$$\begin{cases} F(\alpha)=\alpha(1-\alpha)\{\gamma[\beta(L_a-L_b-L_c+L_d)+(L_b-L_d)]+ \\ \qquad \beta(L_b+L_c-L_a-L_d)+(V_1-C_{A1}-L_b-V_2+C_{A2}+L_d)\} \\ F(\beta)=\beta(1-\beta)\{\gamma[\alpha(D_a-D_b)+D_b]+\alpha(C_{B2}-C_{B1}+R_1- \\ \qquad R_2+P_1-P_2+D_b-D_a)+(P_2+R_2-C_{B2}-D_b)]\} \\ F(\gamma)=\gamma(1-\gamma)[\alpha(I_1-C_{C1}+S_1-I_2+C_{C2}-S_2)+(I_2-C_{C2}+S_2)] \end{cases} \tag{7-51}$$

对该模仿者动态方程进行微分处理，$\frac{d\alpha}{dt}=0,\frac{d\beta}{dt}=0,\frac{d\gamma}{dt}=0$，可得到9个均衡点，即 $E_1(0,0,0)$，$E_2(0,0,1)$，$E_3(0,1,0)$，$E_4(0,1,1)$，$E_5(1,0,0)$，$E_6(1,1,0)$，$E_7(1,0,1)$，$E_8(1,1,1)$，$E_9(\alpha^*,\beta^*,\gamma^*)$。

本书通过判定雅可比矩阵特征值的正负性得到的判定结果如表7－12所示。

表7－12　上级政府、下级政府与参与者的动态博弈矩阵结果

均衡点	约束条件	现实意义
$E_1(0,0,0)$	$C_{A1}-C_{A2}>V_1-V_2-L_b+L_d, C_{B2}>P_2+R_2-D_b, C_{C2}>I_2+S_2$	维持旧制度，且旧制度失效

续表

均衡点	约束条件	现实意义
$E_2(0,0,1)$	$C_{A1} - C_{A2} > V_1 - V_2, C_{B2} > P_2 + R_2, C_{C2} < I_2 + S_2$	维持旧制度，且旧制度低效
$E_3(0,1,0)$	$C_{A1} - C_{A2} > V_1 - V_2 + L_c - L_a, C_{B2} < P_2 + R_2 - D_b, C_{C2} > I_2 + S_2$	维持旧制度，且旧制度失效
$E_4(0,1,1)$	$C_{A1} - C_{A2} > V_1 - V_2, C_{B2} < P_2 + R_2, C_{C2} < I_2 + S_2$	维持旧制度，且旧制度有效
$E_5(1,0,0)$	$C_{A1} - C_{A2} < V_1 - V_2 - L_b + L_d, C_{B1} > P_1 + R_1 - D_a, C_{C1} > I_1 + S_1$	改革新制度，且新制度无效
$E_6(1,1,0)$	$C_{A1} - C_{A2} < V_1 - V_2 + L_c - L_a, C_{B1} < P_1 + R_1 - D_a, C_{C1} > I_1 + S_1$	改革新制度，且新制度无效
$E_7(1,0,1)$	$C_{A1} - C_{A2} < V_1 - V_2, C_{B1} > P_1 + R_1, C_{C1} > I_1 + S_1$	改革新制度，且新制度低效
$E_8(1,1,1)$	$C_{A1} - C_{A2} < V_1 - V_2, C_{B1} < P_1 + R_1, C_{C1} < I_1 + S_1$	改革新制度，且新制度有效

注：E_9（α^*，β^*，r^*）为混合策略平衡点，表示上级政府、下级政府和借贷双方对推行新制度、积极配合和接受策略都有一定概率选择。但是对于是否推行新制度来说，只有是和否两种结果，因此该混合策略平衡点参考意义不大。

从表 7－12 中可以看出，真正有效的处理方式为 $E_4(0,1,1)$ 和 $E_8(1,1,1)$。

3. 模型结论

本部分对上述两个均衡点进行分析：

第一，对于 $E_4(0,1,1)$，上级政府推出新制度和维持旧制度的净成本大于其净收益时，下级政府同时维持旧制度，上级政府能获得正向收益，民间借贷参与者成本损失小于获得收益和处罚成本之和时，维持旧制度是更好的选择。但是，就目前本书收集的关于民间借贷危机的资料来看，维持旧制度必然会让民间借贷参与者的成本损失大于获得收益和处罚成本之和，因此维持旧制度不可行。

第二，对于 $E_8(1,1,1)$，上级政府推出新制度和维持旧制度的净成本小于其净收益时，下级政府同时维持旧制度，上级政府能获得正向收益，民间借贷参与者成本损失小于获得收益和处罚成本之和时，推出新制度是更好的选择。

7.4 本章小结

在中国民间借贷市场的发展变迁过程中，代表国家意志的政府从经济角度承认了其存在的必要性，但是对其合法性却没有制定符合特定社会背景下的标准。正规金融活动由于国家力量在其中占据主导地位，因此，风险在极大程度上是可控的。绝大多数民间借贷活动在无法律和制度制约条件下，存在借贷双方的资质不佳，借贷程序的合规合法性欠缺，风险控制管理的约定效力不足等特点，致使该部分民间借贷活动的直接参与者利益自然脱离了正式法律的保护。民间借贷危机的爆发使得每个群体都会基于现实情况，根据自己利益最大化的原则来选择处理的方式，但在采取措施尽力平衡各方利益前需认识一个矛盾：经济建设层面对民间借贷的客观需求是现实存在的，但是民间借贷活动的隐蔽性会导致对其风险认知的"冰山效应"，继而造成对其风险管控的不全面，贸然将其接入正规金融的制度框架内会产生连带正式金融发生不可控危机的风险。而若将其完全否定，又不符合实际需要，必然招致各方的反对。那么面对经济发展建设对民间借贷的客观需求，正式制度和法律对民间借贷活动态度的摇摆不定也会影响地方上关于是否引入发展民间借贷，如何发展并保证民间借贷风险可控，如何面对民间借贷危机爆发，又如何处理民众的负面情绪。民间借贷活动是一种经济关系和社会关系耦合度较深的市场行为，按照波兰尼经济社会学观点①，对于社会要素问题的思考解决不可只停留于经济层面，民间借贷不仅需要经济上的合法性，也要从更高一级的社会层面去理解，制度和法律只有被完好实施才能赋予其建设完善的意义。在民间借贷危机中，我们也应当看到存在部分地方政府的低效处理，部分地区相关参与民众与政府之间对话通道的闭塞，司法程序的不确定等。由此，在民间借贷危机爆发后：

---

① 卡尔·波兰尼. 新西方论[M]. 深圳:海天出版社,2017.

首先，政府要第一时间介入，找到危机的风险源，斩断危机的传导链条，避免危机的进一步扩散，导致更大的影响和冲击；同时要采取坚决果断措施，稳定市场信心。

其次，危机处理要坚持市场化的原则，要让民间借贷的相关参与方，比如借款方、平台方以及出借方承担主体责任。参与各方应该要对自己的决策行为负责，借款方要切实承担起履约责任；出借方要对自己决策负责，要养成风险意识，而不应该有问题就上访就找政府；平台方要切实履行好自己的居间人责任。政府要为市场处理提供服务或做好协调，而不能在危机处理过程中去兜底。要搭建资金出借方、借款方、中介机构的沟通渠道，最大限度保证群众的知情权、参与权和监督权，消除投资群众的恐慌情绪；同时要淡化、消除群众刚性兑付的要求。在做好前置安抚工作的基础上，可以架构通道引入市场机制针对追赃挽损开展工作。

最后，对于违约的处理要坚持法治化原则，相关诉讼案件做到应立尽立。但要实现这一点，我们在现实中应该加强各方统筹，否则实现难度较大。根据笔者在四川某市调查的经验：2014 年四川某市共有 53 家投资理财类公司，其中主城区就有 42 家，该市一共有 8 个县市区，主城区就占到 80% 以上，涉及的群众，主城区占到将近 90%，如果民间借贷案件处理工作全部交由主城区法院来处理的话，就会面临巨大的人力和社会稳定的压力，当时就由该市政法委协调，一部分的案件由该市中级人民法院指定由其他县市区人民法院进行审理。但对于案件本身，存在很多程序性和现实性的矛盾，例如，虽然借款方对资金出借人构成了客观上的侵害，但是没有司法程序上所认定的依据如信息完备的借款借据、合同等。存在法院开庭传唤借款人出庭，部分借款人拒绝出庭导致案件无法推进的情况，还存在由于流程上的繁复导致案件审理判决的周期较长，这些对于资金出借人来说都是不利的。为此地方政府要能够通过建立大数据征信系统，使得借款人配合接受调查以及还款，此为其一。地方政府对那些有意逃避责任、故意逃废债务的平台机构与贷款人，可以由公安等强力部门介入处理，杀鸡儆猴；让其必须承担自身的责任和义务，此为其二。可由当地政法委牵头协调处理公安、法院以及检察院之间的工作，让三者在法律框架范围内更加有效地配合，推进相关违法犯罪行为的处理与打击，保证审判结果做到有法可依，此为其三。地方政府应与上级政府、民间借贷各方参与者针对民间借贷危机造成的乱象进行相关制度上的推陈出新，对民间金融往后的发展做到行之有效的规范和风险管控上的指导，此为其四。

第 8 章　民间借贷危机的典型案例

8.1　20 世纪 80 年代温州民间借贷风波案例

8.1.1　民间借贷风波背景

1984 年 4 月 6 日，国家决定进一步放开 14 个港口城市，温州成为全国首批沿海开放城市之一。至此，温州以放手发展个体私营经济为主要路径，以市场化改革为重要动力，人民生活逐渐富裕起来。这期间，民间借贷作为中小企业和个体工商户获取资金的重要渠道创造了生机勃勃的“温州模式”。20 世纪 80 年代中期，货币政策变化幅度大且迅速，在紧缩的货币政策下，加之当时的金融机构普惠度低，民营企业流动性紧张，只能求助于民间借贷，所以温州合会得到蓬勃发展。因合会的经营缺乏监管，在发展规模逐渐壮大的过程中地区功能发生变化，投机诈骗多发，最终风险暴露，于 20 世纪 80 年代中期发生“抬会风波”和“排会风波”，并迅速扩散，影响至温州其他如苍南、永嘉、洞头丽水等 14 个县（区），涉及的总人数达 20 多万人。“排会”于 1984 年下半年在平阳的局部地区出现，继而从平阳敖江向苍南龙港扩散。到 1986 年初，乐清“抬会”倒会，这一仅发生在平阳的敖江、万全、昆阳等三个区、四个镇共 18 个乡的民间借贷活动共有 17 万参与民众，涉及资金为 10399 万元①。至 1986 年初，乐清会款实际投入的资金达到 22 亿多元，民众受损严重。由于大量正规金融的

① 王曙光．地方政府行为与民间金融发展:温州钱会和非金融机构借贷的历史考察[EB/ OL]．(2019 -01 -25)[2021 -11 -04]．https:// www. sohu. com/a/291301356_4887772019 -01 -25/.

资金流入民间借贷市场，风波传导至金融市场并引发混乱。

8.1.2 民间借贷状况分析

温州在20世纪80年代发生的第一次民间借贷危机，具有借贷利率高、借贷中介运营风险大、参与者金融素养低及爆发危机后社会危害大的特点。

首先，借贷利率方面，据有关资料统计，仅一个乐清县自1985年底至1986年初的“抬会”涉及金额就达5亿元，资金在各个“会”之间不断周转，故利率也随之被提高，创下历史新高，民间借贷的月利率由原来的2%~3%上升到10%~20%，最高达到40%。在资金流动过盛的情况下，农民群体驱于逐利性不愿往银行里储蓄，1985年末农村储蓄余额人均仅为4元，而农村人口数为548.36万人，据此推算，农村的社会游资高达5.6亿元①。“抬会”许诺的高额回报吸引了大量社会资本，经济呈“脱实向虚”。

其次，借贷中介运营风险大表现在运营结构上。随着“抬会”的不断发展，其规模越来越大，参与者众多，会中有会，即成为“会套会”，许多人既是会主，又是会员，关系错综复杂，资金链运作的本身存在着较高的风险。

再次，这一时期，支撑温州“抬会”运作的会首和银背多为家庭妇女，她们大部分文化水平低，没有风险意识，为了获取更高的收益，不断抬高利息，使民间借贷活动的风险越来越高。

最后，这次危机爆发后，非法暴力追债事件频发，严重危害了社会秩序。

合会风波类似银行挤兑的群体性事件，由于参与人数众多、涉及面广、资金量大，导致社会危害很大，也在一定程度上对金融秩序造成冲击。

8.1.3 民间借贷风波的总结分析

1. 民间借贷风波的根源分析

温州的第一次民间借贷，表现出利率过高、参与者众多、资金形成

① 王润，杨伏鸣，王小同．温州市两次民间借贷风波比较[J]．台州学院学报，2014，36(1)：84－87.

“连环会”、借贷关系错综复杂的特点。危机爆发的根源，与当时货币政策迅速转向，监管制度缺失、民众金融素养低、推高借贷利率及参与者道德缺失，加重金融活动中的信息不对称风险有关。

首先是货币政策影响。从 1984 年开始我国经济生活中连续出现了三次大波折，即 1984 年下半年信贷失控，导致 1985 年国家严格控制货币发行，专业银行的信贷规模受到严格控制。1987 年又出现了经济过热、基建规模扩大、消费基金支出膨胀的现象，迫于此，国家采取双项目控制、计划与资金分开管理、提高存款准备金比例等手段，规定专业银行与农村信用社推出购买债券和特种存款等宏观调控紧急对应策略。货币政策变化幅度大而迅速，中小民企在紧缩时期，更无法获取银行贷款，只能求助于民间金融。

其次是监管政策的缺失。民间借贷和非法筹资与吸收公众存款之间的界限模糊，这对我国相关监管机构对非法金融的惩处活动造成不利影响，冲击了农村合法的地下金融。在 20 世纪 80 年代建立的温州农村合作基金会，因缺少相应的监管政策，逾越边界，从事吸存放贷的业务，不断积累风险。

除了外部环境的影响外，合会在运营过程中也在不断积累风险，主要表现在：一方面，民众金融素养缺失，无法防范风险。“会主”金融素养低，没有风险意识，也未知悉法律方面的金融知识，在贪欲的追求下，不顾一切地发展会员，抬高利率，使其失去增值基础，陷入“以会养会”的恶性循环，规模也越来越大。当会员人数与金额越积累越多，结果只能是庞大的利息无法支付，资金链断裂。“会案”风潮，仅倒会、破产在 100 万元以上的“银背”人员就达数十人，金额在 6000 万元以上；金额在 100 万元以下的则是不计其数。另一方面，参与人道德缺失，违规经营。标会的成员为了套利，会隐瞒其得会资金的用途，将原本应该投资实业或消费的资金用来参与“会套会”，即投入其他会套利，加大了合会系统的投机风险①。另外，充当金融中介的合会组织，即使面对发放的贷款发生大量

① 张翔，邹传伟．标会会案的发生机制[J]．金融研究，2007(11)：129－142.

坏账等不利情况，为了维持运营资金，仍会吸收存款，避免挤兑而对不利的信息进行隐瞒，在信息不对称的情况下，会首不断推高利率吸引会员资金，利率远远高于正常生产经营者的利润，资金脱离实际运用的情况越发突出，随着合会的规模越来越大，积累的风险越来越多。

2. 当地政府的应对处理

由于当时法律在这方面的监管完全空白，潜逃后被抓获的会主多被判处“投机倒把”罪，只有大会首李启峰等被判处死刑。地方政府组织了大规模的整顿活动，发动群众自清自理，经过4年多的努力，终于在1992年基本平息了这场风波，共清退债务1.54亿元。1986年8月，中央肯定了温州的经济发展成果，并正式确定温州为全国金融体制改革试点城市之一。随后，温州制定了《温州市金融体制改革试点方案》，对浮动利率政策做了统一规定，逐步形成以基准利率为主体、浮动利率和市场利率为辅，多种利率并存的多层次利率体系。1987年，温州市人民银行拟订了《温州市城市信用社暂行办法》，并对其进行规范和推广，扩大到县城并延伸至农村集镇。虽然，当时的城市信用社是经济和金融改革特定历史条件下的产物，不完全属于针对民间金融风波的改革措施，但其对当地经济和民间金融改革在客观上仍起到了积极的推动作用①。

8.2 2011年温州民间借贷危机案例

8.2.1 民间借贷危机背景

2011年，温州民营的加工制造实体企业盈利越来越微薄，企业转型和产业优化升级需要资金支持，然而持续紧缩的货币政策使中小企业几乎不可能从银行获得融资。2012年全国工商联的调查显示，90%的中小企业没有得到贷款，浙江有80%的中小企业完全依赖于民间信贷②，企业对民间借贷的需

① 孙福兵，丁骋骋．改革开放以来温州的三次金融风潮与金融改革[J]．社会科学战线，2013(10)：54－62.

② 李文燕，郭瑞萍．浅析政府干预在解决温州借贷危机中的重要性[J]．学理论，2012(34)：114－116.

求旺盛，居民和一些企业手中有了不少余钱，民间资金供给充足，加之这两个时期政策鼓励民间资本发展，共同助推了民间借贷的发展。

2011年，以浙江信泰集团董事长胡福林的跑路为标志，温州市陆续有200多家企业由于无力偿还巨额债务而倒闭。企业联保互保机制和利率、借贷关系向正规金融领域、实体经济传导，进一步放大风险，由此引发了温州的民间借贷危机。2012年7月底，浙江省人大财政经济委员会的一份调研报告显示，温州企业减产停产现象增多，全市3998家规模以上工业企业，60.43%的企业减产停产。2012年，温州银行的不良贷款率最高达到1.35%（见图8-1）。这次民间借贷活动中出现了不少非法吸储、非法集资、诈骗、暴力追偿等犯罪行为，对金融信用、社会稳定造成极大的影响。

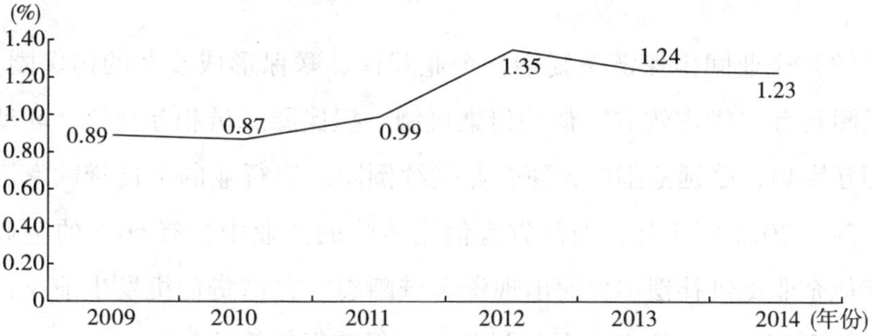

图8-1 2009—2014年温州银行不良贷款率

8.2.2 危机前的温州民间借贷状况

浙江温州民间借贷危机爆发的风险源主要在于，2008年国际经济危机之后，大量出口导向型民营加工企业因外贸订单减少而陷入困境或倒闭，加之银根急转收紧，中小企业融资难问题更加凸显，中小企业通过民间借贷获取资金，极高的融资成本使企业资金链断裂。

2011年的温州民间借贷危机除了伴有利率高企外，还具有信贷要求下发展起来的担保圈扩大风险，以及涉及资金规模大、资金流向脱离实体经济的特点。

（1）正规金融机构融资受阻，民间借贷利率高。由于民营企业的快速发展和融资渠道受限，温州许多企业只能借助利率越来越高的民间借贷资金来维持经营。2003—2010年，温州民间借贷的利率水平一直稳定在

13% ~17%；到了 2011 年，温州民间借贷综合利率超过 24%，如图 8 -2 所示，2011 年已达到近十年来的峰值。

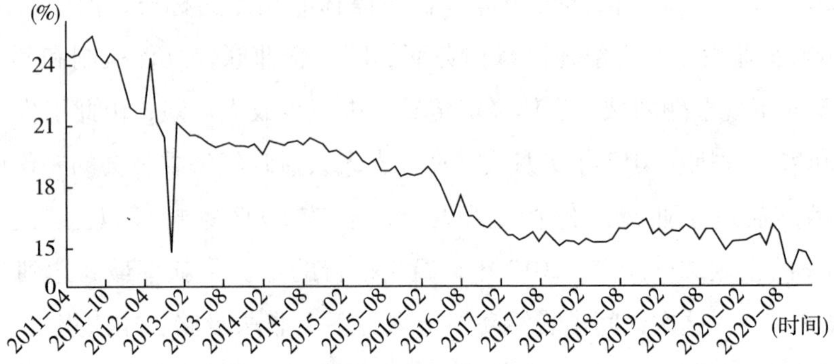

图 8 -2　2011—2021 年温州民间借贷综合利率走势

（2）企业间担保链条复杂，企业互保、联保形成复杂的担保圈关系。担保圈具有“蝴蝶效应”似的传染机制。担保圈成员相互交错，联动地产生相互影响，蔓延范围广，使企业接续倒闭，银行业的不良贷款率迅速攀升。截至 2012 年 5 月，浙江省有信用风险的企业中，有 60% 的企业由于为其他企业提供补偿担保而出现资金链断裂。在借贷危机发生前夕，浙江省全部企业贷款中的 40% 是通过相互担保获得贷款的。

（3）民间借贷深入人心，借贷资金规模大。温州经济发达，居民收入较高，财富积累多；加之当地的商业文化，家庭资金理财意识强。中国人民银行温州支行 2011 年的民间借贷调查显示，89% 的家庭和个人参与了民间借贷。庞大的民间借贷规模支撑起温州经济。从图 8 -3 中可以看出，2008—2011 年，温州民间借贷规模从 2008 年的 450 亿元增加到 2011 年的 1100 亿元。

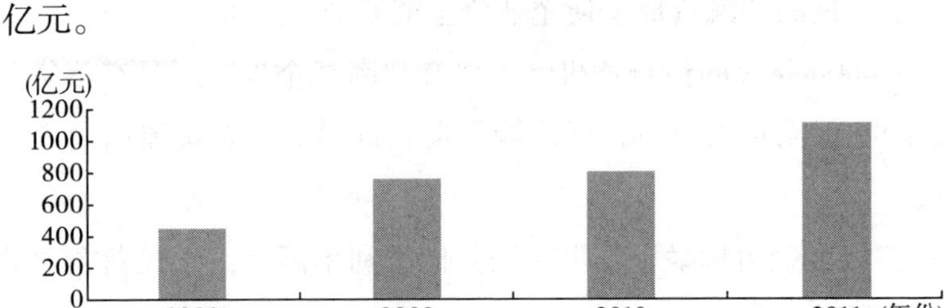

图 8 -3　2008—2011 年温州民间借贷规模

（4）资金流向脱离实体经济。如表 8－1 所示，温州民间借贷市场 1100 亿元的规模资金真正流转到实体经济中的仅占 35%，投资收益并不能保障获得高于借款利率的收益；甚至占比 20% 的资金用于民间中介本身，这种资金运作催生了资产泡沫。

表 8－1　温州民间借贷的资金用途

资金用途	一般生产经营	房地产	还款垫付、短期周转	民间中介	不明用途
资金来源	社会主体、小贷公司	民间中介、亲友	民间中介	社会主体（个人为主）	民间中介
占比（%）	35	20	20	20	5

（5）银行资金违规流入民间借贷。这主要体现在两个方面：其一，有渠道的企业或企业主以企业经营之名从银行申请贷款，但随后可能将资金投放到民间借贷市场。其二，一些融资担保公司或其他类型的民间借贷机构与银行工作人员一起套取银行资金，将资金流入民间借贷市场。这些都隐含着巨大风险，对正规金融市场可能形成强大的冲击。

8.2.3　民间借贷危机的概况分析

（1）温州民营企业跑路情况。企业跑路潮以 2011 年 4 月江南皮革厂黄鹤欠款潜逃为起点，以温州最大眼镜企业——信泰集团董事长胡福林欠款出逃美国为标志。胡福林出逃美国的消息在论坛上发布后，迅速传染、扩散，民众恐慌情绪迅速蔓延，员工讨薪，加之金融圈的“互保互联”，导致老板接二连三跑路或失踪。据不完全统计，民间借贷危机期间跑路的企业有 200 家之多，涉及的金额与人数更是非常庞大。

（2）对实体经济的冲击。①温州民间借贷危机的爆发，导致大量企业的跑路与倒闭，使得相关产业链下游供应中断，原材料价格大幅上涨。比如，祥源钢业、浙江泰尔铜业，相关金属冶炼公司、相关化学原料等企业老板相继失踪或跑路，且这些企业与产业都是当地的大企业与支柱产业，这就导致产业链供应中断，原料价格大幅度上涨，进而使更多的企业难以为继。②对产业链上游企业的冲击。大量的企业破产或倒闭使其上游企业生存更加艰难，尤其是利润本来就单薄的服装与电器类企业，市场急剧下降，拖累了更多的企业，使传导链条越来越长，最终可能引发区域性经济衰退。

(3) 对温州银行体系的冲击。①民间借贷对银行存款的挤出效应明显，导致县域资金紧张、矛盾加剧。前面本书分析过，民间借贷在温州深入人心，89%的家庭都参与了民间借贷，这就必然导致大量的资金从银行转出，银行吸收的储蓄资金更为有限，不利于县域资金的供给。②银行信贷资金流入民间借贷市场，导致坏账急剧上升。一是企业与个人从银行获取的贷款投向民间借贷；二是平台与银行员工合作，违规获得信贷资金。这两类资金进入民间借贷市场，很多用于民间借贷的资金生意，有些用于高风险的投机项目，如地产项目或投资，这些都引发银行大量贷款的呆坏账。温州的银行呆坏账率在借贷危机期间大幅上升，危机由民间借贷市场传染至正规银行体系。

8.2.4 温州民间借贷危机的根源分析

温州的第二次民间借贷危机的根源，主要是受到2008—2011年从宽松到紧缩的货币政策、房地产政策的影响，以及民间借贷相关政策制度不完善的影响。从非制度因素影响上看，主要是民众金融素养低、投机性重，导致资金脱实向虚，民间借贷中介风控缺失，加大道德风险。

(1) 货币政策冲击。2008年11月，我国推出4万亿元一篮子投资计划，全面放开信贷额度，2009年全年，人民币贷款增加9.59万亿元，出现大量资本剩余，经济出现表面繁荣景象，但大量资金流入房地产、矿业、股票和期货等风险行业，推高资产价格。然而进入2010年以来，我国的通货膨胀率逐渐提高，国内通胀压力不断增加，央行开始缩紧银根。市场中资金极度匮乏，导致民间借贷的利率越来越高，当企业无法偿还高息贷款时，企业家跑路等事件接二连三地出现，最终造成危机爆发。

(2) 房地产政策冲击。温州市统计局的数据显示，2011年温州全年完成房地产投资680.58亿元，同比增长151.6%。而2012年，这个数据是687.50亿元，仅比上年增长1.0%。温州在2011年之前的楼市均价已达到3万~5万元/平方米，高端楼盘甚至高达8万~10万元/平方米，在当时是高于北上广深这样的一线城市的。依靠民间借贷获取资金的温州“炒房团”甚至在全国各大城市投资置业。然而，2010 年后，我国逐步推出房地产紧缩政策。国务院办公厅出台的“国十一条”规定，严格两套房贷款管理，且以家庭为界定标准，成为我国新一轮房地产紧缩政策的起点。随后国务院发布“国十条”，提出“坚决遏制部分城市房价过快上涨”，并配合信贷政策要求“二套房贷首付不低于 50%”等从未有过的严厉措施。同年 9 月，多部委新政相继出台。以巩固楼市调控成果为目的，“国十条”中“30% 首付款”“停发第三套及以上住房贷款”。在一系列的房产紧缩政策组合拳下，温州房产泡沫破裂，来自民间借贷的炒房资金被套牢，发生偿付危机。

（3）监管滞后和实施有效性弱。2010 年《国务院关于鼓励和引导民间投资健康发展的若干意见》，即“新非公 36 条”发布，鼓励民间资本参与实体经济投资，但由于相关监督管理体系、职权、流程没有跟上，资金流向不受监管，在逐利性下“脱实向虚”，民间金融机构违规经营，推高利率。另外，虽然 2002 年中国人民银行下发的《中国人民银行关于取缔地下钱庄及打击高利贷行为的通知》就明确规定，民间个人借贷中出借人的资金必须属于其合法收入的自有货币资金，且双方协商的利率不得超过中国人民银行公布的金融机构同期、同档次贷款利率（不含浮动）的 4 倍，按照当时对应的上限不足 24%。但 2011 年温州市民间平均借贷综合利率为 24.55%，远远高于法律规定的数值，这反映了监管很难使“融资难”困境下的企业与借贷中介的供需关系达到规定的利率水平。

（4）民众缺乏风险意识，投机性强。2008 年金融危机发生后，在国内外需求紧张的背景下，原材料价格上涨，中小企业生产成本大幅上升、资金周转困难。在货币政策收紧的情况下，各大金融机构限制了对中小企业的信贷支持，导致民营中小企业的资金供应严重不足，温州的民营企业经营压力不断增大，实体行业的利润空间也被挤压至 3% ~10%，企业家无心实业，转而投资房地产等暴利行业。民间资金投向从实体经济到炒房、炒股票，甚至最后做起“钱生钱”的“庞氏骗局”，过度投机使产业空心化，实体经济的发展难以支撑，一旦受到外部政策调控，企业资金链可能发生断裂，引发危机。

（5）道德缺失积累风险。中国人民银行温州支行2011年7月4日发布的《温州民间借贷市场报告》显示，温州大约89%的家庭、个人和59%的企业参与了民间借贷，其借贷平均利率是24%～36%，最高甚至达到180%[①]。然而当时大多数中小企业的毛利润只有3%～5%，如此高的利率使企业背负着巨大的还贷压力，导致企业因经营资金链断裂而破产，或在道德风险下，放弃主业转投高风险资产，甚至搞起“庞氏骗局”。

（6）民间借贷活动的类金融机构和居间人缺乏风控体系。随着温州经济的发展和金融生态的变化，一些非法融资性担保公司、小额贷款公司以及投资理财公司进入民间借贷市场，打破了由地缘、亲缘关系维系的传统形式的民间借贷。更多金融掮客的出现加剧了民间借贷投机性风险的扩散，弱化了民间借贷主体的信任关系，熟人社会形成的传统非正式制度对民间借贷行为的约束被打破，而这类民间借贷活动又缺少约束，没有约束的民间借贷长期肆意发展必然隐含危机。

8.2.5 温州民间借贷危机的处理机制分析

2011年温州爆发民间借贷危机后，国家和地方政府高度重视，开展一系列“救市”措施。相关部门及时果断地介入，真正斩断风险的传导链条，要求银行机构加大对中小企业的资金支持，不抽贷、不压贷，保证温州企业资金链不断裂；设立企业应急转贷专项资金，缓解企业一时资金周转的困难；设立温州市金融综合改革试验区，批准了《试验区总体方案》，提出十二项主要任务；从完善民间借贷的相关法律制度、监管体系，到建立风险防控措施，公开、严格监控利率，加大财税扶持力度，推进企业发展和转型升级等；成立温州民间借贷服务中心，并不断完善发展，促使民间资本走上阳光化、规范化发展的道路。

1. 危机爆发后政府及时介入处理，斩断传导链条，重塑市场信心

2011年温州借贷危机爆发后，地方政府果断介入，及时进行应对和处

① 资料来源：中国人民银行温州支行2011年发布的《温州民间借贷市场报告》。

理。温州市委市政府成立专项工作领导小组和专门工作组，打出一套“救市组合拳”来斩断风险传导，帮助企业渡过难关。①要求银行机构加大对中小企业的资金支持，不抽贷、不压贷，保证温州企业资金链不断裂，设立企业应急转贷专项资金，缓解企业资金周转的困难。②政府介入倒闭企业的破产重组，挽回债权人损失。针对在此次民间借贷危机中，涉案金额高达 45 亿元的“立人集团”，债权涉案人员逾 7000 人，温州市政府成立的专门小组负责处置，召集债权人开会协商，登记债权人 5207 人[①]。③政府发动企业开展自救。对危机前正常经营，但因受波及出现资金链断裂破产的优质企业，政府组织协调进行资金置换，同时及时带动企业恢复生产、开展自救。如通过资本运作盘活信泰集团的剩余资产，同时使得信泰集团原有的债权人以新股东的形式获得赔偿。

加大财税扶持力度，推进企业发展和转型升级。浙江省财政出资 10 亿元建立中小企业再担保基金，降低中小企业融资成本、促进民间借贷规范化、加快地方金融改革创新、加大财税扶持力度，推进企业发展和转型升级。

2. 从根本上采取措施，化解中小企业融资难，真正破解危局

为从根本上化解债务危机，提升温州金融业发展水平，中央到地方都出台了一系列措施进行帮扶解决。2010 年 11 月，政府出台《关于进一步加快温州地方金融业创新发展的意见》及 8 个系列配套文件，即“1 + 8”战略，鼓励银行创新金融服务，全力帮助中小企业渡过难关，解决其债务危机和经营困难问题。2012 年 3 月 28 日，国务院常务会批准了《浙江省温州市金融综合改革试验区总体方案》，决定设立温州市金融综合改革试验区，提出十二项主要任务。2014 年 3 月，浙江省专门为温州市制定出台全国首个地方性金融法规《温州市民间融资管理条例》，这也是我国第一部民间借贷的地方法律。温州实施的《关于进一步加快温州地方金融业创新发展的意见》，确立十余项改革任务，其中提出要打造资本集散的“资

---

① 证券时报网．温州“立人”集团债权人登记已达 5207 人[EB/OL]．(2012 - 03 - 19)．https://finance.eastmoney.com/a/20120319197051726.html.

本之都”，逐步形成民间资本的集散中心。温州市推进新型金融组织创新，3年内发展小额贷款公司120家，注册资本总额800亿元左右，实现中心镇以上全覆盖；同时，全市新型农村金融机构总数增加到30家①。2015年开始的温州市第二轮金融改革中，“温州市民间财富管理中心”挂牌，其通过引进证券、期货、股权交易等更加规范的金融机构，提升中心的服务平台功能，引导正规金融服务中小微企业，解决中小微企业融资难、融资贵问题。

3. 完善民间借贷监测监管机制

在防控民间借贷风险方面，温州市政府牵头搭建温州民间借贷服务中心。一方面作为服务平台，其提供对接借贷中介机构、相关配套服务机构与企业的信息及公证、担保等服务，将中小企业的资金需求与民间资本供给信息透明化，最终通过法定契约签订借贷合同手续，实现中小企业与民间资金的良性对接。另一方面承担民间借贷成交及后续相关履约信息的备案登记，分场内和场外自愿备案，这在一定程度上拓展投融资渠道，减少“信息不对称”，建立契约机制，防范和监测了民间借贷风险。

同时，温州市人民政府主办，温州市金融办具体负责信息采集、指数计算、系统运算等基础工作，温州市在全国首创民间融资价格传导机制，在全市设立400余个民间借贷利率采集、监测点，建成真实反映市场行情的民间借贷综合利率认定体系（以下简称“温州指数”），设有监测点200多个，涉及重庆、成都、南充、贵阳、石家庄、威海、常州、昆明等32个城市的当地金融办。“温州指数”于2013年9月26日正式对外发布，为温州乃至全国民间融资市场提供了一个“风向标”和“指示器”，搭建中国人民银行、国家发展改革委、民间借贷“三位一体”的社会信用信息查询平台，为客户提供更为全面、更为精准的信息查询；将温州市民间借贷服务中心打造成为服务功能更为强大、数据信息更为全面的“民间借贷服务中心2.0版”，使交易信息更为透明、完备，交易成本下降的幅度自然越来越大。两年多时间里

① 中央政府门户网站．温州市全面实施“1+8”地方金融改革创新战略[EB/OL]．(2011-11-08)．http://www.gov.cn/jrzg/2011-11/08/content_1988356.html.

利率水平降幅接近 5 个百分点，中心的借贷利率控制在 15% 的水平。

8.3　四川 A 市民间借贷风波案例

8.3.1　民间借贷风波背景

2010 年，随着“新非公 36 条”的落实，温州金融改革政策推广到四川 A 市，四川省民间借贷中介机构纷纷成立，并迎来爆发式增长。2014 年初，A 市民间借贷中介服务行业达到顶点，共有 70 多家投资理财类机构。为防范金融风险，A 市金融办主动出击，提高行业准入门槛，投资理财公司注册资本金由原来的 3 万元提高到 2000 万元以上，并要求存缴 1000 万元保证金，同时开展清理整顿，最终保留了 53 家投资理财信息咨询公司，其中 B 区就有 42 家，集中程度很高。但其改革只是提高投资理财类公司的准入门槛，并未加强过程监管。2014 年 6 月，受四川汇通担保公司高管跑路的影响，加之经济不景气，尤其是在房地产行业受到调控的情况下，流向房地产行业的投资理财公司资金被套牢，进而引发了一系列连锁反应。2014 年 11 月，爆发大面积借贷风波，A 市 B 区首当其冲，成为重灾区。全区 42 家投资理财类公司绝大多数无法支付到期本息，另有 1 家明星企业和一所民办学校涉嫌非法集资，无法偿付到期本息，涉及金额巨大、人数众多，导致社会矛盾重重，特别是 A 市当时正处于全国的政治风口浪尖，社会稳定压力剧增，当地政府压力巨大①。

8.3.2　A 市民间借贷状况分析

1. 投资理财类公司状况

A 市 B 区的民间借贷平台，以投资理财类公司为主体进行资金的借贷。这类中介平台聚集资金的能力强、撮合交易的能量大，而且经营的项目和资金远远超出 A 市的范围，在全国、全省都有项目的投入。部分公司存在自融资、自建资金池等非法吸储行为，还有些中介平台甚至直接吸收

① 由于矛盾和压力主要在 A 市 B 区区委区政府；因此，下文的分析主要集中对 B 区的 42 家投资理财公司，以及 B 区区委区政府的介入行为进行分析。

资金进行高利贷的发放，这些都给A市的民间借贷风波爆发埋下了极大的隐患。下面本书具体分析A市B区投资理财公司参与的民间借贷的基本情况。根据本书的调查数据统计，B区投资理财公司涉及投资项目2000余项，涉及借贷问题资金高达100余亿元。

第一，借贷规模分析。如表8－2所示，42家投资理财公司的借贷资金规模在5000万元以下的有9家，占比为21.4%；其余33家投资理财公司的借贷资金规模均在5000万元以上，占比为78.6%，资金规模巨大，最高达到4.4亿元。

第二，偿还能力分析。如表8－2所示，42家投资理财公司中的11家能够以资抵债，占比为26.2%；其余31家除个别几家以资抵债能力较弱外，其余公司均无法实现以资抵债，占比为73.8%。

表8－2　A市B区42家立案投资理财公司状况

	以资抵债能力		借贷金额规模				
	能	否	0.5亿元以下	0.5亿～1亿元	1亿～1.5亿元	1.5亿～2亿元	2亿元以上
公司数量（家）	11	31	9	11	10	2	10
占比（%）	26.2	73.8	21.4	26.2	23.8	4.8	23.8

第三，资金流向的项目及行业分析。如表8－3所示，42家投资理财类公司资金流向2000多个项目，涉及类别烦杂，有房地产业、农林牧业、工业化工、民营企业、医药以及个人。其中每家投资理财公司资金流向项目均涉及房地产业项目，占比达到100%。

表8－3　A市B区42家投资理财类公司资金出借涉及项目

借款项目行业	房地产业	农林牧业	工业化工	民营企业	医药	个人
投资理财公司数量（家）	42	4	8	15	1	13
占比（%）	100	9.5	19	35.7	2.4	30.9

第四，资金流向的地域分析。B区街道办调查和整理发现，42家投资理财类公司涉及资金流向的地域广泛。四川省内除A市外，资金还流向成

都、绵阳、广安、广元、遂宁、巴中、内江、攀枝花、眉山、阿坝、泸州、达州 12 个市州地区；除四川省外，出借资金还流向云南、贵州、新疆、甘肃、重庆、陕西等 7 个省份。资金投向突破地域，投资理财公司对投资项目进行贷前尽职调查的成本增高，公司很难监控资金的使用，致使贷后管理难以到位，信息不对称的风险加大。

综上所述，A 市民间借贷的投资理财公司整体偿债能力弱，资不抵债公司占比高达 3/4；运营的资金规模巨大，一般在千万元级别，甚至高达 4.4 亿元；经营风险大，贷款项目分部较为集中，几乎全部投入房地产行业；资金流向较广泛，包括 12 个四川省内市州和外省 7 个地域；风控人才少，风控手段较差。根据本书的调查，A 市的投资理财公司普遍存在自融资、自建资金池、违规经营高利贷、多方融资的情况，一旦一家投资理财公司的资金链发生断裂，在恐慌情绪的作用下，所有区域内的理财公司投资人都急于兑付，强大的兑付压力成为压垮理财公司的最后一根“稻草”。

2. 民间借贷资金出借方状况

A 市民间借贷资金出借方总体表现为小额投资人数多，参与人中老年群体占比高，平均投资利率偏高，平均投资期限较短。

第一，从投资人参与人数方面来看，B 区全区共有投资理财公司 42 家，占全市的 83.3%，涉及资金近 100 亿元。据调查数据统计，全区参与投资理财类公司形式的民间借贷投资的人数近 10 万人，占到当年常住人口 70.5 万人的 1/7，投资人规模极为不均，但涉及人数众多。如表 8－4 所示，42 家投资理财公司投资人在 500 人以下及 500～2000 人的投资理财公司较多，占比达到 57.2%；2000 人以上的投资理财公司较少，但投资人数最多的高达 5300 余人，而最少的只有 3 人。

表 8－4　A 市 B 区 42 家投资理财类公司投资人参与人数、公司数量及占比

人数（人）	500 以下	500～1000	1000～2000	2000～3000	3000 以上
公司数量（家）	11	6	12	3	4
占比（%）	26.2	14.3	16.7	7.1	9.5

第二，从投资参与人的年龄来看，B 区民间借贷投资参与人年龄偏高，

退休人员，即56岁以上的投资参与人超过半数，占比为54%。

第三，从投资人所投资金平均投资利率来看，投资人投资平均月利率集中在1~2分，其中月利率在1.5~2分的投资人占63.3%，月利率在1~1.5分的投资人占36.7%。上述数据与银行存款利率相比，投资理财类公司的投资利率很高。

第四，从投资人平均投资期限来看，其平均投资期限较短。87.5%的投资人平均投资期限不足1年，其中75.2%的投资人平均投资期限不足半年，投资期限在3个月以内的投资人占比高达39.2%，只有12.5%的投资人投资期限超过1年。

第五，从投资参与人的投资金额来看，如表8-5所示，B区民间借贷投资参与人的平均投资金额不高，集中在6万元以内，占比为85.1%。

表8-5 投资参与人投资金额

投资金额（元）	1万以下	1万~3万	3万~6万	6万~10万	10万~20万	20万~50万	50万~100万	100万及以上
频数	80	157	114	51	16	7	5	3
占比（%）	18.5	36.3	26.3	11.8	3.7	1.6	1.2	0.7

因此，从资金出借方的状况可以看出，一方面，A市B区民间借贷投资参与人大多数为56岁以上的老人或退休人员，学历偏低，金融素养低且风险承受能力差，所投资金多为自己的养老钱、拆迁款、赔付费等；平均投资资金不高，但人数众多，刚性兑付愿望强烈，一旦出现恐慌情绪容易引发大规模兑付，资金血本无归时，容易出现聚集上访的情况，增加政府维稳压力，影响社会稳定，有巨大的社会风险隐患。另一方面，高额的投资回报搭配很短的投资期限，对于借款方而言，加上1%的居间费用和自身运营成本后，借款方资金的使用成本相当高，隐藏巨大的风险隐患。

3. 资金借款方状况

从民间借贷资金使用的情况来看，其主要表现在借款方平均借款规模较大和借款项目风险大两个方面。经B区公安分局和街道工作组审查，辖区内投资理财公司涉及的167个借款项目方（借款人）中，只有34个借款项目方正常付息，其余133个借款项目方均不同程度拖欠本息，占比为

79.6%。B 区投资理财类公司涉及的借款方除个别为个人借款外，其余均为项目借款。其借款用途为房地产等项目开发用资、企业（个人）资金周转，个别借款用途为支付工资。其借款期限为 3～12 个月，偿付方式为按月偿还。

第一，借款方借款规模分析。如表 8－6 所示，B 区民间借贷借款方的平均借款规模较大，借款规模在 1000 万元以上的借款方占比达到 53.7%，其中单个借款方最高借款规模达到 1.58 亿元。

表 8－6　借款方借款规模情况

借款规模（元）	100 万以下	100 万～500 万	500 万～1000 万	1000 万～2000 万	2000 万～3000 万	3000 万及以上
借款方频数	11	26	40	46	27	17
占比（%）	6.6	15.6	23.9	27.5	16.2	10.2

第二，借款方借款利率分析。B 区民间借贷借款方的借款利率高，89.8% 的借款方的借款月利率集中在 1.6%～3%，即年化利率达 19.2%～36%；6.0% 的借款方年化利率超过 36% 的民间借贷红线。部分投资理财类公司向借款方收取月利率 0.2%～1.6% 不等的手续费。

可见，B 区民间借贷借款方借款用途主要是房地产开发和资金周转，借款规模大、借款利率高、借款期限短，并按月支付。高利率、短期限的借款用于周期长的项目运营，风险隐患高。B 区投资理财类公司涉及的绝大部分借款方已不能按时偿还本息，影响严重。

通过上述的数据分析本书发现，从资金出借方、借款方及中介平台来看，民间借贷蕴含巨大的风险，这为后来的借贷风波爆发埋下隐患。

8.3.3　民间借贷风波概况及难题

1. 风波的爆发

2014 年 3 月，A 市 B 区“聚宝堂”公司“爆雷”，到期无法偿付本息，引发当地民众强烈反响，后当地公安局对“聚宝堂”公司非法集资进行立案调查。2014 年 6 月，四川“汇通担保”公司高管跑路，危机波及全省诸多地方，A 市有部分公司或项目与“汇通担保”公司有业务上的直接或间接关联，也受到波及。2014 年 7—11 月，A 市公安局经侦支队对几家问题较严重的投资理财类公司进行立案调查。2014 年 11 月，大部分的投资理财类公司宣布无法如期兑付本息，引发大量的民众上访、集访，频率很高，要求政府介入确保投资者的本息如期支付，并彻查是否存在官员失职等，大量的信访、集访造成巨大的社会稳定风险。

2. 民间借贷风波的传导分析

本书对 A 市 B 区投资理财类公司、借款方、资金出借方及相关政府部门、街道办等进行调研摸底，发现 A 市 B 区的民间借贷风波传导主要有以下几种方式：①未能如期兑付导致的信心不足与投资群体的恐慌性传染。从聚宝堂公司到汇通担保公司高管跑路，再到 A 市公安局对部分公司进行立案调查，投资者信心崩溃、纷纷要求投资理财公司提前兑付本息，甚至要求提前取回资金，加速资金链的断裂。②“破窗效应”的存在引发部分项目运转正常的投资理财类公司与借款方想赖账，趁机不支付本息；而投资者与政府有关部门一时难以判断事件的真相，引发危机的进一步加重。③投资理财类公司及项目之间的交叉传染。有不少地产公司在 A、B 甚至 C 投资理财类公司都有借款，当其项目资金回笼出现困难不能如期支付借款本息时，就会影响 A、B、C 投资理财公司的其他项目，投资者会纷纷要求其他项目提前或加速兑现，这就导致危机的进一步扩大和传染，让原本正常发展的项目随时处于崩溃的边缘。这样危机就会在资金出借人信心与信息不足的情况下加速传染，最终波及全市所有的投资理财类公司，引发危机的全面爆发。

3. 民间借贷风波的处置难度大

根据本书的实地调研及与 B 区政府交流会议讨论可知，B 区民间借贷问题的集中性、尖锐性和紧迫性极为突出，B 区处理民间借贷问题面临的困难主要表现在以下方面：

第一，社会稳定形势存在隐患，维稳压力有增无减。B 区投资理财类公司分布集中、投资人数众多，其中有大量的小额投资者和弱势群体，随着时间的推移，投资人的情绪将变得更加急迫、更加激动。特别是案件判决后，投资人严重资不抵债、经济损失严重的巨大心理落差，极有可能引发信访事件，甚至聚众冲击政府机关，引发群体性事件。

第二，资产查封、处置难度大，挽回损失困难重重。一方面，B 区民间借贷问题涉及的地域广、行业多，资金流向复杂，借款项目分散在全国各地，B 区公安对案件进行办理、资产查封处置和返还，必须争取当地政府和相关部门的支持配合，需要大量的人力、物力和时间。另一方面，在经济压力下，房地产行业低迷，大多数实际借款人经营出现严重亏损、项目烂尾停摆无以为继、资产贬值难以处置变现，加上民众要求兑付，不仅要求返还本金，还要求偿还利息，这些都加重了企业的还款负担。涉案公司管理者虽受到法律的严厉制裁，但其有限的偿付能力使投资人的损失难以挽回。

第三，案件复杂，案件审理周期长，法院面临巨大压力。B 区民间借贷问题类案件，即非法集资类案件涉及的人员众多、法律关系复杂，案件性质界定、犯罪数额认定、涉案资金追回、涉案款物的处理难度都很大；加之此类案件的案情复杂、审理时间长，集资参与人容易将愤怒、怨气发泄到办理案件的司法机关身上，有可能发生集体上访、闹访、堵门、堵路等极端行为，给案件的审理工作带来困难。

第四，形成依法处置与维稳的选择矛盾。B 区政府面对投资群众挽损的急迫要求，对已变现资产处置压力巨大。B 区政府将涉查封资产变现后的资金放在一个单独账户中，为了稳定投资群众的情绪，由投资群众委员会决定如何处置这部分资金，没有来得及等案件司法审理结束再行处置。这与依法处理民间借贷问题的法制化处理原则之间存在矛盾。

B 区民间借贷问题发生后，政府下令禁止投资理财类公司继续吸收资金。这虽然是为了避免投资群众损失进一步增加，但也使本来经营较好的投资理财公司断了资金来源，容易形成新的风险，使这类公司陷入困局。另外，并不是所有的借款项目方都因为经营不利、资金链断裂无法向投资理财类公司还款付息。其中存在个别借款项目方本身经营良好，有能力还款付息，但想趁着民间借贷问题爆发之际，直接拖欠本息，这给民间借贷问题处理工作增加了难度。

8.3.4 A市民间借贷风波根源分析

A市民间借贷危机的根源，从制度因素影响上看，主要受当时房地产政策的影响和鼓励民间借贷后相关监管制度没有跟上民间借贷的快速发展导致；从非制度因素影响上看，主要是民众金融素养低，推高借贷利率以及参与者道德缺失、借贷活动投机性强，引发各种“庞氏骗局”，欠债不还导致中介资金链断裂进而引发破产倒闭。

第一，受房地产调控政策影响。B区民间借贷资金主要流入房地产行业的中小房地产开发公司，而在全国经济由高速增长转向中高速增长的过程中，经济下行，国家对房地产行业进行调控，在房地产业不景气的大背景下，中小房地产开发公司作为B区投资理财公司的主要借款方，其项目盈利压力大且周期长，无力偿还高利率、短期限的借款本息，纷纷出现拖欠本息的状况。同时，借款方自身经营管理存在问题导致其资金链断裂、项目烂尾终致无力还本付息，拖垮当地投资理财公司。

第二，民间借贷监管制度不完善。一方面体现在监管职责不明上。B区民间借贷中介机构按照谁审批谁负责的原则，受工商局和市金融办监管，多头监管容易造成监管不力，监管责任不明确、职责不清晰；加之金融办只提高投资理财类公司的准入门槛，没有注重过程管理等风险监管，为B区投资理财类公司问题的出现埋下隐患。另一方面体现在监管滞后上。在四川省政府对盘活民间资本、鼓励民间资本进入金融行业的政策支持下，相关部门鼓励和支持民间资本发起、设立融资性担保机构，对备案担保机构为中小企业提供的担保额给予不超过增量20%的风险补偿，最高不超过200万元。截至2014年，在四川省工商注册的投资理财类信息咨询公司超过5000家。政策实施开始阶段，往往过于关注政策的实施效果，而忽略对政策实施对象的监管，理财公司发展逐渐异化，必然给民间借贷问题的爆发埋下隐患。

第三，投资人风险意识不足，跟风投机现象严重，非理性的投资抬高了民间借贷利率，为借贷危机的发生埋下伏笔。本书对A市B区民间借贷出借人及出借人代表的问卷调查和访谈数据进行整理分析，从投资人的职业类别和学历来看，投资人以退休人员、农民、自由职业者居多，学历水平偏低，这类人群普遍没有接受过相关金融知识教育，对金融风险防范意识更是普遍偏低。

第四，投资理财公司运营中隐藏巨大的风险。公司运营着巨大的资金量却缺少风控手段，对出借项目难以有效做到贷前辨别和贷后监控，流入外地的资金，信息不对称风险更大；公司没有采用第三方资金托管模式，在未获得银行业类金融机构经营许可的情况下，归集资金形成资金池，自行控制、管理资金和匹配项目放贷给借款人，或进行“自融自投”，投资者很难了解其真实的净资产和债务状况；公司为了吸引资金，承诺刚性兑付，大部分投资者为缺乏风险意识且风险承受能力较弱的低收入、老年群体，投资金额小且涉及人数众多，风险暴露时，容易形成大规模群体性事件。

第五，借贷活动中的道德风险难以防范，增加了民间借贷的资金风险。出于成本和盈利的考量，大部分投资理财公司缺少贷前审批和贷中管理程序，存在借款方重复利用抵押物，甚至改变资金用途的情况，一旦出现资金链断裂，就会出现多方坏账的情况。同时，恶意不偿还资金的借款人和投资理财公司的关联方借款，增加了民间借贷资金的风险。本书对四川省 A 市 B 区民间借贷问题调研的结果发现，2017 年 B 区辖区内 42 家投资理财类公司涉及的 167 个借款项目方（借款人）中，79.6% 的借款项目方出现过不同程度拖欠本息的情况，其中不乏借款方本来可以按时还款付息，但借 B 区民间借贷问题爆发之际，浑水摸鱼、故意不还的现象。另一种表现是，借款人本身无还款能力，伪造还款能力证明等进行骗贷。道德缺失下的各种欺诈行为，导致 A 市的民间借贷危机。

8.3.5　当地政府对民间借贷问题的处理机制分析

总的来说，A 市 B 区民间借贷风波与其他地方的借贷风波存在显著的差异，即该借贷风波对经济、金融的影响较小；但因为其发生在一个特殊的时间节点，加之资金出借人的群体大部分属于低收入群体与其他特殊群体，导致当地的社会与政治风险压力非常巨大；此次风波的核心在于化解社会风险和矛盾，避免风险的转移和扩大是当地党委和政府需要开展的主要工作。B区区委和区政府成功的做法主要有：①政府及时介入，化解矛盾，避免风险扩散；②处理机制有效，前期摸底调查，后期追赃挽损，加大震慑力度，工作成效好，群众满意。下面本书简要介绍A市B区区委区政府的处理经验①：

民间借贷风波在A市爆发后，B区区委区政府高度重视，积极采取措施，并在实践中不断健全完善处理民间借贷的工作机制，强化处理措施；成立专班，按照“分类梳理、逐步解决、稳步清盘、全面规范”的工作思路，实施“两轮驱动、四手同抓”的工作方针，形成五步工作机制（见图8-4）。

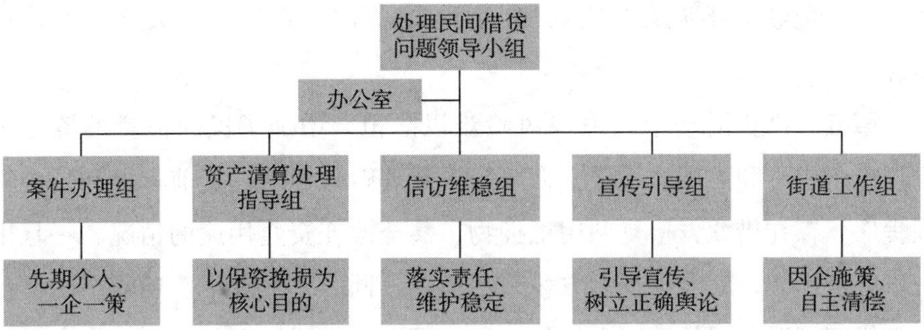

图8-4　B区政府处理机制

1. 先期介入，一企一策

B区以处理民间借贷问题领导小组为领导，以各街道办为单位，区公安分局、区工商局、区金融办、区接待办等部门协作配合，负责调查摸底全区各街道所辖的投资理财咨询公司的详细情况，并对辖区42家涉案投资理财信息咨询公司的基本信息、投资总金额、投资总人数、融资总项目、抵押、质押等情况进行摸排、核对和汇总；开展先期介入，协助政府工作组开展清收工作。针对部分尚未立案侦办的投资理财公司，B区公安分局安排警力先期介入，约谈理财公司负责人、实际用款方、担保人等相关人

① 尽管投资理财类公司是由当时A市原金融办审批的，但危机爆发后，因维稳是属地的责任，因此B区区委区政府必须担起社会维稳的重任。

员，协助政府工作组、辖区街道开展清收工作。

2. 以追赃挽损为目的，推进依法查处

B 区推进以追赃挽损为核心的依法查处工作，一方面顺应了广大投资群众的强烈期望，另一方面推动全区民间借贷问题依法有序解决，从源头化解矛盾、维护社会稳定。

第一，应立尽立，严格查办。B 区要求区公安分局对群众举报的线索做到应受尽受、逐一核查。依法对群众关注度高、反映强烈的投资理财类公司和实际用款项目方予以严厉打击，对有偿还能力故意赖账的借款人和相关涉案人员依法采取强制措施，形成震慑。

第二，刑民结合，保全资产。为了最大限度地降低群众损失，B 区公安分局将追赃挽损贯彻办案始终，坚持追款务尽；奔赴全国各地查封扣押冻结资产。法院及时通过民事诉讼的手段对资产进行保全，并加强与公安机关的衔接配合，避免涉案资产因监控空缺而流失。截至 2020 年 1 月，公安机关已查封、扣押、冻结土地 150 余处，工厂 1 处，房产 7200 余处，车辆 140 余辆，船舶 50 余艘，约合 40 亿元。

第三，联动协作，合力办案。B 区要求公检法机关密切配合，立足职能、服务大局，建立联席会议制度，定期协调沟通疑难复杂、民刑交叉影响重大的案件；通过公检法案件协调机制，召开联席分析会议 200 余次，共同做好案件侦查、诉讼和审理工作，有效提高办案速度和办案质量。

3. 突出落实责任，全力维护社会稳定

民间借贷投资人群体构成复杂、利益诉求多元化，案件处置时限较长、清偿比例较低，导致各种矛盾问题错综交叉。B 区逐个梳理在办案件，依据地域分解名单，落实重点人员分包维稳责任，频繁联系、走访，安抚群众情绪、化解矛盾，全力做好维护社会稳定的工作，为有序推进民间借贷问题处置工作赢得时间和空间。

第一，B 区定时召开街道工作组每周工作通报会和公检法每月重点案件通报会，引导投资群众选出投资群众代表，征询投资群众代表对工作的意见和建议，解决了信息不通、情况不明的问题。

第二，充分发动群众全程参与。最大限度保护投资群众的知情权、参与权和监督权，使投资群众了解政府处理民间借贷问题的决心和态度，增强投资者信心；及时了解处理工作的进展状况，消除投资群众的恐慌情绪；感受案件侦办的困难，降低投资群众的期望值；实现办案过程的公开、透明，并对办案起到监督和促进作用。

第三，坚持关爱特殊困难群体。B 区政府对患有重大、特殊疾病的投资人，按照民政医疗救助办法，安排专项资金组落实救助工作；对遭遇意外事件，导致基本生活困难的投资参与人，给予应急性、过渡性临时救助。

第四，依法做好信访稳控。做好重点时节接访和日常信访工作；对暗中策划、煽动群众非法聚集、非正常上访、堵门堵路等违法活动的挑头分子，依法予以打击，对情节严重者予以刑事行政拘留，全力维护正常社会秩序，保障全区处理民间借贷问题工作的顺利进行。

4. 宣传引导群众，树立正确舆论导向

B 区政府开展形式多样、面向基层的宣传教育活动，力求全方位、多角度宣传非法集资的表现形式和特点，扩大打击的宣传面和影响力，强化社会公众投资理财责任自负、风险自担的意识，引导群众远离非法集资。总的来说，这些工作做得非常细致，成效非常显著，极大地化解和降低了社会矛盾和风险，值得各地政府借鉴。

8.3.6 小结

爆发于 2014 年的 A 市 B 区民间借贷问题主要表现为，民间借贷中介机构泛滥成灾，市场却没有形成相应合理的管理制度来规范民间借贷中介机构的行为，最终使得民间借贷出现诸多问题。A 市 B 区出现一系列民间借贷问题的原因主要是，房地产的管控政策、政府职能职责不清，缺乏监管及投资人风险意识不足、道德风险防范难，以及民众刚性兑付要求严重。危机发生后，政府及时介入并持续进行处理，2014—2021 年，A 市政府一直在化解这次民间借贷风波，截至 2021 年 4 月，A 市 B 区处理民间借贷问题工作呈现“总体可控，稳中向好”的态势，成效显著。B 区处理民间借贷问题工作得到四川省委的肯定，其处理机制和做法值得各地借鉴。政府介入的及时性和持续性对民间借贷问题的处理至关重要，相关部门不仅要明确责任、各部门联动、因企施策，同时要明确处理工作目标并实时调整，尽最大努力挽回投资群众的损失，解决群众最迫切、最关心的问题，引导群众树立正确舆论，只有这样才能安抚群众的激动情绪，维护社会稳定。

第9章　民间借贷危机的治理路径及对策

9.1　民间借贷危机的治理路径分析

9.1.1　民间借贷危机的逻辑分析

2010年以来，我国区域性、局部性民间借贷风波与危机在全国各地不断爆发，持续时间长、影响范围广、涉及人数多、资金规模大，资金出借人损失惨重；而且民间借贷所处领域的危机已不断扩散和传导到经济、社会和司法领域，给整个经济社会发展带来巨大压力。根据前文的分析，本书从以下几个方面来理解民间借贷和民间借贷危机。

第一，改革开放以来，我国长期的金融抑制政策导致民营企业和中小微企业融资很难，而且随着经济的发展，其融资需求的缺口越来越大，大量的企业被迫转向民间借贷市场。同时，过度的金融抑制既压低了利率，也限制了金融市场与金融产品的发展，导致了居民日益增长的财富与投资渠道、投资产品不足之间的巨大矛盾。金融抑制带来的供需不能匹配的巨大矛盾，是我国民间借贷快速、大规模发展的最根本原因和动力。

第二，长期以来，我国对民间借贷都以金融风险防范为主，都是强调对非法金融机构、非法金融活动等非法集资行为的管制和打压，都是对达到一定标准民间借贷活动予以“非法”的否定性评价，而缺乏对民间借贷的肯定与制度设计。然而自2010年以来，一方面是国家出台“新非公36条”，大力鼓励民间资本进入金融等垄断领域。另一方面是我国司法对民间借贷的包容，放松对“非法集资”的打压。民间借贷的鼓励和司法的松绑极大地点燃了我国长期被压制的民间借贷发展的热情。民间借贷从地下悄悄发展转为地上公开发展，从以个人为居间的主体转向了以公司为居间的主体，鼓励了企业面向特定群体的直接融资模式。而且伴随着互联网金融的发展，民间借贷机构更加多样化发展，这些民间借贷机构资金集聚能力更强，匹配资金供求双方能力更突出。与此同时，民间借贷也由传统的生活互助向生产互利转变，吸引了大量资金涌向这个市场，这些都极大地推动了2010年以来民间借贷规模的巨幅增长，也为危机的爆发埋下了隐患。

第三，民间借贷规模快速发展的同时，民间借贷的风险也在急剧攀升，这是危机爆发的主要原因。民间借贷的风险与积累主要体现在以下几个方面。一是民间借贷的项目绝大多数都是高风险项目，本身是无法从各类金融机构贷款。要么是风险过高被淘汰的项目，要么是国家宏观调控严控贷款的产业项目，因此，涌入民间借贷市场的项目，风险总体是比较高的。这样，随着民间借贷规模的不断增加，民间借贷的风险也会急剧攀升。二是民间借贷的利率高，超过绝大部分企业正常的经营利润和水平，这就会导致借款企业的财务负担水平较高，资金压力紧张。以南充市民间借贷为例，2013—2015年，投资理财公司撮合的投资项目，借款方支付的成本包括两个部分：第一个部分是支付给投资者的月息，在1.3%～1.6%的水平；第二个部分是支付给平台的手续费，平均水平月息1%，合计企业的综合支付成本最低也在年化利率29%左右。如果是短期性拆借或许问题不大，如果是资金的短借长用，期限严重不匹配，利息负担水平高，风险就会急剧上升，一旦后续资金跟不上，极容易引发危机。三是民间借贷在发展的过程中，由于其隐蔽性与监管的缺位，许多本是正常的民间借贷容易异化为非法集资，甚至还有很多庞氏骗局融资项目。这样的借贷项目风险是极高的，一有风吹草动，就会立刻引爆危机。四是新常态下的民间借贷往往跨区域经营，加之传统社会结构的转变，导致传统的“声誉约束”机制失效，新型的诚信约束与惩戒机制未能建立和完善，造成违约成本大幅降低，很容易引发有钱不还等故意违约事件。五是民间借贷中介机构的人才不足，风险控制能力较弱，又缺乏对大数据风控手段的运用，导致推到市场的项目风险很高。这些因素都使得民间借贷风险很大，引发危机的可能性很高。

第四，当民间借贷发展到一定规模，风险积聚到一定程度，达到临界点附近时，外在的政策调整可能成为触发危机的偶发因素。无论是民间借贷政策的调整引发民间借贷规模的剧烈变动，还是货币政策频繁调整引发的资金面紧缩导致民间借贷资金供求的反向变化，又或是行业与产业政策调整引起行业发展前景的暗淡及其介入资金的高风险，都有可能成为拉响危机爆发的导火索。

第五，新常态下的借贷风波或危机爆发后，往往通过借贷网络、担保链条、资金与交易主体以及信息载体等方式进行传染扩散，导致更大面积、更大范围的危机。首先，新常态下的民间借贷网络更为复杂以及更多借贷主体连接点，在危机爆发后就会通过网络上的各个连接点传导危机，网络有多大，危机传染就会有多广。其次，复杂的担保链条导致一家企业发生危机会迅速传导到整个链条上的企业，引发危机的不断传染与扩散。再次，民间借贷资金来源的复杂性致使危机很容易扩散到金融领域与实体经济领域。最后，民众的“恐慌效应”与“刚性兑付预期”叠加信息的不完全与失真会加速民间借贷危机的快速传导。民间借贷呈现典型的区域性特征，因此，不同区域的民间借贷风波或危机，冲击的领域与市场也会有所差异。有些会冲击与传染至实体经济，甚至引发区域性的经济危机；有些则会传导至金融市场，对资本市场甚至是区域性金融市场造成较大的影响；有些民间借贷危机的爆发则会对司法领域与社会稳定产生较大的冲击。

第六，民间借贷快速发展的同时，相应的监管却未能跟上形势变化。民间借贷从事的是资金与风险的生意，属于金融领域，而金融领域相比于其他行业最大的特点在于其巨大的流动性，稍有不慎，极易引发危机。2010 年以来，民间借贷规模急剧增加、民间借贷发展形式丰富、民间借贷机构更加多样、民间借贷网络与资金来源更加复杂，如果未将其纳入常规的监管体系，不对资金的来源、投向、杠杆倍数、利率等加以严格的监管，可以想象危机爆发是必然的事情。然而不幸的是，政府推出相关政策之后，只注重政策的实施效果而忽略对发展中的监管，不论是 P2P 投资理财咨询类公司，还是其他类型的民间借贷机构，相关部门和地方政府都疏于对民间借贷的监测、预警与监管，有时甚至为了促进地方经济的发展有意忽略，还有些民间借贷异化为庞氏融资和骗局，这些都为危机的发生埋下了种子。

第七，居民金融素养不足与借款人道德风险是民间借贷危机周而复始爆发的内在深层次根源。大部分民间借贷参与者的风险意识薄弱，甚至无法区分合法与非法，更不用说投资项目的风险识别。投资中的“盲从效应”与“恐慌效应”非常明显，投资时盲目跟投，一有风吹草动，就盲目恐慌，加速资金链的断裂，加大风险与危机的传染。此外，投资中的刚性兑付预期强烈，不能承受投资失败的风险，一旦不能满足其兑付要求，便会通过极端手段向政府施压，给社会稳定带来巨大隐患。然而，如果政府深度介入处理，就会进一步强化投资者的刚性兑付预期，不利于投资者的风险教育。如果任其不管，就会引发更大的社会风波，政府介入的时机与力度非常关键。与此同时，民间借贷市场中借款人的道德风险是民间借贷风险与危机爆发的重要根源。一些借款人将取得的资金不是投向实体生产，而是投向高风险项目，投向投机性资产，如房地产、农产品炒作甚至是股票投机等。一些借款人将通过虚构项目取得的资金从事高利贷生意，甚至有些借款人玩起“借新还旧”的庞氏骗局游戏。民间借贷主体双方天生的缺陷与不足也是一轮又一轮民间借贷风波与危机爆发的根源。

9.1.2　民间借贷危机治理的具体路径

根据前文的分析可知：要化解民间借贷危机，还要从民间借贷发展的根源、民间借贷风险的防范及民间借贷危机的传染与处理等视角出发，系统性地探讨民间借贷危机的治理路径。

第一条路径，深化金融改革。鉴于民间借贷大规模发展的根源在于金融抑制下的资金需求与投资均未得到满足，国家应通过深化金融改革，发展金融市场，提供更丰富的金融产品，以此化解金融抑制。解决中小微企业的融资需求与居民财富投资的渠道和产品，是防止民间借贷危机爆发的最重要的基础和前提。

第二条路径，民间借贷的规范发展与监管，实现民间借贷从地下、不规范发展转变为公开、规范的发展。隐蔽、野蛮、不规范的民间借贷发展本身就是一个风险不断积累和爆发的过程。对于相关政府部门与资金出借者而言，由于信息的不公开、不透明，他们很难关注到市场的风险；而等他们意识到风险的时候，也许已进入危机爆发、不可逆转的时点。民间借贷属于金融的范畴，金融行业的特点就是流动性强，其从事的又是风险管理行业，相对于其他任何行业而言，风险本身就大许多；因此，必须将民间借贷纳入公开、规范的规则和监管体系，实现民间借贷的可持续发展。

第三条路径，防范与化解民间借贷风险之路。风险防范与化解是预防危机爆发的重要路径，监管部门与市场各类主体一方面要降低民间借贷的违约率，防止危机的发生，另一方面要预防违约后危机的发生与传导。因此，一是要构建现代化的征信机制，将民间借贷违约纳入其中，构建新型的诚信约束与惩戒机制。二是要利用大数据风控技术加强对借贷行为的前端风险控制。三是要加强投资者的金融素养教育，提升他们对风险的认知，消除刚性兑付的预期，以降低投资失败后引发的社会风险。四是加强借贷平台从业人员与借款企业财务负责人的金融伦理与职业素养教育。

第四条路径，危机爆发后的处理。危机爆发后的应对与处理是不得已而为之，因此，国家应当更加注重预防危机的发生。如果前面三条路径都做好了，危机发生的概率就会大幅降低，即使发生危机，规模与影响都将比较小，对资金出借人的损失、对经济金融的冲击、对社会的冲击也会比较小。当然，民间借贷危机一旦发生，政府及相关主体就需要迅速介入处理，理清风险源与传导链条，出台有针对性的政策与措施，将损失降到最低，做好处理应对之策。

9.2 民间借贷危机的治理对策与建议

根据前文的分析和上一节关于民间借贷危机具体治理路径和步骤的分析，本书提出如下对策和建议：

9.2.1　深化金融改革，化解金融抑制

1. 深化金融改革，推动金融机构与金融市场的发展

民间借贷的根源在于金融二元主义和金融抑制，因此要真正破除民间借贷及其产生的危机，首先需要深化金融改革，引入竞争，破除垄断，真正推动金融机构与金融市场的发展，让其更好地服务于中小微企业、更好地服务于投资者。具体来说，应当从以下几个方面着手：

（1）进一步放开民营资本对银行的准入，严格牌照管理，允许更多民间资本在时机和条件成熟时，开办更多的民营银行，特别是互联网银行。引入更多的民营银行，这样既能满足民间资本的投资需求，也能打破国有银行的垄断，加强竞争，推动银行等正规金融机构更好地满足中小微企业的融资贷款需求。当然，在鼓励发展的同时，相关部门一定要加强监管。

（2）引入社区银行，鼓励村镇银行等微金融机构发展。社区银行是指在一个特定区域范围内经营的，为中小企业和居民家庭服务的小型商业银行，目前我国尚未引入社区银行。村镇银行指的是经过金融监管部门批准，在县域及以下地区设立，主要服务“三农”和小微企业的银行。这两类小微银行一般都会在特定范围内进行经营，由于本土优势，其对当地居民、个体工商户及中小微企业的信息掌握得较好；因此，其在提供资金融通的过程中，能较好地克服信息不对称的问题，而这是传统正规金融在发展的过程中面临的问题之一。而且，社区银行与村镇银行可以更好地提供普惠金融服务，满足更多中小投资群体对资金的需求。

我国可以充分借鉴美国社区银行的经验，鼓励民间资本或民间借贷机构成立社区银行，或整合和发展区域性的信用合作社和村镇银行。一方面将民间借贷机构转型纳入正式金融的框架，降低监管成本。另一方面保证普惠金融可以通过社区银行和村镇银行到达基层，减轻基层个人和中小微企业对不规范民间借贷的依赖。当然，最重要的一点是，一定要加强社区银行和村镇银行的内部治理和风险控制，同时要严格限制社区银行和村镇银行的经营范围，应当限定在县域范围内，不允许跨区域经营，这样才能充分发挥其信息优势。

（3）要大力发展金融市场，丰富金融产品，增加投资渠道。综观新常态以来民间借贷危机爆发的根源可知，居民财富的巨大增长与投资渠道匮乏之间的矛盾，迫使其将资产投到风险巨大的民间借贷市场。如果居民有更多的市场和产品选择，不能说不会投资于民间借贷，但至少投资的规模会下降许多。为此，国家必须加大力度发展股票市场、债券市场等直接融资市场，同时也要加大力度发展保险市场、私人财富管理等金融市场，丰富各类金融产品，为居民投资提供更多渠道，也为企业融资提供更多可选择的产品。将民间的资本引入正规金融市场，做大做强各类金融市场，同时也能为更多企业提供资金。

2. 大力发展数字普惠金融

数字普惠金融利用现代互联网数字技术，可以很好地将金融服务覆盖“长尾群体”。互联网银行的发展以及银行推出的手机 APP 业务，就是典型的数字普惠金融业务，其为居民、个体工商户及中小微企业等主体提供更方便、更快捷的资金融通渠道，成本也更加低廉，能够极大地缓解各类主体对资金的需求。比如，建设银行 APP 推出的各类信用贷、四川新网银行推出的好人贷等，这些业务的推出不仅让各类主体可以更快捷、灵活地获得资金，而且其对贷款主体的信用刻画都是通过大数据分析进行，可以极大地降低违约风险。比如，微众银行推出了微粒贷、小鹅花钱、We2000 金融等产品，服务的对象覆盖个体工商户、新蓝领及年轻白领等群体，其产品无抵押、无担保，可贷额度在 500 元到 30 万元之间，贷款日利率在 0.02%～0.05%，既可以满足小微企业的融资需求，也可以为有需要的群体提供应急资金。数据显示，截至 2019 年末，微众银行共有超过 2800 万客户，微粒贷累计放款额超过 3.7 万亿元。

3. 推行中小微企业融资指标监管，推进银行等正规金融机构向中小企业提供更多资金支持

单纯从市场化运作原则来看的话，银行会排斥向中小微企业贷款，这既是由中小微企业所有制属性决定的，也是因为中小微企业等主体信息不完备以及未来的更大不确定性所致。银行单纯地从市场化原则来考虑的

话，也会排斥向中小微企业贷款。因此，简单地依靠市场调节来引导银行向中小微企业贷款是很难的，必须要有综合性措施，如对中小微企业贷款的财政补贴，引入对银行向中小微企业贷款的考核指标等，通过监管考核指标的约束性与发展性设定，引导银行等为中小微企业发展提供融资服务。自2018年以来，银保监会推出了相关举措，比如，2018年，银保监会对银行业普惠型小微企业贷款提出“两增两控”目标；提出争取三年以后，银行业对民营企业的贷款占新增公司类贷款的比例不低于50%。2019年3月，银保监会提出，5家大型银行要充分发挥“头雁”效应，力争总体实现“普惠型小微企业贷款余额较年初增长30%以上”的目标；并允许银行适当提高小微企业不良贷款容忍度。

9.2.2 推进民间借贷规范化发展对策

1. 加强政策与法律的顶层设计，支持民间借贷的合法、合规及可持续的发展，同时严厉打击非法集资等违法行为

第一，我国当前关于借贷的法律条文主要分散于《中华人民共和国民法通则》《中华人民共和国合同法》《中华人民共和国担保法》《中华人民共和国刑法》等法律，最高人民法院关于民间借贷的司法解释以及国务院相关部委的行政法规当中，没有出台一部关于民间借贷规范的法律法规。此外，根据美国、日本以及我国台湾地区的民间借贷发展及转型的历史来看，都是政府先出台法律法规规范民间借贷，促进其发展，然后在其成熟的基础上推进其向中小银行、商业银行等模式转型。因此，我国亟须出台一部完整的法律来规范约束民间借贷，避免主体和行为的边界不明确，监管的主体不清晰等诸多弊端。因此，建议时机成熟的时候出台《民间借贷法》，一是明确民间借贷的法律地位，确保有关政策的稳定性与可持续性，避免政策不稳定导致民间借贷发展的剧烈波动。二是规范各种类型的民间借贷机构与形式。三是对放贷人和借款人的主体资格、牌照发放、经营业务及范围、借贷利率等做出明确规定。

第二，必须加强对于非法的借贷行为的严厉打击力度，以防止出现集资诈骗、套路贷等违法违规行为，保障民间借贷的合规发展。这样既能使

民间借贷在阳光下运行，又推动其规范、有序发展，同时可以大幅降低非法民间借贷发展产生的高风险。

第三，在推进民间借贷发展的过程中，可以采用先行试点改革的方式逐步推进，就如本书在异质性实证分析中提到的，不同区域经济发展程度、民营经济发达程度不一样，影响民间借贷发展与危机的因素也不一样。因此，在推进其规范发展的过程中，可以采用先在民营经济发达的地区先行试点、总结经验，然后逐步推广的策略。

2. 所有从事民间金融的机构与公司必须持牌照经营，并纳入地方金融监督管理局的统一监管体系

由于民间借贷从事的是资金生意、管理的是金融风险，加之其流动性很强、风险积聚很快，危机爆发突然而且传染快且强，因此要做好民间借贷风险的防控，防止民间借贷危机的爆发。要做好民间借贷风险的防控，必须加强对民间借贷的监管，将其纳入地方金融监管体系。

首先，因为类金融机构资金聚集能力强、资金匹配能力强，但在发展的过程中他们往往注重对规模的追求而忽视对项目风险的把控，而且，很多借贷业务游走在灰色甚至是非法地带，极端的情况有集资诈骗与“庞氏骗局”等，因此，从事民间借贷的类金融机构必须持牌照经营，有关部门必须对申请牌照的主体实行一定的资格限制，必须达到基本的资金要求、人才要求及其他规范要求，才能申报；只有在治理结构与内部风险控制体系达到一定标准之后才能对其发放牌照。

其次，必须加强过程监管，加强监测与预警，而不仅是审核牌照。一是要充分发挥地方金融监督管理局的作用，建立民间借贷监管中心，加强监管机构与银行、工商、行业协会和个体民营经济协会之间的沟通协作；对民间借贷资金的用途、利率进行全方位监测、预警及监管，及时向社会各界发布动态信息，引导民间借贷规范化发展，提升资源配置的效率。二是随着金融科技的不断发展，要利用现代化的信息手段加强监管，以适应形势变化的需要。三是由于金融的流动性特别强，一定要加强对资金流向的监管，将其纳入统一的平台监管，这样才能降低民间借贷发展的风险

积累。

3. 民间借贷严禁跨区域经营

传统的民间借贷是基于血缘、亲缘、地缘而建立的交易行为，其信息优势完备同时具有“声誉约束”机制，使得传统的民间借贷违约率很低。但随着借贷规模、地域范围的扩大及借贷链条的延伸，信息优势越来越小，而违约成本越来越低，这导致违约率不断上升、风险不断积累。民间借贷本来就是高风险业务，它相对于银行等正规金融机构而言优势就在于信息优势，传统的“声誉约束”机制可以发挥作用；而劣势就在于人才、资本及风控手段的欠缺与不足。因此，民间借贷的发展应该顺其优势，而不是逆其劣势。这样必须严格限制民间借贷的经营范围，禁止跨区域经营。例如，小贷公司等的经营范围应该限制在省域范围内，其他类金融公司或居间人机构及放贷人则应该严格限制在市域或县域范围内[①]。常规的监管过程中，一旦出超地域范围经营，应该采取严格措施，甚至可以吊销相关业务牌照。

4. 既要控制民间借贷的总体规模，又要控制单一主体与项目的规模

第 5 章我们分析过，民间借贷规模野蛮式增长、高风险式增长是民间借贷危机爆发的主要原因之一。而控制高风险的民间借贷规模是防范民间借贷危机的重要举措。因此，上文提出的对策建议中，无论是消除金融抑制、发展社区银行、数字普惠金融等金融深化改革举措，还是推动民间借贷的阳光化、规范化的发展之路，其实都是在降低民间借贷总体规模，特别是降低高风险民间借贷规模方向上的努力。除总体规模的控制之外，单一主体与项目的规模也应该受到控制。民间借贷的初衷是解决中小企业或居民对资金的贷款，应该是一种普惠金融性质，而不是鼓励民间借贷追求规模与利润，应该是在提供普惠金融服务的同时控制好风险。因此，对个人借贷应当遵循“小额、分散”的原则，对个人小额单笔贷款应该控制上

① 前文已进行相关说明，市域范围是指地级市的范围，县域范围是指县级区域范围。

限规模。而对于企业的借贷，应对其投放领域以及单一企业额度投放进行比例控制，诸如某一产业领域额度不要超过一定比例，单一企业投放额度不能超过其净资本的一定比例等，具体规定宜由各省地方金融监督管理局根据本省的实际情况来制定。同时对于国家限制发展的产业要严格限制贷款投放等。

5. 严格限定贷款利率的上限，严厉打击非法高利贷行为

过高的资金成本是引发风险和危机的重要因素，高利率往往对应着高风险。在民间借贷自身风险防控能力不足的同时，要严格限定利率上限以阻止高风险项目流入民间借贷市场，进而导致民间借贷领域风险的上升。此外，高利贷往往还会引发严重的社会问题，如暴力催债等与黑社会勾结的违法犯罪行为，2017 年发生的“于欢杀人救母案”就是高利贷逼债的一个典型案例。因此，在进行贷款规模限制的同时，非常有必要限定贷款的利率上限。当然，许多经济学家对民间借贷限制利率曾提出许多不同意见，认为民间借贷利率应随借贷风险的高低来定。但我们通过对民间借贷危机的机理和根源的分析可知，民间借贷机构与市场投资主体的风险识别能力本身就弱，我们应当通过限定利率上限，将高风险项目排除在外，以降低民间借贷的整体风险。

9.2.3 加强民间借贷风险的防范与化解

1. 加强征信体制、机制的建设和完善，构建新型的诚信约束与惩戒机制

传统的“声誉约束”机制失效加之新的诚信约束与惩戒机制尚未建立，容易引发违约风险。因此，必须构建新形势下的约束与惩戒机制，对民间借贷的违约者形成强大的约束，迫使其不能轻易违约，如果违约就要付出巨大的代价。当前，官方权威的征信系统来自中国人民银行，包括企业信用信息基础数据库和个人信用信息基础数据库。企业信用信息基础数据库主要包括企业信用的相关数据；个人信用信息基础数据库包括来自金融系统的信息，如法院民事判决、欠税等公共信息，以及与生活的相关缴费等信息。经过多年的发展，相关信息已较为全面，但仍有很多数据未被

纳入，比如，各个地方政府建立的“黑名单”数据，特别是民间借贷违约的相关数据完全没有纳入征信数据库；数据尚无法进行全面共享，存在“数据孤岛”效应，全面的征信体系还未形成。

因此，为了更好地构建有效的诚信约束与惩戒机制，一方面，需要由中国人民银行牵头，联合银保监会、证监会、金融办、工商局、税务局、法院及各级地方政府部门建立共享互通的征信数据平台，并需要将各类违约数据纳入平台，进一步完善征信数据库。另一方面，需要积极发挥市场的作用，加快建设市场化的征信体系。特别是在大数据时代，要加快推进企业与个人信用评级公司的发展。要向市场投放更多的牌照，形成相对充分的竞争。只有这样才能构建一个相对全面和完善的征信体制，进而对民间借贷违约形成强大的约束。

2. 民间借贷机构可引入大数据风控机制，降低借贷风险

当下，大数据风控在线上借贷业务、消费金融、融资租赁等领域都得到广泛的应用。大数据风控告别过去的经验主义风控管理办法，通过采集大量借款主体的指标信息如年龄、学历、负债情况，社保流水信息等对其进行侧面画像，并通过信息共享等手段保证信息认证的真实性，通过建构模型对借款主体进行信用评级和风险提示，资金方根据这些信息来判断是否同意该项借贷方案，这解决了传统信贷风控的时滞性问题，降低了逾期还款的违约风险。事前通过平台征信数据对民间借贷参与主体的信用刻画，市场化筛选符合民间金融活动标准的双方，可以避免信息不对称造成的利率过高和潜在的金融风险。事中通过关注银保监、证监、工商、税务的财务数据变化来分析并预测其风险。事后则对民间借贷活动双方的表现有一个评分上的浮动，以及本次民间借贷活动中借贷双方非核心信息的风险披露。对于逾期、违法的民间借贷机构，由于征信数据的存在，法院可做到有据可依，这样便加强了对民间金融借贷双方的约束，提高了违规违法的成本。

因此，未来，民间借贷机构可通过引入大数据风控，降低风险、提高收益；当然这需要政府适当放开对个人和企业征信评级业务的限制，鼓励

市场适当的竞争，鼓励信用评级业务的发展。

3. 建立合格投资者制度以及加强对出借人金融素养的教育

参与人金融素养的缺乏，比如投资的不理性与盲目跟风，对风险的识别能力很弱，刚性兑付意识强，对信息无法判断真假，会出现盲目恐慌。在我国，特别是中老年群体金融素养更是糟糕。出借人金融素养的缺失是加剧民间借贷剧烈波动的重要原因，也是导致民间借贷危机发生的一个重要原因。进入民间借贷很大一部分是低收入群体，而且这部分群体因为不能及时兑付本息很容易引发社会不稳定隐患。因此，解决以上问题有两个办法：一个办法是引入合格投资者概念，对于达不到一定风险识别的群体不应该允许他们进入持牌照经营的民间借贷市场①。另一个办法是加强对这批群体的教育和宣传。一方面，加强金融知识宣传，对于中青年群体通过“三微一端”开展各类金融知识宣传教育活动，持续向公众推送简单易懂、实用的金融小知识和风险提示来调动公众的学习热情，使得金融教育的普及能够系统化、常态化，对于老年群体进行拉横幅、发传单、贴标语式的传统宣传，同时向基层深入，银行等金融机构应当充分发挥自身的专业优势，主动承担起金融教育宣传的责任，联合街道办、居委会、村委会走街串巷向居民普及金融基本知识。此外，利用网络平台主动科普和宣传金融知识，提高公众金融知识水平和风险防范意识。另一方面，针对目前较为猖狂的违法校园贷，开设金融相关课程，采用选修与必修相结合的方式，引导大学生树立金融安全观念，创新教学方式，聚焦相关实例，用讲故事的方式来激发学习动力，深化校企合作，邀请在职金融精英开设金融学术性讲座或案例分析课程，为推动全国居民金融素养提升提供重要抓手。

4. 加强金融伦理与职业素养教育，为企业与机构培养高素质金融人才

前文提及过，民间借贷危机爆发的根源之一在于借款人的道德风险。

---

① 传统的个人之间的民间借贷是可以按照传统继续顺其自然地发展的，不需要政府去过多干涉。

因此，在各级教育体系当中，尤其是为金融机构培养人才的高校和高职院校中，应加强金融伦理与职业素养教育，为行业输送高素质人才。同时，应建立一套由各金融监管机构、地方金融监督管理局、行业协会以及各类金融企业组成的多层次的人才教育培训体系，针对各级各类人才开展金融伦理与职业素养教育。另外，针对民间借贷机构人才匮乏，风险控制手段和能力欠缺，致使许多中介机构推荐到市场的项目都是高风险项目的问题，一方面要靠学校和市场培养人才，另一方面可由地方金融监督管理局以及行业协会共同开展相关人才培训，可与高校以及正规金融机构合作建立以金融伦理、职业素养与风险控制为核心的人才培训体系，加强民间借贷机构的人才培养。

9.2.4　民间借贷危机爆发的应对之策

1. 一旦爆发危机，地方政府必须果断介入

每个区域民间借贷危机的风险源、传导路径和链条等都不一样，因此，各地政府都要根据当地危机的实际情况采取措施和手段。在地方民间借贷危机爆发后，当地政府应在第一时间出面，找到风险源，分析风险传导链条并采取果断措施斩断传导链条，控制危机的进一步传染，避免形成区域性的经济金融危机或社会危机。无论是 2011 年温州民间借贷危机、2014 年底南充的民间借贷风波还是 2015 年股灾，其发生及处理都深刻表明政府要在危机爆发的第一时间及时介入。

政府在民间借贷危机形成的关键时刻要入场斩断风险传导链条。如 2015 年“股灾”，高杠杆场外配资是股市异常波动的主要原因，这是一场投机性的危机，其中场外配资过程中出现了民间借贷的影子，如果放任其市场化而不管，危机就会传导至社会各个层面。因此，除证金公司等国家队直接入市外，证监会和有关部委密切配合，陆续出台了系列举措，特别是针对限制股市期、现套利投机，限制高频交易市场冲击及降杠杆等方面的措施，政府在关键时刻的入场，并通过一系列措施稳定了市场情绪。综观各民间借贷危机案例，中央政府和地方政府关键时刻的入场，都是切断风险向民生领域的传导，无论是对民间借贷机构的破产清算，还是对赃款

赃物的追缴挽损等皆是在市场无法解决危急时刻的入场维稳，是通过政策强制执行来达到维稳目的。

2. 守住政府职责的底线和边界，推进债务违约的市场化、法治化处理

首先，危机处理要坚持市场化的原则，要让民间借贷的相关参与方，比如借款方、平台方以及出借方承担市场处理的主体责任，参与各方应该要对自己的决策行为负责。同时，政府要为市场处理提供服务或做好协调，而不能在危机处理过程中去兜底，去强化投资者的刚性兑付预期，去强化投机者认为政府买单的预期。要搭建资金出借方、借款方、中介机构的沟通渠道，消除投资群众的恐慌情绪，同时在做好前置安抚工作的基础上，可以架构通道引入市场机制开展追赃挽损工作。但如果市场机制完全失灵，债务人与平台机构故意逃避责任、逃废债务，投资群体漫天要价扰乱社会秩序。那政府就必须要强势介入处理，让相关主体承担相应的责任与义务。其次，坚持法治化的处理原则，尽量纳入法治化轨道去化解矛盾，相关诉讼案件做到应立尽立。同时，对其中涉及违法犯罪的行为，应构建公检法协同机制，从严从重从快处理恶性违法犯罪行为，让其付出惨重代价。

面对危机，政府的主要职责在于找到风险源，斩断风险链条，隔断风险的传导，避免危机的无限蔓延，要在关键时刻维持社会稳定，稳住市场信心，确保社会安定。对于债务违约，一定要让市场参与主体承担主体责任，要打破刚性兑付，以法治化与市场化为原则推进债务违约的化解和处理。对于集资诈骗等违法犯罪行为，政府要出面严厉打击，做好追赃挽损，降低群众损失。

9.3 本章小结

总的来说，民间借贷危机治理的重中之重应该体现在对民间借贷危机的预防上，而不是在其发生之后的应对处理上。为此，第一，要通过金融深化改革，化解金融抑制，降低民间借贷规模，这是预防民间借贷危机的

最根本性举措。第二，要通过加强法律与政策的顶层设计推进民间借贷的阳光化与规范化发展，避免民间借贷的地下与野蛮增长，因此，应出台相关法律明确民间借贷的法律地位，实施路径上可以采用先行试点、积累经验、逐步推广的改革办法。第三，要加强对民间借贷的监测、预警和全方位监管，要限定民间借贷的经营区域、限制民间借贷的总体规模及单一规模、禁止高利贷、限定利率上限①等，具体的监管要求可以由省一级的地方金融监督管理局根据各自的实际情况进行细化。第四，建设包含民间借贷违约数据在内的新型诚信约束与惩戒机制，引入大数据风控机制，以大幅增加违约成本，降低民间借贷的违约风险与违约率。第五，要加强对出资人的金融素养教育以及对借款人与借贷机构的金融伦理与职业素养教育，降低由投资人金融素养不足而带来的民间借贷规模的剧烈波动以及危机爆发后的加速传染与扩散，增强借款人的契约意识和责任。第六，如果危机一旦发生，地方政府就必须要在第一时间介入处理，找到风险源、斩断风险链条，稳定市场信心，避免危机和风险的任意扩散，而在债务违约的处理过程中，必须坚持市场化、法治化的原则，避免政府兜底进而强化投资人的刚性兑付预期以及助推借款人的投机意识。但如果市场机制失灵，债务人与借贷机构故意逃避责任、逃废债务，投资群体漫天要价扰乱社会秩序，政府就必须要强势介入处理，让相关主体承担相应的责任与义务，保证市场机制的良好运行。

① 最新的司法解释已明确民间借贷利率不能超过4倍LPR。

参考文献

[1]Adams D W, Vogel R C. Rural financial markets in low - income countries: Recent controversies and lessons[J]. World Development, 1986, 14(4): 477 - 487.

[2]Allen F, Gale D. Financial contagion[J]. Journal of Political Economy, 2000(1): 1 - 33.

[3]Atieno R. Formal and informal institutions' lending policies and access to credit by small - scale enterprises in Kenya: An empirical assessment[R]. Working Papers, 2001.

[4]Allen F, Jun Qian, Meijun Qian. Law, finance, and economic growth in China[J]. Journal of Financial Economics, 2004, 77(1): 57 - 116.

[5]Aoki K, Nikolov K. Bubbles, banks and financial stability[J]. Journal of Monetary Economics, 2015(74): 33 - 51.

[6]Acemoglu D, Ozdalar A, Tahbaz - Salehi A. System risk and stability in financial networks[J]. American Economic Review, 2015(105).

[7]Allen F, Meijun Qian, Jing Xie. Understanding informal financing[J]. Journal of Financial Intermediation, 2019, 39(C): 19 - 33.

[8]Babu S, Mohan U. An integrated approach to evaluating sustainability in supply chains using evolutionary game theory[J]. Computers and Operations Research, 2018, 89(1): 269 - 283.

[9]Coase R H. The problem of social cost[J]. Journal of Law and Economics, 1960(3): 1 - 44.

[10]Cifuentes R, Ferrucci G, Shin H S. Liquidity risk and contagion [J]. Journal of the European Economic Association, 2005, 3(2/3): 556 –566.

[11]Cardaci A, Saraceno F. Inequality, financialisation and credit booms – a model of two crises[R]. SEP Working Papers, 2016.

[12]Chen W, Hu Z H. Using evolutionary game theory to study governments and manufacturers' behavioral strategies under various carbon taxes and subsidies[J]. Journal of Cleaner Production, 2018(201):123 – 141.

[13]Diamond D W, Dybvig P H. Bank runs, deposit insurance, and liquidity[J]. Journal of Political Economy, 1983, 91(3): 401 –419.

[14]Fry,Isaksson A. The importance of informal finance in kenyan manufacturing[R]. The United Nations Industrial Development Organization Working Paper,1984.

[15]Giesecke K, Weber S. Cyclical correlations, credit contagion, and portfolio losses[J]. Journal of Banking and Finance, 2003, 28(12): 3009 –3036.

[16]Guiso L, Sapienza P, Zingales L. The role of social capital in financial development[J]. The American Economic Review, 2004, 94(3): 526 –556.

[17]Goodnight C J. Multilevel selection: The evolution of cooperation in non – kin groups[J]. Population Ecology, 2005, 47(1):3 –12.

[18]Gai P, Kapadia S. Contagion in financial networks[J]. Proceedings of the Royal Society A: Mathematical, Physical and Engineering Science, 2010 (466): 2401 –2423.

[19]Gao X, Shen J, He W, et al. An evolutionary game analysis of governments' decision – making behaviors and factors influencing watershed ecological compensation in China[J]. Journal of Environmental Management, 2019, 251(12).

[20]Hoff K, Stiglitz J E. Moneylenders and bankers: Price – increasing subsidies in a monopolistically competitive market[J]. Journal of Development Economics, 1998, 55(2): 429 –462.

[21]Isachsen A J, Strm S. The hidden economy: The labor market and tax

evasion[J]. The Scandinavian Journal of Economics, 1980, 82(2): 304 –411.

[22]Kroop E, et al. Linking self – help groups and banks in developing countries[M]. Escborn: GTZ – Verlag, 1989.

[23]Kratnen J P, Schmdit R H. Developing finance as institution bukld-ing, boulder[M]. San Francisco an Oxford: Westview, 1994.

[24]Kiyotaki N, Moore J. Balance – sheet contagion[J]. The American E-conomic Review, 2002, 92(2): 46 –50.

[25]Loayza N V. The economics of the informal sector: A simple model and some empirical evidence from Latin America[J]. Carnegie – Rochester Con-ference Series on Public Policy, 1996, 45(1):129 –162.

[26]McKinnon R I. Money and capital in economic development[J]. A-merican Political Science Review, 1973, 68(4): 1822 –1824.

[27]Meghana A, Demirgü – Kunt Asli, Vojislav M. Formal versus informal finance: Evidence from China[J]. Review of Financial Studies, 2008, 23(8): 3048 –3097.

[28]Shaw E S. Financial deepening in economic development[M]. Lon-don: Oxford University Press, 1973.

[29]Stiglitz J E, Weiss A. Credit rationing in markets with imperfect infor-mation[J]. The American Economic Review, 1981, 71(3): 393 –410.

[30]Steel W F, Aryeetey E, Hettige H, et al. Informal financial markets under liberalization in four African countries[J]. World Development, 1997, 25(5): 817 –830.

[31]Santos M S, Woodford M. Rational asset pricing bubbles[J]. Econo-metrica, 1997, 65 (1):19 –57.

[32]Smith M. Game theory and the evolution of behaviour[M]. Cambridge University Press, 2010.

[33]Tuyls K. Symmetric decomposition of asymmetric games[J]. Nature, 2018(8): 1015.

[34]Woodruff C. Firm finance from the bottom up: Micro – enterprises in

Mexico[D]. Stanford University,2001.

[35]Zagaris B. Problems applying traditional anti – money laundering procedures to non – financial transactions,“parallel banking systems” and Islamic financial systems[J]. Journal of Money Laundering Control, 2007, 10(2): 157 – 169.

[36][美]道格拉斯·C. 诺思. 经济史中的结构与变迁[M]. 陈郁,罗华平,译. 上海:上海人民出版社,1994.

[37]富兰克林·艾伦,道格拉斯·盖尔. 理解金融危机[M]. 张健康,臧旭恒,译. 北京:中国人民大学出版社,2009.

[38]查尔斯·P. 金德尔伯格,罗伯特·Z. 阿利伯. 疯狂、惊恐和崩溃:金融危机史(第七版)[M]. 朱隽,叶翔,李伟杰,译. 北京:中国金融出版社,2017.

[39]安强身,胡金焱,姜占英. 民间金融互联网化:现实观照与理论思考[J]. 经济学家,2017 (10):86 – 95.

[40]毕德富. 宏观调控与民间借贷的相关性研究[J]. 金融研究,2005(8):188 – 191.

[41]巴曙松,左伟,朱元倩. 金融网络及传染对金融稳定的影响[J]. 财经问题研究,2013(2):3 – 11.

[42]北青网. 校园贷诈骗案数据受骗人数约 3679 人[EB/OL]. (2017 – 06 – 23)[2021 – 04 – 15]. https://www.sohu.com/a/151414676_255783.

[43]陈伟鸿. 民营企业“关系融资”及其拓展[J]. 管理世界,2004(10):143 – 144.

[44]常明明. 私人借贷与农村经济和农民生活关系研究:以土改后中南区为例[J]. 中国农史,2007(2):83 – 94.

[45]陈学梅,孟卫东,胡大江. 国际合资企业中机会主义行为的演化博弈[J]. 系统工程理论与实践,2009,29(2):53 – 62.

[46]蔡四平. 规范我国民间金融发展的路径选择[J]. 中央财经大学学报,2011(2):21 – 26.

[47]陈晓. 温州民间借贷危机调查[J/OL]. (2021 – 11 – 11). 三联生

活周刊，http://www.lifeweek.com.cn/ 2011/1111/35694.shtml.

[48]陈志武，彭凯翔，朱礼军．清代中国的量化评估：从命案发生率看社会变迁史[J]．量化历史研究，2014(1)：229－258.

[49]陈宇峰，叶志鹏．金融体制改革的理论进展与实践经验：首届“温州金融改革与发展研讨会”综述[J]．经济研究，2014，49(5)：188－192.

[50]陈志武，林展，彭凯翔．民间借贷中的暴力冲突：清代债务命案研究[J]．经济研究，2014 (9)：162－174.

[51]陈康济．论中国民间借贷发展的机理与治理：基于温州案例的分析[J]．湖南科技大学学报（社会科学版），2014，17(3)：108－113.

[52]陈正江．浙江民间金融规范与创新发展的法制保障[M]．杭州：浙江工商大学出版社，2014.

[53]程金华．四倍利率规则的司法实践与重构——利用实证研究解决规范问题的学术尝试[J]．中外法学，2015(3)：684－716.

[54]陈峥．民间借贷与乡村经济社会研究：以近代广西民族地区为中心[M]．北京：经济日报出版社，2016.

[55]陈彦斌，刘哲希．推动资产价格上涨能够“稳增长”吗？——基于含有市场预期内生变化的DSGE模型[J]．经济研究，2017，52(7)：49－64.

[56]陈氚．中国民间金融市场的合法性变迁[M]．北京：中国社会科学出版社，2019.

[57]丁俊峰，刘惟煌，钟亚良．民间融资市场与金融制度[J]．金融研究，2005(12)：161－167.

[58]第一财经日报．温州规模工企六成减产停产形势严峻[EB/OL]．(2012－07－27)[2021－12－09]．https://www.yicai. com/news/1933956.html.

[59]戴新民．温州民间借贷危机：事件与制度[J]．财政研究，2013(2)：47－50.

[60]丁骋骋．改革开放以来温州的三次金融风潮与金融改革[J]．社会科学战线，2013(10)：54－62.

[61]邓路，谢志华，李思飞．民间金融、制度环境与地区经济增长[J]．管理世界，2014(3)：31－40＋187.

[62]丁骋骋．区域性民间金融风潮:中国式金融危机简史(1883—2015)[J]．财经理论与实践,2016,37(3):2-9.

[63]丁骋骋．民间借贷债务催收市场的田野调查与经济解释[J]．财经理论与实践,2019,40 (4):24-31.

[64]杜建徽．类金融企业的异质性及其对防范民间金融风险的启示[J]．上海经济,2017(4):97-104.

[65]董丰,许志伟．刚性泡沫:基于金融风险与刚性兑付的动态一般均衡分析[J]．经济研究,2020,55(10):72-88.

[66]方加春,李郁芬．民间"标会"引起的震荡与思考:福建省平潭县民间"标会"问题调查[J]．金融研究,1988(1):45-50.

[67]范恒森．论农村金融组织的发展与创新[J]．经济研究,1996(4):56-60.

[68]冯兴元．温州市苍南县农村中小企业融资调查报告[J]．管理世界,2004(9):53-66.

[69]费孝通．乡土中国[M]．上海:上海人民出版社,2006.

[70]方先明,孙利．民间金融风险:形成、传染与演化[J]．中央财经大学学报,2015(7):28-34.

[71]方先明,杨波,史兹国．民间金融风险形成、传染和治理机制研究——基于江苏民间金融发展的实践[M]．南京:南京大学出版社,2017.

[72]法治周末．历史尘埃中的"投机倒把罪"[EB/OL]．(2018-08-15)[2021-12-12]. https://page. om. qq. com/page/OfTbTK7bxDC6IX78b NLTA2Hw0.

[73]方意,邵稚权,陈经华,等．非法金融活动的识别监测框架研究[J]．学习与实践,2020 (9):54-65.

[74]樊英．供应链金融缓解中小企业融资难的优势及建议[J]．江苏商论,2021(1):87-90+96.

[75]高枫,黄祟祜,张震宇,等．温州民间信用调研[J]．金融研究,1993(2):66-70.

[76]郭斌,刘曼路．民间金融与中小企业发展:对温州的实证分析[J]．经济研究,2002 (10):40-46+95.

[77]郭田勇. 中小企业融资的国际比较与借鉴[J]. 国际金融研究,2003(11):44-48.

[78]高小琼. 制度背景、经济运行与民间借贷[J]. 金融研究,2004(12):135-139.

[79]高德仁. 农村资金需求:农村金融与民间融资——四川犍为县农村融资个案研究[J]. 金融研究,2005(12):169-175.

[80]葛立新,张国光,郭新强. 我国民间金融发展的内生机制和演化路径:一个理论分析[J]. 金融监管研究,2012(8):41-55.

[81]甘犁,尹志超,贾男,等. 中国家庭金融调查报告(2012)[M]. 成都:西南财经大学出版社,2012.

[82]郭云南,张琳弋,姚洋. 宗族网络、融资与农民自主创业[J]. 金融研究,2013(9):136-149.

[83]甘犁,李运. 中国农村家庭金融发展报告(2014)[M]. 成都:西南财经大学出版社,2014.

[84]高晋康,唐清利. 中国民间金融的规范化发展(2013)[M]. 北京:法律出版社,2014.

[85]甘犁,尹志超,谭继军. 中国家庭金融调查报告(2014)[M]. 成都:西南财经大学出版社,2015.

[86]耿志民,朱亚辉,赵兴盼,等. 民间借贷与非法集资的演化困境及其破解研究[J]. 福建论坛(人文社会科学版),2016(11):35-42.

[87]高晋康,唐清利. 中国民间金融的规范化发展(2015)[M]. 北京:法律出版社,2016.

[88]高晋康,唐清利. 中国民间金融的规范化发展(2016)[M]. 北京:法律出版社,2017.

[89]高晋康,唐清利,王方. 中国民间金融的规范化发展(2017)[M]. 北京:法律出版社,2018.

[90]甘犁,吴雨,何青,等. 中国家庭金融研究(2016)[M]. 成都:西南财经大学出版社,2019.

[91]高晋康,唐清利,汪蕾. 中国民间金融的规范化发展(2018)[M].

北京:法律出版社,2019.

[92]顾六宝等. 金融危机扩散指数的编制与应用研究[M]. 北京:人民出版社,2019.

[93]郭树清. 金融科技发展、挑战与监管[N]. 中国银行保险报,2020-12-09(001).

[94]国家外汇管理局. 金融科技发展、挑战与监管:郭树清在2020年新加坡金融科技节上的演讲[EB/OL]. (2020-12-10)[2021-11-28]. http://www.safe.gov.cn/shanghai/2020/1210/1423.html.

[95]高晋康,汪蕾. 中国民间金融的规范化发展(2019)[M]. 北京:法律出版社,2020.

[96]何田."地下经济"与管制效率:民间信用合法性问题实证研究[J]. 金融研究,2002(11):100-106.

[97]黄家骅,谢瑞巧. 台湾民间金融的发展与演变[J]. 财贸经济,2003(3):91-94.

[98]胡必亮. 村庄信任与标会[J]. 经济研究,2004(10):115-125.

[99]霍学喜,屈小博. 西部传统农业区域农户资金借贷需求与供给分析——对陕西渭北地区农户资金借贷的调查与思考[J]. 中国农村经济,2005(8):58-67.

[100]胡军,陈建林. 台湾和温州民间金融组织发展历程的比较分析——以合会为视角[J]. 南方金融,2008(8):35-38.

[101]韩俊. 中国经济改革30年(农村经济卷)[M]. 重庆:重庆大学出版社,2008.

[102]黄凯南. 演化博弈与演化经济学[J]. 经济研究,2009,44(2):132-145.

[103]胡金焱,张博. 民间金融、产业发展与经济增长——基于中国省际面板数据的实证分析[J]. 中国工业经济,2013(8):18-30.

[104]胡金焱,宋唯实. P2P借贷中投资者的理性意识与权衡行为——基于"人人贷"数据的实证分析[J]. 金融研究,2017(7):86-104.

[105]和讯网. P2P清零未了局:谁来为8000亿坏账买单?专家发话了

[EB/OL]．(2020－12－10)[2021－12－09]．https://baijiahao.baidu.com/s?id=1684866394514580315&wfr=spider&for=pc.

[106]蒋世绩．怎样看待当前农村诸种非银行信用[J]．经济研究,1985(1):53－57.

[107]姜旭朝,丁昌锋．民间金融理论分析:范畴、比较与制度变迁[J]．金融研究,2004(8):100－111.

[108]姜雅莉．农村民间金融利率浅析[J]．中国农学通报,2005(6):443－444＋450.

[109]鞠春彦．民间借贷的社会功能及其发展研究[J]．理论探讨,2006(2):128－130.

[110]蒋俊杰,柯迪．我国的民间借贷危机:成因、演变与治理对策[J]．云南大学学报(社会科学版),2014,13(5):44－48＋111.

[111]纪军令,朱力．何以根治非法集资类社会矛盾[J]．探索与争鸣,2016(11):83－87.

[112]匡桦．民间金融高利率成因:一个隐性成本的视角[J]．财经问题研究,2010(2):48－52.

[113]刘江,林风．苏北青沟民间资金市场调查[J]．金融研究,1987(11):45－46.

[114]劳苑．农村高利贷盛行的原因、危害和政策建议[J]．金融研究,1990(10):41－44.

[115]刘建进．中国农村的民间借贷[J]．中国农村经济,1993(3):57－61.

[116]李伟毅,胡士华．农村民间金融:变迁路径与政府的行为选择[J]．农业经济问题,2004(11):28－31＋79.

[117]李晓佳．发展经济体中的合会金融:台湾的经验[J]．中国农村观察,2005(2):13－24＋30－80.

[118]林毅夫,孙希芳．信息、非正规金融与中小企业融资[J]．经济研究,2005(7):35－44.

[119]林平,何伟刚,蔡键．民营企业融资结构的总体状况和差异分析:基于广东的实证[J]．金融研究,2005(11):172－183.

[120]林诚二．民法债编各论[M]．北京:中国人民大学出版社,2007(3):297.

[121]卢方元．环境污染问题的演化博弈分析[J]．系统工程理论与实践,2007,27(9):148-152.

[122]罗彤华．唐代民间借贷之研究[M]．北京:北京大学出版社,2009.

[123]李建军．中国未观测信贷规模的变化:1978—2008年[J]．金融研究,2010(4):40-49.

[124]李文燕,郭瑞萍．浅析政府干预在解决温州借贷危机中的重要性[J]．学理论,2012(34):114-116.

[125]卢斌,沈俊,姜祥林．不对称信息条件下民间金融风险传导效应分析[J]．当代经济,2013(17):106-108.

[126]李世财．"金融二元主义"框架下民间金融的风险解构[J]．江西社会科学,2013,33(11):62-65.

[127]刘少华,张赛萍．民间借贷效应分析与地方政府监管途径选择——以温州"民间借贷危机"为例[J]．财经理论与实践,2013,34(1):11-15.

[128]刘新华,李丽丹．我国民间借贷的演化路径及相关对策分析:基于金融不稳定性假说的视角[J]．陕西师范大学学报(哲学社会科学版),2013,42(3):22-28.

[129]陆成林．民间借贷蕴含的风险及其规范[J]．经济研究参考,2013(47):83-86.

[130]罗春婵,张荔．金融危机传导机制研究[M]．北京:北京师范大学出版社,2013.

[131]黎志刚．宋代民间借贷与乡村贫富关系的发展——以"富民"阶层为视角的考察[J]．古代文明,2015(3):105-111+114.

[132]李健,卫平．民间金融和全要素生产率增长[J]．南开经济研究,2015(5):74-91.

[133]李健,卫平．金融发展与全要素生产率增长:基于中国省际面板数据的实证分析[J]．经济理论与经济管理,2015(8):47-64.

[134]李富有,苏韶华．民间借贷对银行信贷和银行体系稳定性的影响[J]．华东经济管理,2015,29(5):90－96.

[135]李锦成,蔡蓓蕾．国际和国内影子银行研究:一个文献分析[J]．国外社会学,2016 (6):92－103.

[136]刘希章,李富有．民间金融属性特征、性态演进与规模测度[J]．暨南学报(哲学社会科学版),2017,39(10):1－10＋129.

[137]雷彦强．中国古代民间借贷利率研究[D]．郑州:郑州大学,2017.

[138]刘秋根．中国传统金融借贷研究[M]．北京:中国社会科学出版社,2017.

[139]林越坚．民间金融协同规制论[M]．北京:法律出版社,2017.

[140]罗兴,吴本健,马九杰．农村互联网信贷:“互联网＋”的技术逻辑还是“社会网＋”的社会逻辑?[J]．中国农村经济,2018(8):2－16.

[141]李义超,张小燕,高雅．民间借贷利率动态特征及决定机制——温州案例[M]．杭州:浙江工商大学出版社,2018.

[142]刘莉亚,梁琪．系统性风险的防范与化解[J]．经济学动态,2019(6):83－91.

[143]刘希章,李富有,孙梅艳．民间金融风险引发因素、生成机理及性态演变[J]．东岳论丛,2020,41(8):91－99.

[144]廖冠民,宋蕾蕾．非正规金融与资源配置效率[J]．经济科学,2020(3):60－72.

[145]刘佳．民间借贷竟穿上信托“马甲”4.4 亿合同被判无效[EB/OL].(2021－10－20)[2021－11－04]. https://baijiahao.baidu.com/s?id=1714097479176038478&wfr=spider&for=pc.

[146]毛金明．民间融资市场研究——对山西省民间融资的典型调查与分析[J]．金融研究,2005(1):146－153.

[147]马光荣,杨恩艳．社会网络、非正规金融与创业[J]．经济研究,2011,46(3):83－94.

[148]穆玲芝．民间借贷专门立法问题探讨[J]．人民论坛,2012(17):

88 - 89.

[149]蒙蒙．中国西部地区农村牧区民间借贷研究——以内蒙古自治区为主要研究对象[M]．北京:中国经济出版社,2013.

[150]穆玲芝．民间借贷法律制度完善[J]．人民论坛,2015(36):100 - 102.

[151]孟焕良．1986 乐清“会案”风波:罪名已成回忆[EB/OL]．(2018 - 12 - 10)[2021 - 11 - 04]．http://rmfyb. Chinacourt. org/paper/html/2018 - 12/10/content_146648. htm? div = 1.

[152]马骏,何晓贝,唐晋荣,等．金融危机的预警、传染和政策干预[M]．北京:中国金融出版社,2019.

[153]聂世富,罗彤,郭杰,等．民间借款弊多利少:农民家计户调查[J]．金融研究,1987(10):46 - 47.

[154]欧阳卫民．民间金融创新发展探索[M]．北京:中国金融出版社,2015.

[155]彭凯翔,陈志武,袁为鹏．近代中国农村借贷市场的机制:基于民间文书的研究[J]．经济研究,2008(5):147 - 159.

[156]潘彬,金雯雯．货币政策对民间借贷利率的作用机制与实施效果[J]．经济研究, 2017(8):78 - 93.

[157]潘彬,王去非,金雯雯．时变视角下非正规借贷利率的货币政策反应研究[J]．金融研究,2017(10):52 - 67.

[158]钱凯．民间借贷:理论、现实与制度重构[J]．山西财经大学学报,2005(10):123 - 128.

[159]邱兴隆．民间高利贷的泛刑法分析[J]．现代法学,2012(1):112 - 124.

[160]钱凯．我国民间借贷问题的观点综述[J]．经济研究参考,2012(12):49 - 57.

[161]钱穆．中国社会经济史讲稿[M]．叶龙,记录整理．北京:北京联合出版公司,2016.

[162]仇晓光．中国金融市场化改革中民间借贷规范化研究:以债权人利益保护为视角[M]．北京:中国社会科学出版社,2017.

[163]孙孝汉．民间借贷的经济性质与社会性质[J]．金融研究,1985

(8):37 -40.

[164]首次全国民间借贷利率学术讨论会召开[J]. 金融研究,1986(9):56 -58.

[165]史晋川,孙福国,严谷军. 市场深化中民间金融业的兴起——以浙江路桥城市信用社为例[J]. 经济研究,1997(12):46 -51.

[166]苏士儒,段成东,李文靖,姚景超. 从非正规金融发展看我国农村金融体系的重构:以宁夏盐池县、中宁县、同心县为例[J]. 金融研究,2005(12):131 -144.

[167]苏彩霞. 我国中小企业融资问题探析:基于美国和日本的经验[J]. 生产力研究,2011 (4):192 -194.

[168]史晋川. 人格化交易与民间金融风险[J]. 浙江社会科学,2011(12):25 -26.

[169]孙福兵,丁骋骋. 改革开放以来温州的三次金融风潮与金融改革[J]. 社会科学战线,2013 (10):54 -62.

[170]邵宇,秦培景. 危机三部曲:全球宏观危机、金融、地缘政治大图景[M]. 上海:中文汇出版社,2013.

[171]石涛. 民间非正式金融借贷风险:传染、嬗变与控制[J]. 湖北经济学院学报,2017,15(4):47 -52.

[172]童光辉,张奎燕. 中国古代政府管制思想史的研究路径刍议:在现代学理与历史经验之间[J]. 财经论丛,2014(12):91 -97.

[173]田晓忠. 2015 年宋代经济史研究综述[J]. 中国社会经济史研究,2017(1):91 -101.

[174]王育华. 乐清县民间金融风潮的透视和思考[J]. 上海金融,1989(2):18 -21 +1.

[175]王宣喻,储小平. 信息披露机制对私营企业融资决策的影响[J]. 经济研究,2002(10):31 -39 +94.

[176]王爱俭,张全旺,于学伟. 中国地下金融:发展现状与理论思考[J]. 财贸经济,2004 (7):35 -38 +95 -96.

[177]王元. 信息处理、博弈参与和农村金融服务中介[J]. 金融研究,

2006(10):162-168.

[178]王曙光,邓一婷. 民间金融扩张的内在机理、演进路径与未来趋势研究[J]. 金融研究,2007(6):69-79.

[179]吴国联. 对当前温州民间借贷市场的调查[J]. 浙江金融,2011(8):25-27.

[180]王先甲,全吉,刘伟兵. 有限理性下的演化博弈与合作机制研究[J]. 系统工程理论与实践,2011,31(S1):82-93.

[181]王建文,黄震. 论中国民间借贷存在的依据、问题及规制路径[J]. 重庆大学学报(社会科学版),2013(1):25-31.

[182]王洪斌. 冲突与和解:近代早期英国社会民间信贷及债务纠纷[J]. 上海财经大学学报,2013,15(2):10-15+23.

[183]王明琳,金波. 区域经济转型视角下民间金融与民营企业研究:民间金融、民营企业与区域经济转型升级(2013)研讨会综述[J]. 经济研究,2013,48(5):157-160.

[184]万江红,张翠娥,陈炉丹. 中国农村民间金融组织研究[M]. 北京:中国社会科学出版社,2013.

[185]王文书. 宋代借贷业研究[M]. 保定:河北大学出版社,2013.

[186]吴炳辉,何建敏. 中国利率市场化下的金融风险理论[J]. 财经科学,2014(3):1-10.

[187]王润,杨伏鸣,王小同. 温州市两次民间借贷风波比较[J]. 台州学院学报,2014,36(1):84-87.

[188]王林清. 民间借贷利率的法律规制:比较与借鉴[J]. 比较法研究,2015(4):185-200.

[189]王文书,王学博. 法律、伦理与民间借贷[M]. 保定:河北大学出版社,2018.

[190]王博,梁洪,张晓玫. 利率市场化、货币政策冲击与线上线下民间借贷[J]. 中国工业经济,2019(6):60-78.

[191]武航宇. 中国古代借贷契约中的义利观及其当代镜鉴[J]. 江汉论坛,2019(12):97-102.

[192]王海梅. 2018 年全国各地 P2P 发展报告:该地收益率最高[EB/OL].(2019 - 01 - 13)[2021 - 11 - 28]. https://baijiaha o. baidu. com/s? id = 1622546662841156470&wfr = spider&for = pc.

[193]王曙光. 地方政府行为与民间金融发展:温州钱会和非金融机构借贷的历史考察[EB/ OL].(2019 - 01 - 25)[2021 - 11 - 04]. https://www. sohu. com/a/291301356_488777.

[194]熊继洲,罗得志. 民营银行:台湾的经验与教训[J]. 金融研究,2003(2):12 - 21.

[195]谢平,陆磊. 金融腐败:非规范融资行为的交易特征和体制动因[J]. 经济研究,2003(6):3 - 13 + 93.

[196]萧芍芳. 台湾合会经验及其对中国大陆的启示[J]. 中国农村经济,2005(8):68 - 72.

[197]徐广忠. 互联网孕育金融新模式服务中小企业融资[EB/OL].(2011 - 07 - 21)[2021 - 11 - 04]. http://m. sinotf. com/ News. html? id = 71918.

[198]许经勇,任柏强. 温州民间借贷危机与温州金融综合改革的深层思考[J]. 农村金融研究,2012(8):23 - 26.

[199]徐丽鹤,袁燕. 收入阶层、社会资本与农户私人借贷利率[J]. 金融研究,2013(9):150 - 164.

[200]向静林. 市场纠纷与政府介入:一个风险转化的解释框架[J]. 社会学研究,2016,31 (4):27 - 51 + 242 - 243.

[201]徐丽鹤,袁燕. 财富分层、社会资本与农户民间借贷的可得性[J]. 金融研究,2017 (2):131 - 146.

[202]小红. 法不远人:中国古代如何寻找法的共识——中国古代“法言法语”的借鉴[J]. 中共中央党校(国家行政学院)学报,2019(5):101 - 110.

[203]向静林,邱泽奇,张翔. 风险分担规则何以不确定:地方金融治理的社会学分析[J]. 社会学研究,2019,34(3):48 - 74 + 243.

[204]应健雄. 一起严重的金融投机活动:关于乐清“抬会”的调查[J]. 金融研究,1986(8):36 - 38.

[205]殷介炎,王喜文. 温州的民间资金市场[J]. 金融研究,1986(9):

33 - 36.

[206]叶世昌．南北朝的信用和信用机构[J]．经济论坛,1995(12):38 - 40.

[207]余欣．唐代民间信用借贷之利率问题:敦煌吐鲁番出土借贷契券研究[J]．敦煌研究,1997(4):143 - 161 + 189.

[208]杨德才．欠发达地区农村集体经济组织向民间借贷情况的分析及思考[J]．管理世界,1997(6):145 - 150.

[209]殷俊华．金融缺口、非正规金融与农村金融制度改革:沈阳农村民间借贷研究[J]．金融研究,2006(8):103 - 110.

[210]岳彩申．民间借贷规制的重点及立法建议[J]．中国法学,2011(5):84 - 96.

[211]杨汝岱,陈斌开,朱诗娥．基于社会网络视角的农户民间借贷需求行为研究[J]．经济研究,2011,46(11):116 - 129.

[212]杨小苹．对规范发展民间借贷市场的思考[J]．浙江金融,2012(3):76 - 77.

[213]燕小青．民间金融发展的理论与实证:基于宁波中小企业和农户的视角[M]．北京:中国社会科学出版社,2012.

[214]岳彩申．民间借贷的激励性法律规制[J]．中国社会科学,2013(10):121 - 139 + 207.

[215]袁梅婷,赵丙奇．基于博弈论的农村民间金融风险研究[J]．农村经济,2014(1):64 - 68.

[216]杨刚,谢永康,姚玲珍．温州市房地产市场风险与金融市场风险的交叉传染机制研究[J]．税务与经济,2014(5):10 - 15.

[217]杨瑞璟．宋代民间借贷的特点与积极作用[J]．云南社会科学,2014(6):165 - 170.

[218]岳彩申．2014 年民间金融法治发展报告[M]．北京:法律出版社,2015.

[219]岳彩申,张晓东．民间高利贷规制的法理源流及制度变迁[J]．政法论丛,2015(2):11 - 19.

[220]杨东．P2P网络借贷平台的异化及其规制[J]．社会科学,2015(8):88－96.

[221]严太华,刘志明．信贷需求、借贷行为与农户社会网络的关联度[J]．改革,2015(9):151－159.

[222]尹志超,吴雨,甘犁．金融可得性、金融市场参与和家庭资产选择[J]．经济研究,2015,50(3):87－99.

[223]岳彩申．普惠金融、消费者保护与民间借贷法律问题研究[M]．北京:法律出版社,2015.

[224]杨劬,杨杰煜．Shibor、网贷利率及民间借贷利率间的波动溢出效应[J]．金融经济学研究,2018,33(4):14－23.

[225]中华人民共和国银行管理暂行条例[J]．中华人民共和国国务院公报,1986(1):3－10.

[226]最高人民法院关于贯彻执行《中华人民共和国民法通则》若干问题的意见(试行)[J]．中华人民共和国最高人民法院公报,1988(2):17－36.

[227]张洪范,苏磐石．民间借贷存在的四个问题[J]．金融研究,1988(8):52－53.

[228]最高人民法院关于人民法院审理借贷案件的若干意见[J]．中华人民共和国最高人民法院公报,1991(3):34－36.

[229]张维迎．博弈论与信息经济学[M]．上海:上海人民出版社,1996:48－50.

[230]中国金融年鉴(1996)[M]．北京:中国金融年鉴编辑部,1996:317.

[231]张继焦．民间借贷、民间信用与金融制度变迁[J]．云南社会科学,1998(5):46－52.

[232]中国金融年鉴(1999)[M]．北京:中国金融年鉴编辑部,1999.

[233]张杰．民营经济的金融困境与融资次序[J]．经济研究,2000(4):3－10＋78.

[234]张友俊,文良旭．交易、契约机制与自律:合水县民间借贷个案研

究[J]. 金融研究,2002 (4):125 - 130.

[235]张震宇,周松山,孙福国,等. 非公有制经济下区域性金融风险及其管理:温州个案研究[J]. 金融研究,2002(2):110 - 118.

[236]张胜林,李英民,王银光. 交易成本与自发激励:对传统农业区民间借贷的调查[J]. 金融研究,2002(2):125 - 134.

[237]中国人民银行广州分行课题组. 从民间借贷到民营金融:产业组织与交易规则[J]. 金融研究,2002(10):101 - 109.

[238]朱守银,张照新,张海阳,等. 中国农村金融市场供给和需求:以传统农区为例[J]. 管理世界,2003(3):88 - 95.

[239]张建军. 正规金融机构退出后的信贷市场研究:广东省恩平市个案分析[J]. 金融研究,2003(7):129 - 136.

[240]张杰. 农户、国家与中国农贷制度:一个长期视角[J]. 金融研究,2005(2):1 - 12.

[241]周素彦. 民间借贷:理论、现实与制度重构[J]. 山西财经大学学报,2005(5):128 - 133.

[242]中国人民银行乐山市中心支行课题组. 农村资金需求:农村金融与民间融资——四川犍为县农村融资个案研究[J]. 金融研究,2005(12):169 - 176.

[243]张杰,尚长风. 资本结构、融资渠道与小企业融资困境——来自中国江苏的实证分析[J]. 经济科学,2006(3):35 - 46.

[244]张静. 当前县域经济资金运作机理、金融缺陷及对策——对湖北省县域经济资金运作现状的调查与思考[J]. 金融研究,2006(9):43 - 53.

[245]张翔,邹传伟. 标会会案的发生机制[J]. 金融研究,2007(11):129 - 142.

[246]张书清. 民间借贷法律价值体系的重构[J]. 上海金融,2009(2):69 - 73.

[247]张海洋,平新乔. 农村民间借贷中的分类相聚性质研究[J]. 金融研究,2010(9):69 - 86.

[248]钟春平,孙焕民,徐长生. 信贷约束、信贷需求与农户借贷行为:

安徽的经验证据[J]. 金融研究,2010(11):189 - 206.

[249]张瑞纲. 中小企业融资困难的动态博弈分析[J]. 现代管理科学,2011(6):74 - 76.

[250]张姗姗. 中国古代契约主体资格的限制及其文化分析[J]. 河北法学,2011(10):81 - 88.

[251]张乐才. 企业资金担保链:风险消释、风险传染与风险共享——基于浙江的案例研究[J]. 经济理论与经济管理,2011(10):57 - 65.

[252]中国社会科学院. 2012 年社会蓝皮书[M]. 北京:社会科学文献出版社,2012.

[253]证券时报网. 温州"立人"集团债权人登记已达 5207 人[EB/OL]. (2012 - 03 - 19). https://finance. eastmoney. com/a/201203191 97051726. html.

[254]浙江省人民政府. 浙江温州金融综合改革试验区十二项主要任务[EB/OL]. (2012 - 05 - 24). http://www. zj. gov. cn/art/2012/5/24/art_1546603_22544944. html.

[255]中央党校第 12 期中青二班二支部调研组,李国俭,文学国. 地方政府怎样规制民间借贷?——来自鄂尔多斯市的调研报告[J]. 中国社会科学院研究生院学报,2012(6):23 - 31.

[256]曾志敏,叶岚. 社会网络、结构洞与民间借贷风险:基于吴英案的案例研究[J]. 公共管理评论,2012,13(2):33 - 48.

[257]张泽旭,李鹏翔,郭菊娥. 担保链危机的传染机制[J]. 系统工程,2012,30(4):25 - 31.

[258]浙江温州金融综合改革试验区十二项主要任务[EB/OL]. (2012 - 11 - 04)[2021 - 11 - 04]. http://www. zj. gov. cn/art/ 2012/5/24/art_1546603_22544944. html.

[259]中央政府门户网站. 温州市全面实施"1 + 8"地方金融改革创新战略[EB/OL]. (2011 - 11 - 08). http://www. gov. cn/jrzg/2011 - 11/08/content_1988356. html.

[260]中国青年报. 社科院蓝皮书:民间借贷存巨大隐忧[EB/OL]. (2012 - 01 - 31)[2021 - 11 - 28]. http: //www. safe. gov. cn/ shanghai/

2020/1210/1423. html.

[261]邹东涛．民间借贷危机给中国经济带来危机[EB/OL]．(2013-08-13)[2021-11-15]. http://theory. people. com. cn/n/2013/0813/c367808-22547054-4. html .

[262]张乐才,刘尚希．银行与企业资金担保链:抽贷门槛与风险传染[J]．当代财经,2013(7):55-66.

[263]张雪春,徐忠,秦朵．民间借贷利率与民间资本的出路:温州案例[J]．金融研究,2013 (3):1-12.

[264]朱军．日本贷金业法制度的变迁与效果分析:兼论其对中国民间借贷发展的借鉴意义[J]．现代日本经济,2014(1):36-45.

[265]庄哲耕．我国古代民间借贷利率对法律监管的启示[J]．人民论坛,2014(8):93-95.

[266]最高人民法院关于审理民间借贷案件适用法律若干问题的规定[N]．人民法院报, 2015-08-07(003).

[267]郑勇军,叶志鹏,陈宇峰．关系型治理与温州金融危机的再考察[J]．经济社会体制比较,2015(2):77-87.

[268]张锦鹏．财富改变关系:宋代富民阶层成长机理研究[J]．云南社会学,2016(6):151-158+185.

[269]张号栋,尹志超．金融知识和中国家庭的金融排斥——基于CHFS数据的实证研究[J]．金融研究,2016(7):80-95.

[270]周剑,王晓静．银行金融、民间金融与隐性金融:近海捕捞业中船东的融资行为[M]．北京:经济科学出版社,2016.

[271]周建波,应征,王瑞馨．宋代政府的借贷风险调控思想和实践[J]．云南财经大学学报,2017(1):14-23.

[272]张雪芳．正规金融与民间金融的比较、交互模式与风险防范——以中小企业融资为例[M]．杭州:浙江大学出版社,2017.

[273]中国政府网．刘鹤主持召开国务院促进中小企业发展工作领导小组第一次会议[EB/OL]．(2018-08-20). https://www.cs.com.cn/xwzx/hg/201808/t20180820_5860792. html.

[274]中国新闻周刊．对外开放首先要对内开放[EB/OL]．(2018－09－03). https://economy.gmw.cn/2018－09/03/content_30945644.htm.

[275]周霖．民间金融内生发展模式研究[M]．杭州:浙江大学出版社，2019.

后　记

本书是在本人的国家社科基金研究报告的基础上修改完成的。

谈及为何选择民间借贷这个很难研究且关注度不高的主题，就要联系本人的工作与学术研究经历。本人于2014年下半年起受组织委派赴南充顺庆挂职副区长，主要负责联系金融、教育及卫生工作。2014年6月，四川汇通担保公司高管跑路，危机传导至南充的投资理财信息中介公司，造成投资者本息兑付困难；因受众面广，引发群众的上访集访，在当地社会造成了广泛的影响；加之南充当时正处于特殊时期，必须保障经济社会稳定。为此，南充市委要求顺庆区委做好因民间借贷而引发的社会风波的处理工作。于是本人在这种特殊背景下，走向了民间借贷风波化解工作的第一线。2015年底挂职结束重新回到学校，本人从理论和实务两个维度认真总结梳理了民间借贷相关内容，并以此申报了国家社科基金课题，成功获得立项。课题虽然成功立项，但民间借贷因其隐蔽性、私密性，危机数据又因其数据的保密性和安全性很难获得，课题组面临一道又一道难题。为此，课题组成员团结一致、克服万难，通过反复的调研，以及与民间借贷的各相关方，如政府及相关部门官员、央行与银保监会同志、从事民间借贷的个体及公司领导等反复交流研讨，历经六年，最终完成了课题的研究。在此，特别感谢当年在顺庆挂职时给予我工作支持的相关领导和同人，特别感谢给予数据支持的相关单位和老师，特别感谢在课题初稿完成后给予我宝贵建议的相关领导和同人，特别感谢课题组成员的艰辛付出；特别感谢黎明、代俊、邱跃峰、任洁平、洪武林、李炜、李强、何雄浪、涂裕春、杨海燕、周克、赵新军、王焱霞、刘震、杨勔、彭志雄、宋晓玉、高佳彬、马云鹏、彭小丹、杨鑫、石璐、黄晓雨、陈婧等领导、老师和同学们的帮助；特别感谢匿名评审老师给予的宝贵修改建议，让课题报告得以进一步完善。

全书由本人拟定题纲、确定每一章的中心思想和主要内容，并进行所有章节的撰写以及最后的统稿、修改、完善和定稿；承担了85%以上的撰写任务，对全书文稿负责。感谢课题组成员做出的贡献：第1章由肖韶峰独立完成；第2章由肖韶峰独立完成；第3章主要由肖韶峰和高佳彬共同完成，宋晓玉和杨海燕协助完成；第4章由肖韶峰独立完成；第5章由肖韶峰独立完成；第6章由肖韶峰和彭志雄共同完成；第7章主要由肖韶峰和杨鑫共同完成，赵新军和王焱霞协助完成；第8章主要由肖韶峰和宋晓玉共同完成，高佳彬和彭小丹协助完成；第9章由肖韶峰独立完成。

本书的出版得到了西南民族大学经济学院“应用经济学博士点学科培育项目”的出版资助，并得到了西南民族大学经济学院专业建设项目的出版资助。本人还要特别感谢李煜萍社长和王帅编辑给予的专业指导和帮助。

最后，我要感谢我的家人，尤其要感谢我的父母、我的妻子邵咏利以及我的女儿乐乐、儿子阳洋，没有你们一直以来的支持与帮助，我很难完成课题研究，谨以此书向你们表达我深深的谢意！

肖韶峰

2022年8月于成都